COACHING THEORY AND PRACTICE

코칭학
이론과 실제

김유천 저

학지사

추천사

"코칭은 개인, 조직, 사회 차원에서 긍정적인 변화를 가져올 수 있는 힘을 가지고 있다. 빠르게 변화하고 복잡한 세상에서 성공하기 위해서는 이러한 기술과 사고방식이 점점 더 중요해지고 있다.

코칭에 관한 많은 도서의 문제점 중 하나는 제한적이고 종종 입증되지 않은 관점을 취한다는 것이다. 그러나 『코칭학 이론과 실제』는 코칭 이론과 실제를 잘 기술하고 있다.

이 책은 코칭 이론에 바탕이 되는 잘 보이지 않는 과학에 대하여 설명을 하고 있어서 매우 환영할 만하고 필요한 내용을 제공하고 있다. 코칭 실무자와 연구자라면 꼭 읽어야 할 책이다."

David Clutterbuck
유럽 멘토링 및 코칭 위원회(EMCC) 공동 창립자

"대한민국은 이제 본격적으로 코칭의 시대에 접어들었다. 지난 20여 년간, 실무적 접근과 학문적 접근을 통해 각 분야의 전문가들이 현대인의 성장을 지원하기 위해 꾸준히 노력해 왔다. 그러나 실천적 학문의 기반이 될 만한 이론서를 찾기는 어려웠다.

『코칭학 이론과 실제』는 이러한 갈증을 해소하며, 코칭을 탐구하는 모든 이에게 필독서로 자리 잡을 수 있는 책이다. 이 책은 코칭의 과거, 현재,

그리고 미래를 통합적으로 조망하며, 코칭에 관심 있는 독자들에게 체계적인 이론과 실무적 통찰을 제공한다.

코칭에 대한 깊이 있는 이해를 원하는 이들에게 『코칭학 이론과 실제』는 더없이 소중한 길잡이가 될 것이다."

이송이 교수
동국대학교 일반대학원 상담코칭학과 학과장
동국대학교 미래융합대학원 융합상담코칭학과 학과장

"한국코치협회는 코칭으로 우리의 행복한 삶에 기여한다는 미션을 가지고 있습니다. 지금은 코칭과 코칭 리더십의 시대입니다. 이러한 시대 상황에서 저자는 코칭학을 더 행복한 삶을 살기 위해 도움을 줄 수 있는 누구에게나 필요한 종합학문이라고 강조하고 있습니다. 특히 철학, 심리학 등을 기반으로 한 종합과학이라고 하면서 사람의 마음, 몸, 정신, 영혼 등 전인적 접근이 필요하다고 설명하고 있습니다.

이 책은 코칭학이 종합학문으로서 어떠한 이론적 기반을 가지고 있는지, 실제 코칭의 모습은 어떠한지, 코칭을 어떻게 적용할 수 있는지 등을 체계적으로 정리하였기에 코칭에 관심이 있거나 앞으로 코칭을 배우고자 하는 사람 그리고 현장에서 코칭을 실행하고 있는 코치 및 코칭을 학문적으로 이해하고 연구하는 분들에게 매우 유용하리라 생각합니다.

특히 코칭은 변화에 관한 것이고, 코칭은 사람들의 행복에 관한 것이고, 코칭은 자신을 돌아보게 한다는 저자의 강한 믿음에 전적으로 공감하며, 이 책을 통해 한국코치협회 코치의 선서처럼 모든 사람의 무한한 잠재력을 믿고 존중하는 자신과 고객을 만나 보는 기회를 가지시길 바랍니다."

김영헌
(사)한국코치협회 제9대 회장

"코칭학은 사람들의 변화와 성장을 위한, 그리고 더 행복한 삶을 살기 위해 도움을 줄 수 있는 누구에게나 필요한 학문이다.

코칭학은 실천 학문으로서 이 책의 내용을 보면, 이론, 실행 및 적용 그리고 적용뿐만 아니라 코칭의 영역에 이르기까지 그 구성이 알차다는 것을 알 수 있다. 코칭학은 전문 영역으로서도 관심을 가져야 하는데, 이를 아우르고 있어 코칭학의 지속가능성에 대해 논하고 있다.

이 책은 코칭학이 무엇인지 배우고 실천하고자 하는 사람과 함께 분명 변화와 성장을 필요로 하는 모든 사람에게 절실한 책일 것이자 자신의 행복한 삶을 필요로 하는 사람들에게 더없이 좋은 책이 될 것이다."

박준성 교수
중앙대학교 미래교육원 심리학 전공 주임교수
코칭심리 전문가

머리말

코칭학은 지금 우리에게 필요한 새롭게 부상하고 있는 학문이다. 새로운 시대적 전환 과정 속에서 개인의 삶, 직업, 사회 및 문화는 계속하여 변화 및 발전하고 있으며, 학문 역시 새로운 시대에 따라 변화 및 발전을 지속하고 있다. 이러한 변화 속에서 새롭게 코칭이라는 씨앗이 뿌려졌고 이제 그 결실을 맺어 코칭학이라는 하나의 학문으로서 자리매김하고 있다.

코칭학, 종합학문

코칭학은 종합학문[1]이다. 코칭학은 철학, 심리학, 경영학, 교육학, 사회학, 신경과학 등을 통하여 구성된 학문이다. 이 책은 코칭학이 종합학문으로서 어떠한 이론적 기반을 하고 있는지 살펴보고자 한다. 또한 코칭학을 통하여 코칭의 실제 모습은 어떠한지, 코칭을 어떻게 적용할 수 있는지, 코칭 효과는 어떠한지 살펴보고자 한다.

코칭학을 종합학문이라고 하였는데, 저자는 코칭학을 전공하기 이전에 행정학 및 경영학을 전공하였다. 행정학은 학부와 석사과정에서 전공하였으며, 여러 학문의 기반 위에서 만들어진 학문이었다. 경영학은 박사과정에서 인사조직 전공으로 공부하였는데, 이 역시 다양한 심리학, 조직학, 인

---

1 저자는 코칭학을 종합학문이라고 정의하였는데, 다른 측면에서는 코칭학을 융합학문이라고 한다(김유천, 2020). 이 책에서는 종합학문으로 재정의하고자 한다.

간행동과학 등을 기반으로 한 종합합문이라 할 수 있다. 코칭학도 철학 및 심리학을 기반으로 한 종합학문이다.

코칭학을 통하여 얻는 것

코칭학은 더 행복한 삶을 살기 위해 도움을 줄 수 있는 누구에게나 필요한 학문이다. 이 책을 찾은 독자는 코칭에 관심이 있거나 코칭을 앞으로 배우고자 하는 사람일 것이다. 나아가 코칭을 현장에서 실행하고 있거나 코칭을 학문으로 이해하고 학습하고 연구하는 사람일 것이다. 또는 상담, 학습, 커리어 및 다양한 분야에서 코칭과 연계 또는 융합을 하고 있거나 이를 고려하여 이 책을 찾았을 것이다. 이 책은 이와 관련된 모든 분의 필요성에 부합하리라 생각된다.

이 책은 지금까지의 코칭 관련된 이론을 적립하고 관련된 코칭 이론의 적용과 실제를 살펴보고 있다. 이런 과정을 통하여 코칭학을 정리하였으며, 코칭을 학문으로 접근할 수 있는 토대를 제공하고자 저술하게 되었다. 코칭은 다양한 학문, 특별히 철학 및 심리학에 대한 기반이 절대적으로 필요한 학문이기도 하다. 궁극적으로는 코칭학이 기존의 학문들과 함께 성장 발전할 수 있기를 바라는 마음으로 준비하게 되었다.

아직 많은 코치가 코칭을 기능적 및 기술적인 측면에서만 바라보는 경향이 있다. 자격증을 갖춘 코치는 이러한 자격증을 통하여 코칭 활동을 하게 되며, 코칭 활동은 파트타임 직업 또는 전업 직업으로 일을 하게 된다. 또는 코칭 자격증은 있지만 코칭과 직접적으로 관련된 일을 하지 않고 자신의 주된 일을 하기도 한다.

코칭은 자격증만으로는 코칭을 온전히 실행하기가 어려운 측면이 있다. 코칭의 근저에는 다양한 철학 및 심리학 등을 바탕으로 하고 있기 때문이다. 코칭은 또한 사람의 마음, 몸, 정신, 영성 등의 전인적 접근이 필요하기도 하다. 이러한 이유로 코칭은 기술 또는 자격증만으로 결코 되는 것이 아니다. 코칭은 지속적인 학습과 성찰이 요구된다. 따라서 이 책을 통하여 코칭 연구자와 코칭 실무자가 코칭학 이론을 학습하고 실무에 적용하는 데 있어서 성찰할 수 있는 공간을 마련하고자 하였다.

코칭학의 역할과 사명

코칭학에도 역할과 사명이 있다. 저자는 『라이프 코치 전문가 되기』(공역, 학지사, 2024), 『팀 코치 되기』(공역, 한국코칭수퍼비전아카데미, 2024) 등 코칭 관련 번역서를 발간한 이후 세 번째 코칭 관련 도서를 발간하게 되었다. 『라이프 코치 전문가 되기』를 발간하면서 지금 우리 모두에게 필요한 것은 코칭이고, 코칭은 우리 삶과 관련된 하나의 운동(movement)으로서 지금 현시대에 큰 흐름이 되고 있다고 생각했다. 현대 사회는 불확실성, 연계성, 복잡성이 더욱더 증가하고 있어서 코칭이 더욱 필요하게 되었고 개인과 사회, 비즈니스 측면에서 코칭을 통한 변화가 요구되는 시대이다. 이러한 측면에서 코칭학에 대한 연구는 그 중요성이 증가되고 있으며 따라서 더욱 필요하다.

코칭학의 역할은 이러한 큰 흐름 속에서 증거 기반의 학문으로 지속적으로 성장하고 발전하도록 해야 한다. 또한 코칭학의 역할은 코칭 현상에 대한 이해 및 설명을 할 수 있는 이론 및 모델을 지속적으로 만들어 내고 적용하도록 해야 한다. 코칭학의 사명은 코칭 관련 본질적인 문제에 대하여 끊임없이 질문하고 답을 찾아 가는 것이다. 학문은 지속적으로 배우고 익히는 것이다. 코칭은 코칭학으로 정립될 때 그 존재 의미가 있다. 코칭학은 현재 이러한 역할과 사명을 앞으로도 지속적으로 잘 살펴보아야 한다.

코칭학의 내용과 특징

코칭학을 새롭게 정리하기 위하여 다양한 측면에서 코칭학의 이론과 실제를 살펴보고자 하였다. 따라서 이 책의 구체적 내용을 다음과 같이 5부로 구성하였다.

제1부 '코칭학 이론'에서는 코칭의 역사, 코칭 철학, 코칭 심리학 등을 살펴보고, 이를 바탕으로 하여 코칭학 정립에 대하여 논의하고, 코칭학의 각종 이론적 근거를 살펴보고자 한다.

제2부 '코칭 실행'에서는 코칭 역량, 코칭 실행 등에 대하여 살펴보고, 코칭 형태에 따른 다양한 코칭 방법을 살펴보고자 한다.

제3부 '코칭 적용'에서는 대표적인 적용 방안으로 여겨지는 인지행동 코칭, 긍정심리 코칭, 게슈탈트 코칭, 마음챙김 코칭을 살펴보고자 한다.

제4부 '코칭 영역'에서는 라이프/커리어 코칭, 비즈니스 코칭을 살펴보고 추가적으로 최근에 관심이 높아진 코칭 슈퍼비전에 대하여 살펴보고자 한다.

제5부 '코칭학 미래'에서는 지금까지 살펴본 코칭 관련 이론 및 적용을 바탕으로 미래의 코칭학에 대하여 구체적으로 살펴보고자 한다.

이 책의 특징을 정리하여 살펴보면 다음과 같다.

첫째, 코칭학에 대한 기반 및 저변 확대를 위해 그동안 실무 중심의 코칭을 코칭학이라는 학문으로 정리하였다.

둘째, 코칭학의 기반이 되는 코칭 역사, 코칭 철학, 코칭 심리학 등을 살펴보았다.

셋째, 코칭과 관련하여 필요하고 중요한 코칭 관련 중심 이론을 살펴보았다.

넷째, 코칭의 실제 적용과 관련하여 게슈탈트 코칭, 마음챙김 코칭 등 현시대에 적용이 필요한 코칭 방안들을 살펴보았다.

다섯째, 코칭 지능에 대한 관점을 제시하고 코칭 지능을 간단하게 진단할 수 있도록 하였다.

여섯째, 코칭학의 미래와 관련하여 코칭학을 종합학문으로 간주하고, 이어서 코칭학과 관련된 다양한 세부 학문을 살펴보았다. 예를 들어, 코칭 철학, 코칭 역사학, 코칭 사회학, 코칭 문화학, AI 코칭학, 코칭 실무학 등을 제안하고 있다.

코칭학의 미래

코칭학은 앞으로 계속 성장하고 발전하리라 확신한다. 단, 이렇게 되기 위해서는 코칭 관련된 실무자 및 연구자가 협력하여 '코칭학 동맹'[2]을 맺어야 한다. 코칭이 모든 사람을 더 행복해지도록 하는 것이라면, 우리 모두는 '코칭학 동맹'에 조건 없이 참여하고 있다고 생각한다. 이

---

2 '코칭학 동맹'은 작업동맹이론과 유사한 개념으로 코칭 실무자 및 코칭 연구자가 함께하는 것을 의미하는 것으로 저자가 임의로 만든 개념이다.

렇게 될 때, 코칭학은 더욱 풍성하게 발전하고, 사회에 기여하고 개인의 행복에도 기여하게 되어 인류에 일정 부분 기여하게 될 것이다.

 다음 내용은 저자가 코칭을 막 배우기 시작할 때 작성하여 저자의 개인 블로그에 게시한 내용이다. 이 내용을 공유하는 이유는 코칭을 처음 배울 때의 생각이 지금은 어떻게 발전되었는지 되돌아보고자 하는 측면도 있고, 초심을 잃지 않으려는 저자의 선언이기도 하여 공유하였다.

> 코칭은 변화에 관한 것이다(변화하기: changing).
> 변화는 쉽지 않다. 누구나 현재 안주하고자 한다.
> 변화를 막는 것은 버릇이다.
> 따라서 코칭이 필요하다.
> 자신 및 타인의 변화를 도와줄 수 있는 것이 코칭이다.
> 인생을 하나의 여행이라고 생각하자.
> 변화된 방향을 계속 유지만 한다면 아무리 작은 변화라도 그 결과는 엄청나게 다른 여행을 이루어 낼 것이다.
> 일반적으로 삶은 작은 결정의 연속이다.
>
> 코칭은 현재에서 앞으로 나아가게 한다(진행하기: progressing).
> 코칭은 사람들이 더 행복해지도록 하는 것이다.
> 코칭은 현재보다 더 행복해지도록 도와준다.
> 행복은 소유하는 것이라기보다는 마음가짐이다.
> 행복은 자신의 소유물이 아니라 자신 자체이다.

따라서 우리는 지금 더 행복해질 수 있다.

코칭은 자아인식을 증진시킨다(알아차리기: awakening).

코칭은 자신을 되돌아보게 한다.

자신을 알게 되면 힘이 생긴다.

자신의 강점으로 우리는 장애물을 넘을 수 있다.

코칭은 앞으로 나아가야 할 길을 찾게 해 준다.

출처: 라이프 & 코칭 디자인 연구소 블로그.

코칭을 처음 접한 것은 아마도 2007년 코칭 기관의 초청으로 코칭 프로그램에 참여하면서부터이다. 이후 이 책을 작성하겠다고 마음먹고 시작한 시기는 2021년 가을이었다. 코칭을 연구하면서 코칭학 관련 서적이 필요하다는 절박함에서 시작하였는데, 시간이 꽤 흘러 이제야 완성하게 되었다. 이 책은 코칭 관련된 저자의 교육과 연구 결과를 바탕으로 만들어졌다. 그동안 코칭을 교육하고 연구하면서 틈틈이 코칭 관련 자료를 준비하였다. 시간이 흘러 이제야 『코칭학 이론과 실제』를 완성하게 되었다. 이제 코칭학의 바탕을 마련하였으니 앞으로 더 많은 코칭 연구자 및 실무자들이 코칭학에 대한 세부 각론을 만들어 주리라 생각한다. 향후 코칭학 관련 연구와 도서들이 더 풍성해져서 다양한 생각, 논의 및 관점들이 더 많이 나오기를 기대한다.

『코칭학 이론과 실제』가 향후 코칭을 더욱 학문적으로 정립하고, 지속가능한 코칭 및 코칭학으로 기반을 만드는 데 일조하기를 기원한다.

이 책이 만들어지기까지 저자 혼자서는 할 수 없었다. 우선 이 책에서 인용되고 참고한 코칭 관련 연구자들에게 깊이 감사드린다. 또한 동국대학교 대학원 상담코칭학과 및 융합상담코칭학과 학과장 이송이 교수님을 포함한 모든 교수님께 깊이 감사드린다. 더불어 동국대학교 대학원에서 연구여정을 함께하고 있는 박사 및 석사 과정 선생님들에게도 깊이 감사드린다. 코칭에 관심을 갖고 지원해 주신 학지사 김진환 대표님께 진심으로 감사드리며, 편집과정에서 세세한 부분까지 살펴봐 주신 학지사 박지영 선생님과 출판과정을 진행해 주신 윤상우 선생님께도 감사드린다. 끝으로, 이 책을 선택하신 모든 독자를 포함하여 이 책이 출판되기까지의 모든 인연에 진심으로 감사드린다.

남산자락
동국대학교 연구실에서
김유천

차례

세부 차례

제1부

코칭학
이론

제1부 '코칭학 이론'에서는 코칭 관련된 사항을 살펴보고 더불어 코칭학에 대하여 논의하고 살펴보고자 한다.

우선 제1장 '코칭 역사'에서는 코칭 역사를 살펴보고 코칭에 대한 정의를 코칭 역사적 관점에서 어떻게 만들어졌고, 현재의 코칭 정의는 어떤지 살펴보고자 한다.

제2장 '코칭 철학'에서는 모든 학문이 철학에서 왔다고 할 수 있듯이 코칭학 역시 철학에서부터 시작되었다고 할 수 있으며, 코칭학의 학문적 근거로서 코칭 철학을 살펴보고자 한다.

제3장 '코칭 심리학'에서는 철학에 이어서 사람의 마음과 관련된 학문으로 심리학을 코칭학의 학문적 근거로서 코칭 심리학을 살펴보고자 한다.

제4장 '코칭학'에서는 새로운 코칭학에 대하여 학문적 성과는 무엇이었는지 살펴보고 코칭학 정립이 어떠한지 살펴보고자 한다.

제5장 '코칭학 이론적 근거'에서는 코칭학의 기반이 되는 다양한 이론 및 심리학을 살펴봄으로써 코칭학의 이론적 바탕을 구체적으로 살펴보고자 한다.

제1장
코칭 역사

"코칭이 미래 지향적인 것이지만 과거를 알아야 코칭에서 튼튼한 기초를 쌓을 수 있다."

앤소니 그랜트(Anthony Grant), 호주 코칭 심리학자

1. 코칭 역사

1) 코칭 기원

코칭의 역사 및 기원을 살펴보는 것은 코칭의 지금까지의 발전과 현재를 살펴보고 미래의 가능성을 이해하는 데 매우 중요하다. 코칭에 대한 정의는 학자마다 코칭을 보는 시각과 강조하는 측면에 따라 다양하게 정의되고 있지만, 코칭에 대한 역사는 코칭에 대한 정의와 관련되어 있다.

코칭의 정의 또는 개념은 인류의 역사만큼이나 오래전부터 존재해 왔다고 할 수 있으며, 그 당시부터 나이가 많거나 숙련된 사람들이 젊은 사

람들에게 사냥하는 법, 요리하는 법, 동굴 벽에 그림을 그리는 법, 부족이나 공동체에서 유용하고 효과적인 구성원이 되는 법을 알려 주었다(John, Negrutiu, & Calotă, 2011).

타인을 돕고자 하는 것은 우리가 오늘날 라이프 코치 또는 비즈니스 코치라고 부르기 이전에 이미 오래전부터 친숙한 인간 행위였다. 오늘날 코치와 유사한 사람들은 이미 오랜전부터 존재하였으며, 열심히 타인을 도와주었다. 이와 관련하여 Whitmore(1994)도 2,000년 전에 이미 고대 그리스 철학자 Socrates가 코칭을 행하였다고 한다. Socrates는 지식을 전하기 전에 우선 사람들이 자기이해를 할 수 있도록 하였다. 동양 최초의 철학자인 공자와 부처도 이와 비슷하다고 할 수 있다(Brock, 2012).

모든 학문과 마찬가지로 코칭의 역사는 철학과 관련되어 있다. 코칭은 철학을 뿌리로 삼아 발전하였다. 코칭의 뿌리는 무엇인가? 코칭의 근원은 어떻게 되는가? 이에 대한 논의는 코칭 철학은 무엇인가와 연결된다. 철학자들의 질문은 인간에게 많은 생각을 하도록 하였다. Socrates를 포함한 고대 그리스 철학자들은 지금의 코칭과 같은 내용을 이미 그 당시에 행하고 있었다. 따라서 코칭의 역사는 코칭 철학의 역사이기도 하다.

코칭 역사에 대한 연구를 집대성한 연구와 관련해서는 Brock(2012)의 연구를 참조할 수 있다. Brock(2012)은 코칭의 뿌리로서 철학이 어떻게 코칭에 영향을 주었는지, 심리학이 또한 어떻게 코칭에 영향을 주었는지 살펴보고 있다. 비즈니스 발전과 코칭과의 관계뿐만 아니라, 스포츠, 성인교육, 기타 학문의 발전에 어떻게 영향을 주었는지 살펴보고 있다.

이 책에서의 코칭 역사 관련해서도 [그림 1-1]과 같이 코칭 역사, 코칭 철학, 코칭 심리학 및 코칭학으로 연결하여 설명하고자 한다. 코칭 철학 관련해서는 제2장 코칭 철학에서 좀 더 구체적으로 이야기하고자 한다. 이어서 제3장에서는 코칭 심리학을, 제4장에서는 코칭학을 이야기하고자 한다. 코칭학은 코칭 역사, 코칭 철학, 코칭 심리학과 연결되어 있다. 추가로 코칭학과 관련된 학문은 제5장 '코칭학 이론적 근거'에서 다루고자 한다.

[그림 1-1] 코칭 역사, 코칭 철학, 코칭 심리학 및 코칭학

2) 코칭 어원

'코치(coach)'의 어원은 15세기 중반 헝가리의 도시 콕스(Kocs)에서 개발된 네 마리의 말이 이끄는 마차(coach)에서 유래되었다고 한다. 콕스 지역은 지리적 위치가 매우 중요했고, 당시 무역 중심지였기 때문에 주민들에게 이 지역에서 개발된 '코치(Kocsi)' 마차는 당시로서는 혁신적이었으며, 이 마차는 콕스에서 처음 만들어져 유럽 전역으로 퍼져 나갔다. 'Kocsi'라는 단어는 헝가리어로 '코치의' 또는 '코치에서 온'이라는 의미를 가지고 있으며, 이 마차가 너무 유명해져서 마차 자체가 '코치'로 불리게 되었다. 나중에는 이 마차의 이름이 유럽 여러 나라로 전파되면서, 영어의 'Coach(코치)', 프랑스어의 'Coche(코슈)', 독일어의 'Kutsche(쿠체)' 등 여러 유럽 나라에서 마차를 의미하는 단어로 사용되었다. 이 마차는 승객을 태우고 편안하게 이동할 수 있도록 만들어졌으며, 특히 왕족이나 귀족들이 이용하기 시작하면서 유명해졌다. 오늘날 영어에서 'coach'라는 단어가 '코치(버스)'

나 '코치(운동 코치)'처럼 사람들을 지도하거나 이끌어 주는 역할을 하는 것에도 사용되었다. 이와 관련해서는 Evered와 Selman(1989)도 코치의 어원을 상기와 같이 설명하고 있다. 코칭은 마차와도 같은 의미를 갖고 있다. 마차가 고객을 현재 있는 장소에서 고객이 원하는 목적지까지 데려다주듯이, 코칭도 고객의 현재 상태에서 미래의 방향으로 나아갈 수 있도록 도와준다는 점에서 유사한 측면이 있다.

코치라는 단어 사용과 관련해서 스포츠와 교육 두 분야에서 뚜렷한 계보를 가지고 있다. 첫 번째 분야인 스포츠 분야에서 코칭이라는 단어가 우선적으로 사용되었다. 19세기 영국에서는 운동 선수를 훈련시키는 사람을 코치(coach)라 하였으며, 코치가 선수의 운동 역량을 향상시키도록 지도하는 행위를 코칭(coaching)이라 하였다. 코칭이 스포츠 분야에 일부 뿌리를 두고 있다는 점을 감안할 때 코치는 고대 그리스에서 올림픽에 출천할 많은 선술들을 훈련시켰던 코치로 거슬러 올라간다(Mihiotis & Argirou, 2016). 두 번째 분야인 교육에서도 교육적 의미에서 처음으로 사용된 코치(coach)의 단어는 1840년대에 옥스포드 대학교에서 시험을 준비하는 학생을 위한 개인 가정 교사를 지칭하는 용어로 사용되었다(Evered & Selman, 1989). 따라서 19세기에는 운동 선수를 훈련시키거나, 학생들을 교육시키는 사람을 코치라고 하였다.

3) 근대적 의미의 코칭

근대 코칭의 기원은 Brock(2012)에 따르면 산업혁명에서 탈피한 경영 이론들의 결과라고 한다. Brock은 코치 훈련 기관 및 코칭 전문 협회, 코칭 관련 저널에 대한 연구를 하였고, 코칭은 경영활동, 리더십 역량, 컨설팅 형태와 조직 개발 개입으로서 다양하게 여겨져 왔고, 이러한 것은 코칭이 발전하는 계기가 되기도 하였지만, 한편으로는 이러한 것이 코칭과 다른 인접 분야, 예를 들어 컨설팅, 멘토링, 상담 등과의 경계를 흐리게 하기도 하였다고 한다(Brock, 2012). 이와 관련해서는 이 장의 '코칭과 유사한 개념'에서 유사점과 차이점에 대하여 이야기하고자 한다.

한편 Grant와 Cavanagh(2004)는 코칭 관련 연구를 종합하여 살펴보았는데, 1937년 이후 2003년까지의 코칭 관련 연구를 종합하였다. 이들의 연구에 따르면, Gorby(1937)의 코칭의 관련된 학문 연구가 코칭 관련 연구의 첫 시도라고 한다. 이는 코칭에 관한 최초의 논문으로 인정받고 있으며, 훈련과 코칭이라는 용어를 같은 의미로 사용하여 교육 및 코칭이 제조 환경의 성과 향상에 어떻게 기여했는지 설명하고 있다. 이후 코칭 관련된 수많은 글들이 신문, 잡지 및 전문 저널 등에 실리기는 하였지만 코칭에 관한 학문적 문헌은 드물었다고 할 수 있다.

비즈니스 분야에서는 1958년 Mace와 Mahler가 저서 『On-the-job Coaching』에서 직무에서의 코칭 개념을 사용하였다(조은현, 탁진국, 2011). 코칭이 경영 분야에서 처음으로 사용된 것은 1950년대라 할 수 있다. 이 당시에는 숙련가와 비숙련가 관계로 상사가 부하 직원을 개발해야 하는 책임의 일부로 코칭을 바라보았다. 상사가 계층제적 관계에서 부하 직원을 평가하기 위한 것으로 여겨졌다. 1970년대에는 스포츠에서의 코칭을 경영 상황에 접목하고자 시도하는 논문이 나타났다. 1980년대에는 관리자 개발을 위한 교육기법으로 코칭을 적용하고자 하는 문헌이 등장하였다(Evered & Selman, 1989).

4) 현대적 의미의 코칭

현대적 의미에서 코칭의 개념은 1980년대 초 Leonard로부터 시작되었다. Leonard는 1992년 최초로 코치전문교육기관 코치유(Coach U)를, 1994년 국제코칭연맹(International Coach Federation: ICF)을 각각 설립하기도 하였다.

한편 Allenbaugh(1983)는 코칭을 조직, 관리자 및 부하 간에 협력적인 과정이라고 하였으며, 업무 성과 관리를 더욱 효과적으로 할 수 있는 경영 관리 도구로 인식하였다. 그는 코칭을 도구(tool)로 인식하고 기술적인 측면을 부각하였으며, 사람(person)이 아니라 직무(job) 중심으로 코칭을 바라본 측면이 있었다.

Orth 등(1987)은 구성원들이 성과와 능력을 향상시키기 위해 구성원들이 스스로 기회를 알 수 있도록 돕는 지속적인 매일매일의 실제적 과정이라고 하였다. Orth 등(1987)은 관리자의 역할로서 멘토가 되어야 하며 관리자는 효과적 코칭 기술이 필요하다고 하였다.

Evered와 Selman(1989)은 코칭을 경영분야의 일부분으로서가 아니라 오히려 경영의 중심으로 보았다. 이러한 관점의 변화는 향후 코칭의 발전에 기여를 하였다.

따라서 비즈니스 분야에서는 본격적으로 1980년대부터 코칭이 사용되었다고 할 수 있는데, 코칭에 대한 전문성을 갖춘 코치(coach)가 의뢰인인 피코치자 또는 코치이(coachee)[1]와 계약을 맺고 관련 문제를 해결하기 위해 지원하는 프로세스 과정으로 생각했다.

초창기 비즈니스 코칭은 외부 코치가 기업 내 임원을 대상으로 성과를 높이기 위하여 코칭하는 것을 **임원 코칭**(executive coaching)이라 하였으며, 이러한 코칭이 일반적 형태였다.

1990년대 경제적인 문제는 경제 침체와 함께 분명해졌는데, 그 당시 장기간 '개방형 프로그램'을 지원하던 조직들이 더 이상 비용이 많이 드는 방식을 유지할 여력이 없다는 사실을 깨닫고 교육 제공업체에 맞춤형 솔루션을 요구하기 시작하면서 더욱 두드러졌다. 이는 처음에는 일반적인 '집

---

1 코치의 대상자를 '코치이' '피코치자' '고객' 등으로 사용한다. 일반적으로 코칭에서는 '고객'이라는 표현을 주로 사용하나, 이 책에서는 문맥에 따라 다양하게 사용하였다.

단 교육' 방식이 아닌 특정 조직 문제를 해결하기 위한 맞춤형 프로그램을 요구하는 형태를 취하는 것이었다. 동시에 조직과 관리자 모두 개인에 대한 보다 개별화된 접근 방식의 이점을 깨닫기 시작했다. 1990년대에 미국은 경기 침체에 빠졌고 대부분의 기업은 다운사이징하는 것이 대세가 되었으며, 다운사이징의 방법 중 하나는 조직 내 관리 계층의 수를 줄이는 것이었다. 이론적으로는 좋은 방법이었을지 모르지만, 세상이 빠르게 변화하는 상황에서 임원 및 관리자는 극심한 스트레스를 받는 환경에 처하게 되었다. 이러한 상황은 전 세계로 확산되어 코칭의 부흥을 가져왔다. 더 복잡하고 빠르게 진화하는 세상에서 관리자의 수가 줄어들면서 하버드의 오래된 원칙인 '통제 범위(span of control)'[2]는 더 이상 쓸모가 없어졌다. 통제 범위에만 초점을 맞춘다면 세계화, 사회적 변화, 시장의 급속한 변화를 예측하는 데 늦을 수밖에 없다. '통제 범위'에서 '지원 범위'로의 패러다임 전환의 필요성이 분명해졌다. 직원들을 통제하기보다는 지원해야 하는 프로세스가 필요하게 되었다(John, Negrutiu, & Calotă, 2011).

이와 같이 1990년 이후 코칭에 대한 관심이 증가되었고, 더불어 코칭에 대한 연구가 더욱 활성화되었다. Kilburg(1996)는 초창기 코칭은 심리학이나 스포츠 분야에서 활용되거나 또는 문제를 해결하고자 하는 방법 중 하나로 사용되었으며, 1990년대 이후에 와서 비즈니스에서 주목을 받아 현장에서 전파되고, 학문적인 체계나 개념에 대한 연구가 시작되었다고 하였다. 또한 그는 임원 코칭에 대한 개념 및 구성요인에 대한 연구를 통하여 코칭이 관리부문에서 연구되는 것에 기여하였다고 한다. 1990년대까지는 대부분의 코칭 연구가 조직 내 효과적인 코칭 기술 및 방법들에 대한 것으로 주를 이루었다. 코칭의 개념적 측면에 대한 변화를 살펴보면 〈표 1-1〉과 같다. 이렇게 코칭에 대한 연구가 활성화된 것에 대하여, Grant와

---

2 통제 범위란 관리자 한 사람이 지도하고 감독할 수 있는 인원을 의미한다.

〈표 1-1〉 코칭의 개념적 측면에 대한 변화

구분	1840	1980	1990	2000	2010
코칭을 바라보는 측면	스포츠 분야	성과관리를 위한 기술	성과관리 및 종업원 개발	성과관리, 종업원 개발 및 관리자 개발	심리적 · 종합적 측면
학자	–	Allenbaugh (1983), Evered & Selman (1989)	Kilburg (1996)	Whitmore (2002), Ellinger et al. (2003)	Grant (2010), Mihiotis & Argirou (2016)

Cavanagh(2004)는 다양한 분야로부터 코칭에 진입하는 전문가들이 증가한 것을 큰 요인으로 보았고, 이러한 코칭 연구는 코칭의 발전과 성장을 이루었다고 한다. 코칭의 역사를 살펴볼 때 코칭은 심리학, 성인학습이론, 인지이론, 행동이론 등 다학문적 내용을 바탕으로 이론을 형성해 왔다(허지숙 외, 2017). 이와 관련하여 제3장 '코칭 심리학' 및 제5장 '코칭학 이론적 근거'에서 추가 논의할 것이다.

2. 한국의 코칭 역사

1) 초창기 코칭

한국에서의 코칭은 2000년대 초 국내 대기업 및 다국적기업을 중심으로 도입되었다. 1998년 「코칭에 대한 연구: 권력의 관점에서」(손민철, 고려대학교 경영학과)라는 학위논문이 발표된 바가 있으나, 2000년 이후 컨설팅과 리더십 관련 기관에서 코칭이 도입된 것으로 알려졌으며 초창기 코치들은 미국 리젠트 대학교 교수인 조셉 유미디가 개발한 TLC(Transformational Leadership Coaching) 프로그램을 통해서 이루어졌다(한국코치협회 홈페이지).

Brock(2008)의『코칭의 역사』에 따르면, 김경섭 박사와 김영순이 2001년에 미국에서 코치 교육을 받고, 같은 해에 한국에서 경영자 코칭 서비스를 하였다고 한다. 2002년에는 김경섭의 비즈니스 파트너 중 1명인 최치영 박사가『코치: 경쟁우위를 위한 창조적 파트너십』이라는 책의 공동 저자인 Steve Stowell로부터 CMOE 한국 지사를 허가받았다. 2003년에는 김경섭 박사가 ICF 한국 챕터와 (사)한국코치협회를 세웠다. (사)한국코치협회가 설립되고 전문 인증코치를 양성하면서, 비즈니스 현장뿐만 아니라 다양한 영역에서 코칭이 적용되고 전문코치가 활동하게 되었다. 이후 기업의 인재육성, 개인의 경력설계 등 다양한 주제를 바탕으로 코칭이 확산되었고, (사)한국코치협회는 2004년부터 매년 한 차례 대한민국코치대회를 개최하여 다양한 코칭 관련 주제에 대해 발표 및 교육을 하고 있다. 또한 코치들의 역량 향상과 자격에 대한 검증을 위해 현재 KAC(Korean Associate Coach), KPC(Korea Professional Coach), KSC(Korea Supervisor Coach) 등 세 가지 종류의 자격증을 수여함으로써 코치의 전문성 강화에 기여하고 있다(김유천, 2020). 협회는 2006년 노동부 산하 사단법인으로 인가되어 2023년 현재 14,000여 명의 인증코치가 사회 각 분야에서 활발한 활동을 전개하고 있다(한국코치협회 홈페이지). (사)한국코치협회 이외의 다양한 코칭 관련 협회의 인증코치를 추가하면 인증코치의 규모는 더 많을 것으로 예상된다.

2) 국내 코칭 학위과정

국내 코칭 관련 학위과정 운영 현황을 살펴보면 〈표 1-2〉와 같다. 국내 학위과정 운영 현황은 도미향, 정은미(2012)의 연구와 도미향, 이정은(2020)

〈표 1-2〉 국내 학위과정 운영 현황(학교명 순서: 가나다 순)

구분	석사		박사	
	2012	2020	2012	2020
일반대학원	–	남서울대학교, 동국대학교	–	남서울대학교, 동국대학교
특수대학원	국제문화대학원 대학교, 서강대학교, 평택대학교	개신대대학원 대학교, 국제문화 대학원 대학교, 남서울대학교, 동국대학교, 서강대학교, 연세대학교, 평택대학교	–	남서울대학교, 연세대학교
교육대학원	광운대학교, 백석대학교	광운대학교, 동국대학교, 백석대학교, 숭실대학교	–	광운대학교, 백석대학교
MBA	국민대학교, 아주대학교	국민대학교, 단국대학교, 아주대학교	–	–
학위과정 계	7개	16개	–	6개

출처: 도미향, 정은미(2012)와 도미향, 이정은(2020)을 바탕으로 추가 작성함.

의 연구를 참조하였고, 2020년 4월 기준으로 하여 최근 자료를 추가하여 정리하였다. 2012년도에는 코칭 관련 석사 과정이 총 7개이며 박사 과정이 없었으나, 2020년도에는 코칭 관련 석사 과정이 총 16개이며, 박사과정은 6개가 신설되었다. 따라서 코칭 석사 과정을 운영하는 대학은 총 23개 대학이며, 코칭 관련 박사과정을 운영하는 대학은 6개 대학이다. 이와 같이 코칭 관련 국내 학위과정이 2010년 이후 지속적으로 증가하고 있음을 알 수 있다.

3) 국내 코칭 관련 학회

코칭 관련 학회는 1990년 후반부터 창립되어 그 수가 증가하고 있다. 이와 관련하여 코칭학회 및 코칭 학술지의 출판물 특성에 관한 분석에 관한 연구에서는 코칭의 학문적 발전을 위하여 코칭 관련 학회를 탐색하고 코칭 관련 학술지를 분석하여 코칭 학회 및 코칭 학회지의 발전 방향을 제시하였다(Lee & Kim, 2021). 이 연구는 한국학술지인용색인에서 총 28개의 학회지를 검색하였으며 그중에서 10개의 코칭 관련 학회를 선정한 후 코칭 관련 학회의 홈페이지 탐색을 통하여 최종 6개의 코칭 학술지를 분석하였으며, 세부 내용은 〈표 1-3〉과 같다.

연구 분석결과는 다음과 같다. 첫째, 코칭의 학문적 발전이 체육, 복지, 교육, 경영, 심리, 종교 등에서 다양하고 복합적으로 이루어지고 있다는 것을 알 수 있었으며, 둘째, 본 연구의 연구대상이 된 학회의 학술지 발전은 창립시기와 관련되며 일정한 활동 기간이 필요한 것으로 나타났다. 셋째, 코칭 학문의 발전을 위해서는 학회의 지속적인 학술지 발간과 이를 유지할 수 있는 역량이 필요하며, 넷째. 학술지의 발전을 위해서 우선적으로 학회의 발전이 필요한 것으로 나타났다.

한국의 코칭 역사는 이제 성숙한 발전 단계에 이르렀다. 코칭 관련 대학원 및 대학에서 코칭 관련 전공이 꾸준히 만들어지고 있으며, 코칭 관련 학회도 다양하게 만들어지고 있다. 또한 (사)한국코치협회뿐만 코칭 관련 협회도 다양하게 만들어지고 있다. 이러한 경향은 코칭에 대한 인식 확대와 코칭 수요가 점차 증차하고 있다는 반증이기도 하다. 한국의 코칭 역사는 전 세계적으로도 매우 역량 있는 발전을 보이고 있으며, 향후 지속적인 성장을 위하여 도모해야 할 시기이다.

〈표 1-3〉 코칭 학회 및 학술지 현황

No	학회	창립일	학술지	등재 정보	학회 특성
1	한국코칭능력개발원 (Korea Coaching Development Center)	1998. 11. 7.	코칭 능력 개발지	KCI 등재	코칭에 대한 과학적 연구와 교육을 통하여 체육 발전 및 국민체육진흥에 기여하고자 함
2	한국코칭학회 (The Korean Association of Coaching)	2005. 9. 1.	코칭 연구	KCI 등재	코칭의 기본 개념을 복지 및 교육에 도입하여 코칭의 학문적 토대를 세우고 프로그램 개발 및 전문가 양성을 통하여 코칭의 대중적 확대를 도모하고자 함
3	한국크리스천코칭학회 (Korea Christian Coaching Academic Society)	2007. 11. 1.	활동 없음	-	크리스천 코치들의 학문 역량 발전과 코칭 능력 향상 발전을 통한 사회와 교회 발전에 기여하고자 함
4	한국교육컨설팅 코칭학회 (The Korea Association of Education Consulting & Coaching)	2010. 3. 27.	교육 컨설팅 코칭 연구	KCI 등재 후보	평생교육과 인적자원개발에 관한 교육컨설팅 및 코칭에 대한 이론과 실제를 과학적으로 연구하고 실천함으로써 조직과 사회 발전에 기여하고 글로벌 컨설팅 코칭 문화를 선도하고자 함
5	한국코칭심리학회 (Korean Association of Coaching Psychology)	2011. 11. 15.	한국 심리 학회지: 코칭	KCI 등재 후보	코칭 심리학에 관한 다양한 학술적 이해와 연구, 현장에의 적용을 위한 활동을 수행할 코칭심리 전문가의 양성 및 정책과 관련된 활동을 하고자 함
6	한국군상담심리 코칭학회	2012. 6. 1.	활동 없음	-	21세기 국가와 교회의 다음 미래 차세대를 위한 대한민국 청년 복음화를 하고자 함
7	한국진로코칭학회	2012. 8. 16.	활동 없음	-	내용 없음 홈페이지 없음

〈표 1-3〉코칭 학회 및 학술지 현황 (계속)

No	학회	창립일	학술지	등재 정보	학회 특성
8	한국스포츠코칭학회 (Korea Society of Sport Coaching)	2015. 5. 28.	한국 스포츠 코칭 학회지	일반 학술지	스포츠 현장의 코치들이 활용할 수 있는 다양한 이론과 실제 적용 가능한 코칭 방법을 체계화하여 한국 스포츠 현장의 코칭 수준을 향상시키고자 하는 목적으로 함
9	한국스포츠인성 코칭학회 (Korea Sport Character Coaching Association)	2019. 4. 2.	활동 없음	–	스포츠를 통해 발달될 수 있는 인성과 코칭 역량에 대한 이론 개발, 삶의 전이 연구, 라이프스킬 프로그램 개발 및 보급, 지도자 역량 개발을 위한 자격증 관리 및 지원, 전문 인력 양성 및 현장 지원 등을 목적으로 함 홈페이지 없음
10	아시아상담코칭학회 (Asia Counselling and Coaching Society)	2019. 10. 11.	Asia Coun- seling and Coach- ing Review (ACCR)	일반 학술지	상담 및 코칭에 관한 제반 학술적 이해와 연구, 현장에의 적용을 위한 활동과 이를 수행할 상담 및 코칭 전문가의 양성 및 정책과 관련된 활동을 하고자 하며, 상담 및 코칭 분야에서의 교육, 연구, 실무를 발전시키기 위한 제반 활동 및 회원 상호 간의 친목도모를 하고자 함

출처: 한국학술지인용색인(https://www.kci.go.kr), 각 학회 홈페이지(단, 학술지 활동이 없는 경우에는 홈페이지 없음).

3. 코칭 정의

1) 코칭 정의

코칭에 대한 정의는 아마도 코칭을 정의하고자 하는 학자 또는 코치 수 만큼 있다고 해도 과언이 아니다. 코칭의 역사를 통하여 살펴본 바와 같 이 코칭에 대한 정의는 지속적으로 변화하여 발전되어 왔다고 할 수 있 다. 코칭에 대한 정의를 살펴보는 것은 코칭에 대한 이해를 더욱 깊게 하 며, 코칭의 변화 발전을 살펴볼 수 있게 한다. 우선 Orth, Wilkinson과 Benfari(1987)는 코칭을 구성원들이 성과와 능력을 향상시키기 위한 매일 의 일상적인 과정으로 보았다.

Evered와 Selman(1989)은 코칭을 '코칭 및 경영의 예술(coaching and the art of management)'에서 개인과 팀이 결과를 창출할 수 있게 하는 환 경 및 맥락 안에서 의사소통을 통하여 만들어 가는 경영 활동으로 보았 다. 그러면서 코칭을 경영관리의 핵심(heart of management)으로 보았으 며, 코칭을 할 수 있는 환경을 만드는 것이 필요하다고 하였다. Hicks와 McCracken(2010)은 코칭을 사람들이 변화를 장애물이라고 여기기보다는 도전으로 받아들이고 적응할 수 있도록 인식과 행동 패턴을 변경하여 효과 와 능력을 향상시키는 데 도움이 되도록 설계된 공동 작업 프로세스로 보 았다.

국제코칭연맹(ICF)은 코칭을 "고객과 파트너 관계를 맺고 고객이 성찰과 창의적인 과정을 통해 개인 및 전문적인 잠재력을 극대화할 수 있도록 돕 는 것"으로 정의하고 있다. 또한 한국코치협회는 코칭을 "개인과 조직의 잠재력을 극대화하여 최상의 가치를 실현할 수 있도록 돕는 수평적인 파트 너십"으로 정의하고 있다.

한국코치협회(Korea Coach Association: KCA, https://www.kcoach.or.kr)에

서는 코칭을 '개인과 조직의 잠재력을 극대화하여 최상의 가치를 실현할 수 있도록 돕는 수평적 파트너십'으로 정의하고 있다(한국코치협회 홈페이지).

저자는 『라이프 코치 전문가 되기』(김유천 외, 2024)를 번역하고, 대학에서 마음챙김 코칭 및 행복심리학을 강의하면서 "코칭은 현재 행복을 잘 살펴보게 하고 앞으로 더욱 행복해지도록 하는 것"이라는 생각을 더 하게 되었다. 사람은 누구나 행복해지려고 하며, 누구나 행복할 수 있다. 행복을 알아차리게 하고, 더 행복해지도록 하는 것이 코칭의 궁극적인 모습이라고 생각한다.

2) 코칭의 요소

코칭에 대한 정의를 살펴본 바와 같이 코칭은 다양하게 정의되고 있다. 코칭의 개념을 파악하기 위하여 다음의 세 가지 차원, '코칭 관계, 코칭 과정, 코칭 목표' 차원에서 추가적으로 살펴보고자 한다.

첫째, 코칭 관계 차원이다. 코칭을 하는 사람과 코칭을 받는 사람과의 협력적 관계이다. 현재 많은 학자가 코칭 과정을 비지시적인(non-directive) 과정으로 강조하고 있지만, 모든 학자가 동의하는 것은 아니다(Ives, 2008). 예를 들면, Peterson과 Hicks(1996)는 코칭을 코치가 피코치들에게 자신을 개발할 수 있는 지식, 도구, 기회를 제공하는 과정으로 보면서 코칭을 지시적인 역할로 보았다. 그러나 일반적으로 코칭의 비지시적인 역할을 강조하는 연구가 많이 있다. Allenbaugh(1983)는 코칭을 조직, 관리자 및 부하 간에 협력적인 과정이라고 하였으며, 업무성과 관리를 더욱 효과적으로 할 수 있는 경영 관리 도구로 인식하였다. Whitmore(1994)는 코칭을 "개인의 잠재력을 개발하여 수행을 극대화하기 위한 것으로서 가르치는 것이 아니라 학습하도록 돕는 것"으로 정의하였다.

둘째, 코칭 과정 차원이다. 코칭은 구조화된 대화 과정이다. Stowell (1986)은 구성원들이 더 높은 성과를 올릴 수 있도록 하는 리더들의 행동과 연관이 있는 것으로 보았으며, 행동적인 과정으로 보고 있다. Evered와 Selman(1989)은 기존의 통제 위주의 조직 문화에서 구성원들에게 권한을 위임하는 임파워링하는 조직문화를 만드는 데 있어서 코칭은 관리자와 부하 간에 관계를 만들어 주는 대화 과정이라고 하였다.

셋째, 코칭 목표 차원이다. 코칭은 성장에 관한 것이다. Popper와 Lipshitz(1992)는 영업매니저를 대상으로 전화 설문을 통하여 관리자의 코칭 효과성을 검증하였다. 이를 통하여 코칭이 영업관리뿐만 아니라 관리자의 리더십에 있어서도 중요하다는 것을 실증적으로 보여 주었다. Hall과 그의 동료 연구자(1999)들은 코치와 피코치자가 서로 기대와 한계를 우선 명확히 하는 것이 필요하다고 하며, 개인의 목표에 초점을 맞추어 성과를 개선하고, 경력을 확장하고, 이탈을 막고 조직적인 이슈나 변화 속에서 일하기 위해 사용되는 일대일학습 과정이라고 하였다. Haberleither(2002)는 코칭은 모든 직원의 잠재력을 개인적 발전 단계에 부합되게 계발하여 능력을 극대화하는 것이라고 하였다. 코칭은 직원 개발 및 성과 관리에 중요한 방법으로 인식되어 활용되고 있다(Gray, 2006). 기업 환경에서 코칭은 조직구성원의 성과관리 및 개발관리 측면에서 관리자가 부하의 현재 상태와 바람직한 상태의 차이를 줄이기 위해 합의된 목표를 수립하고 이루기 위한 상호과정으로 이루어진다. 성과관리를 넘어서 개발 코칭(development coaching)으로 변화되었다고 할 수 있다(Agarwal et al., 2009).

이와 같은 세 가지 차원인 코칭 관계, 코칭 과정, 코칭 목표 차원을 살펴본 결과를 통하여 코칭은 종합적 차원으로 고려될 필요가 있음을 알 수 있다.

지금까지의 코칭 정의를 바탕으로 코칭 개념을 정리한다면, 코칭은 관계, 과정 및 성장에 관한 것이라 할 수 있다(Mihiotis & Argirou, 2016). 세부적으로는 다음과 같다.

첫째, 코칭은 수평적 협력적 관계로 만들어 이루어진다. 코칭은 코칭을 하는 사람과 코칭을 받는 사람과의 수평적인 일대일 관계로 만들어진다. 코칭 관계에서 서로 간의 관계는 신뢰 및 파트너십의 협력적인 관계가 중요하다. 코칭은 신뢰 및 파트너십의 협력적 관계이다(Orth, Wilkinson, & Benfari, 1987; Allenbaugh, 1983).

둘째, 코칭은 구조화된 대화 과정에 관한 것이다. 경청 및 질문 등의 대화 과정을 통하여 지속적으로 상호 피드백하는 과정이다(Evered & Selman, 1989).

셋째, 코칭은 개인 성장에 관한 것이다. 모든 개인은 문제에 대하여 해결할 수 있는 잠재력 및 가능성을 가지고 있다. 코칭은 개인이 갖고 있는 장애물을 해결함으로써 개인의 성장 및 성과향상에 기여하게 된다(Grant & Cavanagh, 2004). 상기 세 가지 차원을 정리하면, 코칭은 '코칭을 하는 사람과 코칭을 받는 사람과의 신뢰 및 파트너십을 바탕으로, 지속적인 구조화된 대화 과정을 통하여, 개인의 잠재력을 가능성을 확인하고 실현하여 상호 성장 및 성과향상에 기여하는 것'이라고 할 수 있다.

4. 코칭과 유사한 개념

코칭의 개념을 좀 더 명확히 이해하기 위해 유사한 개념을 비교하면, 차이점을 이해하게 되고 코칭의 개념을 더욱 잘 알 수 있다. 코칭과 유사하게 활용되는 개념으로는 상담, 컨설팅, 멘토링이 있는데, 이를 살펴보면 다음과 같다.

1) 상담

상담(counseling)은 개인의 과거에 일어난 사건에 초점을 두고, 이러한 것이 현재에 어떤 영향을 주는지 파악하여 치유하고자 한다. 즉, 상담은 과거 지향적이라 할 수 있다. 물론 상담 역시 현재 및 미래를 살펴보기도 한다. 상담은 개인의 정서적인 상태가 직무 수행에 영향을 줄 때 더욱 집중적으로 초점을 둔다. 상담이라는 용어는 Rogers가 내담자 중심 치료를 하면서 처음 사용하기 시작했다. 코칭에서도 Rogers의 인간 중심 철학을 중요하게 생각하는 만큼, 상담의 기본 철학은 코칭과 유사한 면이 있다. 즉, 상담과 코칭은 내담자 또는 고객이 경험하고 있는 부정적 상태에서 벗어날 수 있도록 전문적 서비스를 제공한다는 측면에서 공통점이 있다. 코칭은 상담과 유사한 측면도 있지만 상담과 상이한 측면을 더 많이 갖고 있다. 일반적으로 학교, 기업 및 상담센터 등에서 '상담'을 사용하고 있는데, 상담이라고 한다면 개인이 갖고 있는 과거의 문제를 해결하도록 돕는 것으로 여겨지고 있다.

다음과 같은 학자들은 상담과 코칭이 구분된다고 한다(Burdett, 1998; Evered & Selman, 1989; Hargrove, 1995; Ellinger et al., 2003). Burdett(1998)은 상담을 감정상태 또는 문제의 원인에 대하여 이야기하며 문제를 해결하기 위한 단기적 관여를 하는 것이라 여긴다. 반면에 코칭은 성과와 관련된다고 한다. 코칭은 미래 지향적이라 할 수 있으며, 현 상황에서 피코치자가 지금 현재의 이슈에 대하여 앞으로 어떻게 해결할 수 있는지에 대하여 초점을 둔다고 한다. Minter와 Thomas(2000)는 상담을 개인의 지식, 기술 혹은 능력의 부족보다는 직원의 태도 또는 행동과 관련된 성과 문제에 적합하다고 한다. 상담은 상담과정에서 내담자보다는 상담사가 주도적인 역할을 하는 반면에, 코칭은 피코치의 자기결정성을 중요시하며 코칭 과정에서 코치는 피코치가 문제 해결을 위한 방법을 찾도록 지원하는 역할을 강조한다고 한다. Grant(2006)는 상담은 과거에서 현재까지 내담자의 문제를 해결하도록 돕는 반면에 코칭은 개인의 과거보다는 개인의 생활을 향상시키고 변화시키는 것에 목표를 둔다고 한다.

상담은 과거부터 현재에 이르기까지 내담자가 직면하고 있는 문제를 해결하도록 돕는 것이다. 상담은 개인의 문제를 교정하기 위한 것이라면, 코칭은 코치와 코치이 사이의 권위적 관계보다는 공동의 평등적인 관계를 형성하여, 문제 해결을 하고자 하는 것에 초점을 둔다(조성진, 송계층, 2010; 최영임, 임정섭, 2013).

2) 컨설팅

컨설팅(consulting)은 문제를 다루고 해결하기 위한 관련 전문성, 전략, 구조, 방법론 등과 같은 구체적 정보를 제공하는 것이라 할 수 있다. 초창기 코칭이 비즈니스에서 적용되고 활용되는 시기에는 비즈니스 컨설턴트가 코칭을 비즈니스에 접목하는 경우가 많이 있었다(Orth, Wilkinson, & Benfari, 1987). 따라서 초창기에는 컨설턴트가 코칭을 활용하여, 코칭과 컨설팅의 경계가 모호하였고, 지금도 코칭과 컨설팅을 명확히 구분하지 않고 사용하는 경우도 있다. 이러한 컨설팅은 컨설턴트가 주도하여 문제를 진단하고 그 문제에 대한 대안을 컨설턴트가 생각하고 있는 문제에 대한 해결책을 고객에게 제시하는 것이다. Turner(1982)에 따르며, 컨설팅은 고객에게 정보를 제공하고 고객의 문제를 해결하는 것이라고 한다.

컨설팅은 컨설턴트가 제반 현상들을 관찰한 후 개인이나 조직의 문제를 주도하여 진단하고 그 문제를 해결할 수 있는 방안을 제시하는 것이며, 멘토링은 해당 분야의 전문적인 식견과 지혜를 가진 멘토에게 자신의 노하우를 전수해 주는 것을 말한다(조성진, 송계층, 2010).

코칭과 컨설팅 간의 유사점은 고객의 문제에 대하여 코치 또는 컨설턴트가 해결안을 실행하도록 돕는다는 데 있다. 또한 코칭과 컨설팅은 고객이 현재 문제를 해결하여 미래에 실행할 수 있도록 학습을 촉진한다는 측면에서 유사성이 있다. 그러나 컨설팅과 코칭은 다음과 같은 차이가 있다. 우선 컨설팅은 해결책을 컨설턴트가 제시해 주는 것이 목적이라면, 코칭은 해결책을 고객 스스로 발견하게 하는 것에서 차이가 있다. 이러한 차이는 누가 해결책을 제시하고 발견하는가에 관한 것이다. 또한 컨설팅은 정서 및 감정을 언급하거나 다루지 않는 반면에 코칭은 정서 및 감정을 자연스러운 것으로 가정하고 정서 및 감정을 정상적인 것으로 간주한다. 컨설팅은 해당분야의 전문적인 노하우를 가지고 있는 컨설턴트에 의해 성공여부가 결정된다. 반면에 코칭은 코칭 고객이 스스로 해답을 발견하도록 하여 코칭 받는 사람에 의해 성공여부가 결정된다. 즉, 컨설팅이 문제 해결을 위해 무엇(what)에 집중하는 것이라면, 코칭은 누구(who), 즉 코칭을 받는 사람에 집중한다고 할 수 있다.

3) 멘토링

멘토링(mentoring)은 후계 양성 교육을 다루고 멘티의 하는 일을 돕는 것이다. 멘토링은 멘토와 멘티의 관계가 수직적이며 상호 간의 인격적 개입이 더 깊이 일어난다. Hagen과 Aguilar(2012)는 멘토링은 멘티의 이해 또는 효과성 증진을 위해 멘토의 지식과 직업적 경험을 멘티와 나누는 것이라고 하였다. 즉, 직장에서 부하 직원이 어려운 문제에 직면했을 때, 관리자의 지식, 신념 및 경험을 바탕으로 충고하거나 제안을 하는 것이라고 하였다.

선행연구에 따르면 멘토링과 코칭 사이에는 분명한 차이가 있다는 주장이 있다(Burdett, 1998; Ellinger et al., 2003). 멘토링은 생애 전반을 다루는 개발과 커리어에 집중된 장기적 관점이라는 측면에서 코칭과 구분된다.

Minter와 Thomas(2000)는 관리자가 직원 개발을 위해 멘토링과 코칭을 할 때 직원에 따라서 각각의 사용전략을 다르게 해야 한다고 한다. 코칭의 경우에는 성과를 잘 내는 직원에게 적절하며, 멘토링은 장기적 발전이 요구되는 직원에게 적합하다고 한다.

멘토링은 자발적으로 취해진 장기 발전 과정으로 간주된다. 멘토링의 목적은 멘토의 지식 및 노하우 등을 멘티에게 전수하는 데 초점을 둔다. 코칭은 수평적 파트너십으로 깊숙한 개입이 요구되지 않는다. 코칭의 목적은 서로 목표를 합의한 후 그 목표 달성을 위해 서로 돕는다(홍의숙, 2009). John Whitmore 역시 멘토링은 경험이 적은 사람이 더 많은 경험을 가진 사람에게 지식을 전수받는 것이지만 코칭은 그렇지 않고, 오히려 그렇게 하는 것이 지속적 성과의 기초가 되는 자신감을 약화시킨다고 하면서 코칭은 특정한 주제에 대한 전문성이 아니라 코칭 자체의 전문성을 요구한다고 한다.

한편 다른 연구자들은 멘토링과 코칭은 유사하며, 상호 연계되어 있다고 주장한다. Orth 등(1987)은 관리자의 멘토 역할로 필요한 기술이 코칭 기술임을 논하였다. 관리자의 역할로서 멘토가 되어야 하며 관리자는 효과적 코칭 기술이 필요하다고 하였다.

유럽에서는 1992년 Megginson과 Clutterbuck이 학교, 기업, 공공기관, 컨설턴트들과의 연합단체로 유럽멘토링위원회를 설립하였고, 2002년에는 코칭을 포함하여 유럽 멘토링 및 코칭 위원회(European Mentoring Coaching Council: EMCC)로 바꾸었다. 이처럼 유럽에서는 멘토링과 코칭을 함께 사용하고 있음을 알 수 있다.

Rogers(2007)는 멘토링을 코칭의 일부라고 하며, 후원적 멘토링(sponsorship mentoring)과 개발적 멘토링(development mentoring)으로 구분하였다. 후원적 멘토링은 멘토가 멘티의 후원자가 되어 공개적으로 멘티의 경력을 촉진 또는 후원하는 것을 말하며, 개발적 멘토링은 멘토가 코칭의 접근 방법을 활용하여 멘티의 학습에 강력한 촉진 역할을 하여 멘티를 개발시키는 것을 말한다. Woo(2017)는 코칭 및 멘토링 프로그램을 실행한 한국의 17개 기업으로부터 247명을 대상으로 설문조사를 실시하였다. 관리자 코칭이 조직 몰입에 미치는 영향에서 멘토링 관계가 조절효과로 작용한다는 것을 실증 연구하였다. 또한 조절 효과는 코치와 멘토의 동질성 정도에 달려 있다는 것을 밝혀냈다.

상기의 선행연구를 종합하면, 멘토링과 코칭은 기본목표, 자발성, 역할, 관계에 있어서 차이가 있다. 그러나 멘토링과 코칭은 관리자의 역할로 멘티와 효과적으로 잘 수행하기 위한 코칭 기술이 함께 발휘될 필요가 있다는 측면에서 유사하다고 할 수 있다.

코칭은 상담, 컨설팅 및 멘토링 등과 비교할 때, 여러 가지 다른 특징이 있다. 첫째, 코칭은 코칭을 받는 고객이 문제 해결의 주체가 된다. 둘째, 코칭은 고객이 스스로 문제 해결 방법을 찾을 수 있도록 도와주고 지원한다. 셋째, 코칭은 고객이 문제 해결을 넘어 스스로 성장 발전할 수 있도록 한다. 이러한 측면에서 코칭은 상담, 컨설팅 및 멘토링 형태와 다르다. 따라서 코칭과 다른 유관 분야들과의 공통점 및 차이점, 상호적 활용에 대해서는 더 많은 연구가 진행되어야 할 것으로 보인다.

성찰(insight)을 더하기 위한 질문 ●●●●

1. 코칭의 어원과 마차(coach)와의 비유를 통해, 코치와 코치이의 관계를 어떻게 이해할 수 있을까?

2. 코칭의 역사적 발전에서 현대적 의미의 코칭에 영향을 준 것은 어떠한 것이 있는가?

3. 한국에서의 코칭 도입과 확산 과정에서 중요한 전환점은 무엇이었으며, 그 이유는 무엇일까?

4. 코칭 관련 학위과정 및 학회의 발전이 코칭의 발전에 미친 영향은 어떠한가?

5. 상담, 컨설팅, 멘토링과 코칭의 차이점을 이해하는 것이 왜 중요한가? 이 개념들을 실무에 적용할 때 어떤 점에 주의해야 할까?

참고문헌

김유천(2020). 코칭학 성과 및 도전에 관한 탐색적 연구: 국내 코칭학을 중심으로. 코칭연구, 13(6), 49-68.

도미향, 이정은(2020). 국내·외 대학의 코칭 교육과정 분석. 코칭연구, 13(2), 31-51.

도미향, 정은미(2012). 대학에서의 코칭학 교육과정 구축을 위한 탐색적 연구. 코칭연구, 5(2), 5-22.

조성진, 송계충(2010). 코칭 효과 연구를 위한 코칭 프로그램 개발과 평가. 인적자원개발연구, 13(1), 27-74.

조은현(2010). 코칭리더십 척도 개발 및 타당화와 코칭리더십이 조직태도에 미치는 영향. 광운대학교 대학원 박사학위논문.

조은현, 탁진국(2011). 코칭리더십 척도 개발 및 타당화. 한국심리학회지 산업 및 조직, 24(1), 127-155.

최영임, 임정섭(2013). 의사결정유형과 전공에 대한 확신이 역기능적 진로사고에 미치는 영향. 한국심리학회 연차 학술발표논문집, 2013(1), 390-390.

허지숙, 주충일, 이성엽(2017). 학문으로서 코칭의 정체성 확립에 관한 연구: 소크라테스의 교육철학을 중심으로. 교육컨설팅코칭연구, 12(1), 49-70.

홍의숙(2009). 중소기업 리더 코칭이 자기효능감을 매개로 직무관련성과에 미치는 영향에 관한연구. 숭실대학교 대학원 박사학위논문, 159-169.

Agarwal, R., Angst, C. M., & Magni, M. (2009). The performance effects of coaching: A multilevel analysis using hierarchical linear modeling. *The International Journal of Human Resource Management, 20*(10), 2110-2134.

Allenbaugh, G. E. (1983). Coaching: A management tool for a more effective work performance. *Management Review, 72*(5), 21-26.

Brock, V. G. (2008). Grounded theory of the roots and emergence of coaching. International University of Professional Studies.

Brock, V. (2012). *The sourcebook of coaching history* (2nd ed.). Self published.

Burdett, J. O. (1998). Forty things every manager should know about coaching.

Journal of Management Development, 17(2).

Ellinger, A. D., Ellinger, A. E., & Keller, S. B. (2003). Supervisory coaching behavior, employee satisfaction, and warehouse employee performance: A dyadic perspective in the distribution industry. *Human Resource Development Quarterly, 14*(4), 435-452.

Evered, R. D., & Selman, J. C. (1989). Coaching and the art of management. *Organizational Dynamics, 18*(2), 16-32.

Gorby, C. B. (1937). Everyone gets a share of the profits. *Factory Management & Maintenance, 95*, 82-83.

Grant, A. M. (2006). A personal perspective on professional coaching and the development of coaching psychology. *International Coaching Psychology Review, 1*(1), 12-22.

Grant, A. M. (2010). It takes time: A stages of change perspective on the adoption of workplace coaching skills. *Journal of Change Management, 10*(1), 61-77.

Grant, A. M., & Cavanagh, M. J. (2004). Toward a profession of coaching: Sixty-five years of progress and challenges for the future. *International Journal of Evidence-based Coaching and Mentoring, 2*(1), 1-16.

Gray, D. E. (2006). Executive coaching: Towards a dynamic alliance of psychotherapy and transformative learning processes. *Management Learning, 37*(4), 475-497.

Haberleither, E., Deistler, E., & Ungvari, R. (2002). 코칭 리더십. 이영희 역. 국일 증권경제연구소. (원저는 2002년에 출판).

Hagen, M., & Aguilar, M. G. (2012), The impact of managerial coaching on learning outcomes within the team context: An analysis. *Human Resource Development Quarterly, 23*(3), 363-388.

Hall, D. T., Otazo, K. L., & Hollenbeck, G. P. (1999). Behind closed doors: What really happens in executive coaching. *Organizational Dynamics, 27*(3), 39-53.

Hargrove, R. (1995). *Masterful coaching: Extraordinary results by impacting people and the way they think and work together.* Jossey-Bass/Pfeiffer.

Hicks, R. P., & McCracken, J. P. (2010). Three hats of a leader: Coaching, mentoring and teaching. *Physician Executive, 36*(6), 68-70.

Ives, Y. (2008). What is 'coaching'? An exploration of conflicting paradigms.

International Journal of Evidence Based Coaching & Mentoring, 6(2).

John, B. A. X., Negrutiu, M., & Calotă, T. O. (2011). Coaching: A philosophy, concept, tool and skill. *Journal of Knowledge Management, Economics & Information Technology, 1*(7), 320-328.

Kilburg, R. R. (1996). Toward a conceptual understanding and definition of executive coaching. *Consulting Psychology Journal: Practice and Research, 48*, 134-144.

Kilburg, R. R. (2007). Toward a conceptual understanding and definition of executive coaching. In R. R. Kilburg & R. C. Diedrich (Eds.), *The wisdom of coaching: Essential papers in consulting psychology for a world of change* (pp. 21-30). American Psychological Association.

Lee, S. Y., & Kim, Y. C. (2021). Analysis of the characteristics of journal publications regarding coaching. *American Journal of Humanities and Social Science (AJHSS)*.

Mihiotis, A., & Argirou, N. (2016). Coaching: From challenge to opportunity. *Journal of Management Development, 35*(4), 448-463.

Minter, R. L., & Thomas, E. G. (2000). Employee development through coaching, mentoring and counseling: A multidimensional approach. *Review of Business, 21*(12), 43.

Orth, C. D., Wilkinson, H. E., & Benfari, R. C. (1987). The manager's role as coach and mentor. *Organizational Dynamics, 15*(4), 66-74.

Peterson, D. B., & Hicks, D. H. (1996). *Leader as coach: Strategies for coaching and developing others*. Personnel Decisions International.

Popper, M., & Lipshitz, R. (1992). Coaching on leadership. *Leadership & Organization Development Journal, 13*(7), 15-18.

Rogers, J. (2007). *Adults learning*. McGraw-Hill Education.

Stowell, J. S. (1986). Leadership and the coaching in organizations. University of Arizona Ph.D. dissertation.

Turner, A. N. (1982). Consulting is more than giving advice. *Harvard Business Review, 60*(5), 120-129.

Whitmore, J. (1994). *Coaching for performance: A practical guide to growing your own skills*. Pfeiffer & Company.

Whitmore, J. (2002). *Coaching for performance*. Nicholas Brealey Publishment.

Williams, P., & Menendez, D. S. (2024). 라이프 코치 전문가 되기. 김유천, 이송이 역. 학지사. (원저는 2023년에 출판).

Woo, H. R. (2017). Exploratory study examining the joint impacts of mentoring and managerial coaching on organizational commitment. *Sustainability, 9*(2), 181.

(사)한국코치협회 홈페이지　https://www.kcoach.or.kr/

아시아상담코칭학회 홈페이지　https://www.accskorea.org/

한국교육컨설팅코칭학회 홈페이지　https://www.kaecc.com

한국군상담심리코칭학회 홈페이지　http://www.v2020.or.kr

한국스포츠코칭학회 홈페이지　http://ksosc.or.kr/

한국코칭능력개발원 홈페이지　http://www.ikcdc.net

한국코칭학회 홈페이지　http://www.koreacoaching.kr

한국학술지인용색인 홈페이지　https://www.kci.go.kr

제2장

코칭 철학

"철학의 모든 부분에서 전문가가 된다는 것은 삶의 모든 질문에 대한 전문가가
되는 것을 의미한다."

비키 브록(Vikki, Brock), 『코칭의 역사』 저자

1. 철학과 코칭

철학(philosophy)이라는 단어는 '지혜 혹은 지식에 대한 사랑'을 의미한
다. 세계와 세계에 대한 접근법을 이해하려는 시도에서 철학은 사람들 사
이의 모든 상호작용과 의사소통과 관련이 있다. 사람들 사이의 상호작용과
의사소통과 관련되어 있는 모든 코칭 형태 및 접근법은 자연스럽게 철학을
바탕으로 하여 이루어졌다. 철학은 모든 학문과 관련되어 있다. 어떠한 학
문도 철학과 연결되지 않는 학문은 없다. 코칭의 주요한 뿌리 역시 철학이
라 할 수 있다.

코칭 철학(coaching philosophy)은 코칭과 철학의 연결고리를 구체적으로

찾아보는 것에서부터 시작할 수 있다. 코칭 철학은 코칭을 더 잘 이해하는 데 필요하다.

Bachkirova, Clutterbuck과 Cox(2010)는 코칭 전문가가 자신의 코칭 실무에 적합한 이론적 근거를 바탕으로 코칭 실무 정보를 제공하기 위해 일관된 철학적 프레임워크를 개발해야 한다고 주장한다.

코칭 철학 관련하여 Cushion과 Partington(2016)은 '코칭 철학'과 관련된 기존 문헌을 검토하고 현재의 코칭 철학 개념에 대하여 비판적으로 분석하였다. 검토 결과, 코칭 철학의 정의, 용어 및 프레임워크에 대한 설명이 제한적이고 개념적 명확성이 결여된 혼란스러운 접근 방식이 드러났다고 한다.

이와 같이 아직 코칭 철학에 대한 명확한 개념이 정립되지 않았지만 이에 대한 시도는 필요하며 지속적 연구 또한 필요한 시점이다.

2. 코칭의 철학적 배경

코칭은 독특한 패러다임을 가지고 있지만, 그 근원과 이론, 전략은 새로운 것이 아니다. 코칭의 토대는 대부분 오래전으로 거슬러 올라간다. 삶의 개선, 자기계발, 의미 탐구에 대한 관심은 **고대 그리스 사회**에서 시작되었다. 이는 "성찰하지 않는 삶은 살 가치가 없다."는 Socrates의 유명한 명언에 잘 나타나 있다. 고대 그리스에서도 지금과 마찬가지로 사람들은 항상 개인적인 의미를 탐구하고 찾고자 하는 강렬한 열망을 가지고 있었다. 오늘날 코칭은 새로운 현상으로 여겨지지만, 그 토대는 철학에서 찾을 수 있다(Williams & Menendez, 2023).

[그림 2-1]은 Brock(2012)의 『코칭의 역사』에서 코칭 철학을 보여 주고 있는 것을 참조하여, 저자가 코칭 철학과 코칭학을 연결하였다. 코칭은 서양철학 및 동양철학과 연결되어 있음을 볼 수 있다. 또한 모든 학문이 철

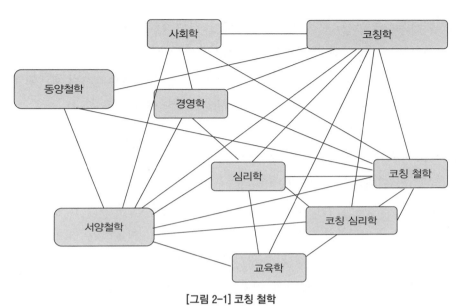

[그림 2-1] 코칭 철학

출처: Brock (2012).

학과 연결되어 있음을 볼 수 있다. 코칭과 철학은 연결되어 있다.

이미 2,000년 전에 **고대 그리스 철학자** Socrates (기원전 470~399)가 코칭과 같은 내용을 행하고 있었다(길영환, 2011; Whitmore, 1994). 그리스 철학은 질문을 하고 대답을 이끌어 내는 Socrates의 지적 대화 방식으로부터 시작되었다고 할 수 있으며, 이러한 방식을 통하여 사람들이 스스로

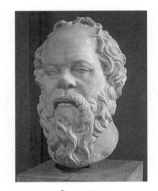

Socrates

생각할 수 있도록 하였다. 이를 **소크라테스식 대화법**이라고 하기도 한다.

코칭에서 가장 중요한 것 중에 하나가 질문하는 것이다. 대화 중인 사람으로부터 생각을 이끌어 내는 소크라테스식 대화법은 코칭과 연결되며, 코칭의 주요한 기술이기도 하다. 코칭의 세계를 나무로 표현한다면, 철학은 코칭의 원뿌리라고 할 수 있다(Brock, 2012).

허지숙, 주충일과 이성엽(2017)은 코칭 연구 관련하여 도구적인 기법과 효과에 대한 코칭 연구들이 많이 진행되었으나 학문적인 철학의 연계는 미미하였고, 학문으로서의 코칭 정체성 확립을 위하여 **Socrates의 교육철학**을 바탕으로 학문적 정립에 이론적 초석을 만들어야 한다고 한다.

서양철학은 **르네상스**를 거치면서 인본주의에 대한 재인식을 통하여 그리스 로마 시대의 철학을 다시 보게 되었다. 인간의 생각, 감정, 경험에 대한 근본적인 위대함을 주장하게 되었다.

20세기 들어서 철학은 분석철학, 실존철학, 현상철학, 존재철학, 통합철학 및 인본주의 철학으로 더욱 분화되었다. Kierkegaard, Nietzsche, Sartre 같은 **인본주의자**들은 의미, 진정성, 초월성의 추구 같은 인간의 욕구는 보편적인 것이며, 인간 조건의 일부라고 여겼으며, 이러한 존재에 관한 이슈는 특히 자기계발과 성장에 관련되고, 삶에 대한 존재적 접근법은 인본주의와 코칭의 많은 이론에 기초가 되었다(Brock, 2012).

한편 동양에서도 공자는 문답법이라는 방식으로 질문하고 해답을 찾아가는 방식을 취하였다. 공자의 문답법이 잘 나타난 책이 『논어』이다. 더불어 동양철학의 유교에서 강조하는 중요 사상 중에서, 예를 들어 '미덕' '선' '정도' '자비' 등은 코칭의 기본과 유사한 부분이 있다.

인본주의는 삶을 사랑하는 사람들을 위한 철학으로, 자기 자신의 삶을 책임지며, 새로운 지식을 추구하고 새로운 대안을 탐색하며, 새로운 것을 모색하는 것을 즐긴다. 삶에서 미리 만들어진 답 대신에 무한한 탐색과 모색을 통하여 자유를 시도한다.

3. 코칭 철학

1) 인본주의 철학

서양철학의 인본주의 철학은 코칭의 기본 원리 중 하나인 인본주의 세계관을 보여 주는 것이라 할 수 있다(Brock, 2012).

코칭 철학은 1950년대 **인본주의 심리학**(humanistic psychology)에서 그 배경을 좀 더 찾을 수 있다. 인간은 무궁무진한 잠재력을 가지고 있고, 적절한 도움을 받으면, 이러한 잠재력을 개발할 수 있다는 믿음에 코칭은 영향을 받았다고 할 수 있다. Stober(2006)는 서양철학의 인본주의 철학이 코칭의 근본적인 철학적 기초라고 주장한다. 코칭은 인간을 모든 것의 궁극적인 기준으로 보는 것과 모든 개인은 성장과 성취에 대한 능력을 가지고 있다는 점에 있어서 인본주의적이라 한다(Skiffington & Zeus, 2003).

코칭은 인본주의 철학으로부터 책임, 발견, 제한 없는 선택, 자유 그리고 성장과 달성 능력 같은 개념을 통합하였다. Brock(2012)은 "인본주의 심리학은 분명히 코칭의 기초가 되는 초석"이라고 말했으며, 초기 코칭의 선구자들은 암묵적 또는 명시적으로 인본주의 코칭 철학을 표현하였다.

Maslow(1954)는 인간은 결핍동기가 채워지면 자신의 성장 동기를 추구하는데, 그 과정에서 자신의 잠재력과 강점이 무엇인지를 깨닫게 된다고 하였다. 즉, 그는 욕구위계이론에서 자아실현욕구를 가장 상위에 두고 있으며, 인간은 누구나 이러한 상위의 자아실현 욕구에 도달할 수 있다고 한다. 자아실현 욕구는 자신의 잠재력을 파악하고 이를 지속적으로 개발하려는 욕구로 코칭의 기본 철학과 관련되어 있다.

Maslow

또한 Rogers(1951)의 경우에도 상담분야에서 인간중심상담 또는 내담자중심상담을 주장하면서 기존의 상담에서 중요시해 왔던 상담자의 역할에 있어서 중요한 변화를 촉구하였다. 즉, 인간중심상담에서는 내담자가 스스로 자신의 문제를 해결할 수 있는 잠재력이 있다고 믿고 내담자가 스스로 해결방법을 찾도록 격려하고 지원해주는 역할을 하는 것이 중요함을 강조하였다(탁

Rogers

진국, 2019). 인간중심 심리학에서 인간은 선천적으로 매우 긍정적이며, 진취적인 존재라는 신념을 바탕으로(Rogers, 1977), 인간의 내면에는 선천적인 실현경향성(actualizing tendency)이 있다고 한다.

인본주의 심리학의 핵심에는 각 개인의 고유성, 온전성, 선택 능력과 같은 기본 원칙이 있으며, 이는 이후 1960년대에 **인간 잠재력 운동**의 기초가 되어 고용주에게 사람들을 잘 대우해야 한다는 조언을 하게 되었다. 개인들은 자기 자신의 내면에 답이 있듯이 내면의 소리를 자각하는 데 집중하도록 하고 있다. 이와 같이 코칭은 개인들이 스스로 결정하고 행동할 수 있다는 믿음에서 출발함으로 기존의 수직적인 조직관계에서 수평적 조직관계로의 변화에서 가장 중요한 요소가 되었다.

Peltier(2001)는 인간 중심적인 태도는 코칭 과정, 특히 코칭 초기 단계에서 코치와 코칭을 받는 사람과의 관계에 있어서 서로 신뢰관계를 형성하고, 서로 협력하고 동반적인 관계를 구축하는 데 있어서 큰 강점이 있다고 하였다. Whitmore(1994)는 그의 저서 『성과 향상을 위한 코칭 리더십』에서 코칭의 인본주의 심리학 부분을 강조하였다. 코칭의 기본 전제는 사람은 누구나 가능성과 잠재능력을 갖고 있다는 것이다. 그리고 자신에게 필요한 해답은 모두 그 자신이 갖고 있으며, 이러한 해답을 찾기 위해서 파트너와 함께함으로써 이를 더 쉽게 찾을 수 있다는 것이다.

2) 포스트모던적 구성주의 철학

포스트모던적 구성주의는 현실은 객관적으로 알 수 없고, 오히려 특별한
믿음과 문화적, 역사적 또는 사회적 맥락의 결과로서 개인과 그룹에 의해
구성된다는 가정에 기반한 세계관이다.

근대(modern, 1890~1950) 시대에서 20세기 초는 인류역사에서 유례가 없
었던 다양한 변화가 있었다. 이 시대는 산업혁명을 통한 제조 중심의 사회
이다. 운송, 정보 통신 및 컴퓨터 기술의 새로운 발전, 사회 문화적 관습의
변화, 세계 인구의 변화, 정치 및 경제적 변화 등이 있었다. 이러한 변화
는 개인 및 사회에 영향을 주었다. 일과 가정이 분리되고 경제적 부의 추
구가 주가 되었다. 세계화가 점차 가속화되면서 더욱 불확실해지고, 복잡
해지면서 예측 불가능한 시대가 되었다. 세계화와 지나친 복잡성의 결과를
다루고, 성공적으로 살아가기 위해 시대적 상황에 따라 코칭이 대두되었다
(Brock, 2008).

포스트 모던(post modern, 1950~현대) 시대는 기존의 근대적 관점에서 포
스트모던 관점으로 변화가 일어났다. 즉, 포스트모더니즘은 20세기 중반부
터 나타나기 시작한 철학적 · 문화적 · 예술적 흐름이다. 이 철학은 근대철
학의 확실성과 절대 진리, 합리주의를 비판하고, 다양한 관점과 다원주의
를 강조한다. 가정과 일의 재통합을 시도하였고 일의 의미, 행복, 목적을
추구하게 된 시기이다. 코칭이 좀 더 발전할 수 있게 된 것은 포스트모던
적 구성주의 철학이라고 할 수 있다.

구성주의(constructivism)는 20세기 후반 영미 교육학계에서 유행했던 흐
름으로 주요 특징은 지식의 객관성 대신에 '학습자가 스스로 구성한 지식'
이라는 주관주의적 관념론이다. 이와 관련된 방법론적 차원의 유사성으로
이른바 '자기주도적 학습'과 연결되기도 한다.

포스트모던적 구성주의 철학에 따르면 현실에 대한 지식은 상대적이며 관

찰자에 따라 달라진다고 한다. 코칭에서의 이러한 패러다임은 코칭 과정과 코칭 관계에서 형성되는 의미를 구성할 때, 고객의 목표를 형성하는 것에 대한 것을 성찰할 때 또는 고객과의 열린 대화에서 고객의 자아를 재구성 할 기회를 통해 나타난다(Cox, Clutterbuck, & Bachkirova, 2023). 코칭은 이 러한 포스트 모던 시대에 등장하였으며, 급변하는 사회 경제적 환경 속에 다양한 학문 분야를 바탕으로 발전하였다. 포스트모던적 구성주의 철학을 통하여 코칭이 하나의 실천 학문으로 더 자리매김하게 되었다.

3) 긍정심리 철학

긍정심리 철학은 긍정심리학을 기반으로 하고 있다. 긍정심리학은 증거 기반 연구 방법론을 강조하면서 '긍정적 사고에 대한 개인적 견해'나 '증거 에 기반하지 않은 행복학' 등과 구별되는 학문 영역을 구축했다. 그 결과 인간의 긍정자원에 대한 실증 연구를 꾸준히 축적했다. 이러한 실증 연구 의 축적은 인간의 긍정 요소에 주목하고자 한 Seligman의 새로운 시각이 학문으로 뿌리내릴 수 있게 한 중요한 토대가 되었다.

코칭 연구자들은 긍정심리학이 앞서 발굴한 인간의 긍정적 자원에 대한 실증 연구의 성과에 주목했다. 긍정심리학과 코칭은 사람들이 본래 건강하 며 성장하려는 의욕과 자원을 갖고 있다는 점을 공통적으로 전제하기 때문 에 긍정심리학의 증거 기반 방법론을 따른 실증 연구 결과들은 코칭에서도 직접적으로 활용할 수 있는 자원이 되었다(Biswas–Diener et al., 2009).

특히 코칭은 경영 현장의 실무차원에서 확산되었기 때문에 증거에 기 반한 코칭 프로그램의 효과성 검증이 주요한 과제로 떠올랐다. 이러한 경 향은 국내 코칭 연구 동향을 통해서도 확인해 볼 수 있는데, 2019년부터 2023년 8월까지 게재된 코칭 관련 논문 중 '코칭 변인 관련 연구'가 전체 연구의 약 53%, '코칭 효과성 검증' 연구가 약 12%를 차지하여 실증 연구가 매우 높은 비중으로 수행되었음이 보고되었다(김인숙, 양지희, 2023). 이러한 코칭 분야의 연구 동향은 코칭의 효과 검증이 경영 현장이나 조직 내에 코칭을 도입할 명분을 제공하기 위해 중요하다는 점이 반영된 것으로 보인다(조성진, 정이수, 2018). 이와 관련해서는 제9장 '긍정심리 코칭'에서 추가적으로 논의할 것이다.

4. 코칭 철학과 코칭 전제

1) 코칭 전제

코칭 철학은 코칭의 전제가 되는 사고방식 또는 코칭에 대한 관점 및 코칭이 시작되는 원천이라고 할 수 있다. 이와 관련하여서는 에노모토 히데타케(榎本英剛, 2004)가 『마법의 코칭』에서 잘 정리하였다. 그는 이러한 가정을 '코칭 철학'이라고 표현하지만 철학의 본래 뜻이 학문을 탐구하는, 즉 인간을 비롯한 어떤 대상을 탐구하는 방법론적인 특성이 있다고 고려할 때 코칭 철학이라는 용어보다 코칭을 수행하기 위한 전제조건으로 보는 것이 타당하다(길영환, 2011; 허지숙, 주충일, 이성엽, 2017). 그의 코칭 전제를 살펴보면 다음과 같다.

제1전제, 코칭은 '모든 사람에게 무한한 가능성이 있다'는 것이다. 이는 성선설 입장의 Y이론 인간관에 기초하고 있다. 결과에 상관없이 항상 사람은 무한 가능성이 있는 존재라고 믿는 것이다. 절대적으로 사람을 신뢰하는 것이다. 코치는 '답을 제공하는 것이 아니라, 피코치자가 답을 찾을 수 있도록 하는 것'이다.

제2전제, '그 사람에게 필요한 해답은 모두 그 사람 내부에 있다'는 것이다. 그러나 그 해답을 부하 본인이 반드시 알고 있는 것은 아니다. 따라서 내면에 있는 것을 찾을 수 있도록 해 주는 것이 코칭이다. 지금까지는 다른 사람(관리자, 선생 등)이 답을 제공하였으나, 실은 피코치자가 해답을 가지고 있는 것이다. 관리자 또는 선생이 해답을 필요로 하는 사람에게 임파워먼트를 해야 한다. 이를 시행하면 다양한 접근을 통하여 해답을 찾을 수 있다.

제3전제, '해답을 찾기 위해서는 파트너가 필요하다'는 것이다. 파트너는 코치가 되어 질문을 통하여 피코치자에게 스스로 해답을 이끌어 내도록 한다.

2) (사)한국코치협회의 코칭 철학

한국코치협회의 코칭 철학은 다음과 같다(한국코칭협회 홈페이지 참조).

"고객 스스로가 자신의 사생활 및 직업생활에 있어 그 누구보다도 잘 알고 있는 전문가로서 존중하며, 모든 사람은 창의적(creative)이고, 완전성을 추구하고자 하는 욕구(holistic)가 있으며, 누구나 내면에 자신의 문제를 스스로 해결할 수 있는 자원을 가지고 있다(resourceful)고 믿는다."

한국코치협회의 코칭 철학은, 첫째, 코치가 고객을 개인 삶 및 직업에 있어서 코치보다도 전문가로 존중해야 함을 이야기하고 있다. 코치가 고객의 개인 삶 및 직업에 대하여 답을 제공하기보다는 고객 스스로 찾을 수 있도록 해야 하는 것이다. 둘째, 고객인 사람에 대하여 모두가 스스로 창의적이며, 더불어 완전성을 추구하고자 하는 개인 욕구가 있음을 인정하고 있다. 셋째, 고객 누구나 자신의 문제를 해결할 수 있는 내부적인 해결책을 가지고 있다는 것이다.

3) 국제코칭연맹 코칭 철학

국제코칭연맹(ICF)은 코칭 철학 대신에 핵심 가치(core value)를 표방하고 있다. 이러한 핵심 가치는 단순히 종이와 스크린에 적힌 단어 그 이상으로 각자가 매일매일 실천하는 것이며, 코칭 산업의 글로벌 리더로서 우리가 누구인지를 반영하는 것이라고 한다. 이러한 실용적이고 열망적인 핵심 가치를 바탕으로 모두가 함께 코칭 직업의 글로벌 발전을 이끌고 코칭을 통해 전 세계에 힘을 실어 주면서 코칭을 번영하는 사회의 필수적인 부분으로 만드는 ICF의 사명을 지켜 나갈 수 있기를 기대한다고 한다.

국제코칭연맹(ICF)의 핵심 가치는 다음과 같다(국제코칭연맹 홈페이지 참조)

- 전문성(professionalism): 우리는 책임감, 존중, 성실성, 역량, 우수성을 아우르는 코칭 마인드와 전문적인 자질을 갖추기 위해 노력한다.
- 협업(collaboration): 우리는 사회적 연결과 커뮤니티 구축을 발전시키기 위해 노력한다.
- 인본주의(humanity): 우리는 타인에 대해 인도적이고 친절하며 동정심을 갖고 존중할 것을 약속한다.
- 공정성(equity): 우리는 코칭적 사고방식을 통해 다른 사람의 필요를 탐색하고 이해함으로써 항상 모두에게 평등한 프로세스를 실천할 것을 약속한다.

5. 코칭 철학과 코칭 실무자

코칭은 이전에 나온 관련 분야의 이론과 연구를 차용하고 이를 기반으로 하는 새로운 분야이다. 따라서 코칭은 여러 분야의 다양한 이론을 종합하여 행동 변화에 적용하는 학문이다. 오늘날의 코칭 교육은 코칭의 이론적 토대와 가르치는 내용을 뒷받침하는 코칭 철학을 명확히 해야 한다. 훌륭한 코치가 되기 위해서는 철학적으로 숙고하고, 이해하고, 실천할 수 있는 철학적 자질을 함께 지니고 있어야 한다(김석기, 이제승, 2018). 박정근(2001)은 코치의 태도나 철학이 코칭 리더십에 가장 중요한 요소라고 하였으며, 이금희(2016)는 코치의 철학적 가치관은 코칭에 있어서 실질적인 측면으로 중요한 기초를 이룬다고 하였다.

철학에 따라 지식의 정당화 또는 모범 사례로 간주되는 것이 다른 철학에서는 그렇지 않을 수도 있다. **코칭 실무자**(coaching practitioner)는 코칭 철학을 살펴보고 다양한 관점이 있다는 것을 인지하고, 자신만의 코칭 모델을 만들어 가도록 해야 한다. 따라서 코칭 실무자들은 다음의 코칭 철학 관련된 질문을 스스로에게 해 볼 수 있을 것이다.

- 나는 코치로서 인간의 본성을 어떻게 바라보고 있는가?
- 코칭에서 가장 중요한 나의 핵심 가치는 무엇인가?
- 코치로서 나의 사명은 무엇인가?
- 코치로서 나의 비전은 무엇인가?
- 코칭의 주요 목적은 무엇인가?
- 코칭을 통하여 내가 달성하려고 하는 것은 무엇인가?
- 코칭의 목적을 달성하기 위해 어떤 방법 및 절차가 필요하며, 이러한 것은 코칭 철학과 어떻게 일치되는가?

성찰(insight)을 더하기 위한 질문

1. 고대 그리스 철학과 코칭의 유사성을 바탕으로, 현대 코칭에서 철학적 접근이 중요한 이유는 무엇인가?

2. 현대 사회에서의 코칭 철학은 어떠해야 하는가?

3. 코칭 과정에서 코칭 철학의 역할과 책임은 어떠한가?

4. AI 시대에서의 코칭 철학은 어떠해야 하는가?

참고문헌

길영환(2009). 라이프코칭의 이해와 효과적인 접근. **코칭연구**, 2(1), 45-60.

길영환(2011). 코칭의 학문적 정립을 위한 기초 연구. **코칭연구**, 4(2), 57-68.

김석기, 이제승(2018). 훌륭한 스포츠지도자의 코칭 철학적 사고 자질 탐색. **한국체육과학회지**, 27(2), 71-82.

김유천(2019). 관리자 코칭에 대한 지속가능성 연구. *Asia Counseling and Coaching Review, 1*(1), 1-14.

김인숙, 양지희(2023). 컨설팅, 코칭 분야 연구에 대한 체계적 문헌고찰. **교육컨설팅코칭연구**, 2023(10), 61-114.

박정근(2001). 인간관계와 코우치 지도력. **코칭능력개발지**, 3(1), 23-38.

에노모토 히데타케(榎本英剛, 2004). **부하의 능력을 열두 배 키워주는 마법의 코칭**. 황소연 역. 새로운 제안. (원저는 2003년에 출판).

이금희(2016). 스포츠현장에서의 윤리일탈 원인분석을 윤리학적 정초로 접근하여 고찰. 경기대학교 대학원 박사학위논문.

조성진, 정이수(2018). 국내 코칭(Coaching) 연구 동향 및 향후 연구 방향: 진전(1995년~2017년)과 전망. **인적자원개발연구**, 21(3), 249-313.

탁진국(2019). **코칭심리학**. 학지사.

탁진국(2022). **라이프코칭**. 학지사.

허지숙, 주충일, 이성엽(2017). 학문으로서 코칭의 정체성 확립에 관한 연구: 소크라테스의 교육철학을 중심으로. **교육컨설팅코칭연구**, 12(1), 49-70.

Bachkirova, T. (2009). Cognitive-developmental approach to coaching: An interview with Robert Kegan. *Coaching: An International Journal of Theory, Research and Practice, 2*(1), 10-22.

Bachkirova, T., Clutterbuck, D., & Cox, E. (2010). Introduction. In E. Cox, T. Bachkirova, & C. Clutterbuck (Eds.), *The complete handbook of coaching* (pp. 1-20). Sage.

Bandura, A. (1977). Self-efficacy: Toward a unifying theory of behavioral change. *Psychological Review, 84*(2), 191.

Biswas-Diener, R., Kashdan, T. B., & King, L. A. (2009). Two traditions of happiness research, not two distinct types of happiness. *The Journal of Positive Psychology, 4*(3), 208-211.

Bordin, E. S. (1979). The generalizability of the psychoanalytic concept of the working alliance. *Psychotherapy: Theory, Research & Practice, 16*(3), 252.

Brock, V. G. (2008). Grounded theory of the roots and emergence of coaching. International University of Professional Studies.

Brock, V. (2012). *The sourcebook of coaching history* (2nd ed.). Self published.

Cox, E., Clutterbuck, D. A., & Bachkirova, T. (2024). **코칭 핸드북(3판)**. 박준성, 강윤희, 김덕용, 문광수, 소용준, 윤상연, 이재희, 이홍주, 조유용, 허성호 역. 학지사. (원저는 2023년에 출판).

Cushion, C., & Partington, M. (2016). A critical analysis of the conceptualisation of 'coaching philosophy'. *Sport, Education and Society, 21*(6), 851-867.

Deci, E. L., & Ryan, R. M. (1985). Conceptualizations of intrinsic motivation and self-determination. *Intrinsic motivation and self-determination in human behavior*, 11-40.

Dweck, C. (2015). Carol Dweck revisits the growth mindset. *Education Week, 35*(5), 20-24.

Dweck, C. S., & Leggett, E. L. (1988). A social-cognitive approach to motivation and personality. *Psychological Review, 95*(2), 256.

Grant, A. M. (2005). What is evidence-based executive, workplace and life coaching? *In Evidence-based coaching volume 1: Theory, research and practice from the behavioural sciences* (pp. 1-13). Australian Academic Press.

Horvath, A. O., Del Re, A. C., Flückiger, C., & Symonds, D. (2011). Alliance in individual psychotherapy. *Psychotherapy, 48*(1), 9.

John, B. A. X., Negrutiu, M., & Calotă, T. O. (2011). Coaching: A philosophy, concept, tool and skill. *Journal of Knowledge Management, Economics & Information Technology, 1*(7), 320-328.

Knowles, M. S. (1970). *The modern practice of adult education: Andragogy versus pedagogy*. Association Press.

Maslow, A. H. (1954). The instinctoid nature of basic needs. *Journal of Personality, 22*(3), 326-347.

Peltier, B. (2001). *The psychology of executive coaching: Theory and application.*

Brunner-Routledge.

Prochaska, J. O., & DiClemente, C. C. (1986). Toward a comprehensive model of change. *In Treating addictive behaviors: Processes of change* (pp. 3-27). Springer US.

Rogers, C. R. (1951). Perceptual reorganization in client-centered therapy. In R. R. Blake & G. V. Ramsey (Eds.), *Perception: An approach to personality* (pp. 307-327). Ronald Press Company.

Rogers, C. R. (1977). *Carl Rogers on personal power.* Delacorte.

Ryan, R. M., & Deci, E. L. (2000). Self-determination theory and the facilitation of intrinsic motivation, social development, and well-being. *American Psychologist, 55*(1), 68-78.

Skiffington, S., & Zeus, P. (2003). *Behavioral coaching: How to build sustainable personal and organizational strength.* McGraw-Hill Austalia.

Stober, D. R. (2006). Coaching from the Humanistic Perspective. In D. R. Stober & A. M. Grant (Eds.), *Evidence based coaching handbook: Putting best practices to work for your clients* (pp. 17-50). John Wiley & Sons, Inc.

Whitmore, J. (1994). *Coaching for performance: A practical guide to growing your own skills.* Pfeiffer & Company.

Williams, P., & Menendez, D. S. (2024). 라이프 코치 전문가 되기. 김유천, 이송이 역. 학지사. (원저는 2023년에 출판).

국제코칭연맹(ICF) 홈페이지 https://coachingfederation.org/
(사)한국코치협회 홈페이지 https://www.kcoach.or.kr/

제3장
코칭 심리학

"우리의 생각이 우리의 삶을 결정한다."

마르쿠스 아우렐리우스(Marcus Aurelius)

1. 코칭 심리학 의미

심리학은 코칭의 기반이 된다. 코칭은 철학적 기반과 더불어 심리학을 기반으로 하고 있다. 코칭의 발전은 우선적으로 실무분야에서 적용되고 활용되면서 발전되어 왔다. 코칭이 비즈니스 등에서 점차적으로 확대되어 적용되면서 코칭 적용 및 효과에 대한 심리학적 이론 근거가 필요하게 되었다. 이러한 관점에서 코칭은 심리학에 기반한다고 할 수 있다.

심리학(psychology)은 사람의 마음을 다루는 학문으로 마음과 행동에 관한 과학이다.

제1장 '코칭의 역사'에서 이미 언급한 바와 같이 코칭을 역사적으로 보면 1990년대에 코칭 분야는 주로 개인적인 비근거 중심의 코칭 프로그램

이나 전문가 협회를 통해 이루어졌다. 이후 2000년대에 코칭의 전문성 강화 및 **근거 기반한 코칭**(evidence based coaching)에 대한 필요성이 대두되었다(Brock, 2012). 심리학은 이미 근거 기반한 이론을 통하여 전문성 및 학문적 성과를 이룬 반면에 코칭은 근거 기반한 이론은 부족한 편이었다. 이러한 근거기반이론을 바탕으로 코칭을 하고자 한 시도가 있었다. 근거 기반한 코칭 관련하여 Stober와 Grant(2006)는 코칭 참여는 규정된 치료 체계를 따르는 의료적 개입이 아니기 때문에 많은 코칭이 의료 모델 내에서 평가하기에 적합하지 않으며, 실제로 코칭의 비임상적 · 비의학적 맥락을 고려할 때 의료 모델은 코칭을 이해하고, 가르치고, 평가하는 데 부적절한 프레임워크가 될 수 있다고 한다. 따라서 코칭 심리학 연구 분야는 정량적 데이터뿐만 아니라 정성적 데이터를 중시하는 증거 기반 코칭에 대한 보다 폭넓은 관점을 장려해야 한다고 한다(Atad & Grant, 2021).

코칭의 본질에 대한 논쟁과 함께 영국, 호주, 유럽에서 **코칭 심리학**(coaching psychology)이 대중화되면서 새로운 논쟁이 등장했다. 코칭 심리학은 코칭과 다르며, 심리학적으로 훈련된 실무자는 코칭과는 다른 방식으로 활동한다고 주장하는 전문가들이 있었다. 일부 코칭 전문가들은 코칭 심리학을 명시적으로 정의하지는 않았지만 심리학적 원리를 암시하기도 했다(Peltier, 2001).

코칭 심리학 운동은 호주에서는 2001년에 코칭의 새로운 현상을 조사한 박사 학위 논문을 쓴 Anthony Grant의 연구로부터 시작되었으며, 그는 2001년에 Michael Cavanagh와 함께 시드니 대학교에 코칭 심리학 학과를 설립하였다. 이후 호주 심리학 협회의 코칭 심리학 관심 그룹의 출현으로 지원을 받았다. 또한 Stephen Palmer가 이끄는 영국의 소규모 코칭 심리학 실무자 그룹이 Alison Whybrow, Pauline Willis, Jonathan Passmore와 함께 2002년에 코칭 심리학 포럼을 결성하였다. 이 포럼은 영국 심리학 협회의 코칭 심리학 특별 관심 그룹으로 발전하게 되었다. 그 후 몇 년 동안전 세계적으로 코칭 심리학 그룹이 생겨났다(Passmore, Peterson, & Freire, 2013). Grant와 Palmer(2002)는 코칭 심리학을 다음과 같이 정의했다. "코칭 심리학은 확립된 치료적 접근법에 기반한 코칭 모델을 바탕으로 정상적이고 비임상적인 집단을 대상으로 업무 및 개인 생활 영역에서 성과를 향상시키기 위한 것이다."

코칭 심리학 관련하여 호주의 Grant 교수는 실증주의적 측면, 자기규제 모델, 행동/사고/감정이 어떻게 상호작용하는지에 대한 방법론을 제시하였다면, Passmore(2010)는 다른 입장은 취하고 있는데, 코칭 심리학을 행동 및 실제(practice)의 관점에서 제안하고 있다. Passmore의 코칭 심리학 정의는 코칭의 이해를 심화시키고 실제를 향상시키기 위하여, 코칭 실제 내에서의 **행동, 인지 및 감정**(behaviour, cognitive and emotion)에 대한 과학적 연구라고 정의하고 있다. 이와 같이 코칭학 발달에 코칭 심리학이 기여하였는데, 코칭 심리학은 Grant와 Palmer(2002)에 의하여 정립되었다고 할 수 있다.

국내에서도 코칭 심리학에 대한 관심이 높아지면서, 2011년 한국심리학회의 14번째 분과로 한국코칭심리학회가 출범하였다. 이 학회는 심리학의 이론을 적용한 코칭 모형의 개발, 전문가 육성 프로그램 개발 및 효과성 검증, 코칭의 효과성에 대한 과학적 연구, 코칭심리 전문가 육성 등의 활동을 진행하고 있다. 코칭 심리학 관련하여, 이희경(2017)은 '코칭에서의 심리학(psychology of coaching)'과 '코칭 심리학(coaching psychology)'을 구분할 필요가 있다고 한다. 코칭에서의 심리학은 코칭이라는 현상에 나타나는, 혹은 활용할 수 있는 심리학적 개념들을 칭하고, 반면에 코칭 심리학이란 코칭현상을 심리학적인 틀로 연구한다는 의미가 더 강하다고 한다. 코칭 심리학은 코칭에 대한 이해를 높이고 코칭 실무 역량을 증진시키기 위해 코칭 현상에서 나타난 행동, 인지, 정서에 관한 과학적인 연구이다(Lai & Palmer, 2019).

코칭 심리학은 개인의 변화와 성장을 이끌어 내고, 행복한 삶을 영위하고 건강을 증진할 수 있도록 하는 코칭에 심리학적인 이론과 접근 방식을 접목한 코칭학의 하위 학문 분야라 할 수 있다. 한편 코칭 심리학은 다양한 심리학적 이론 배경 학문 및 응용 심리학의 적용을 함께 갖고 있다. 이를 구체적으로 살펴보면 다음과 같다.

2. 코칭 심리학의 이론적 배경 학문

1) 구조 및 기능 심리학

심리학은 고대 그리스 철학자에서부터 시작된다고 할 수 있지만, 현대적 과학적 심리학의 시작은 Wilhelm Wundt(1932~1920)가 독일 라이프치히 대학교에서 처음으로 심리학 연구소를 개소한 1879년으로 여겨지고 있다. Wundt는 심리학이 마음의 작동을 밝혀낼 것이라고 믿었다. 그는 화학에서 분자구조를 설명하듯이 인간의 의식과정에서 무엇이 일어나고 있는지 알려면 스스로 자신을 잘 탐색하고 말로 표현하면 된다고 생각하였다. 이러한 방법을 내성법(introspection)이라고 한다. 내성법은 자신의 의식작용을 재해석하고 구성하는 일련의 과정이다. 내성법의 한계는 의식 속에 어떤 일들이 일어났는지 알아차리고 말로 표현하기 어렵다는 것이다. 이러한 한계에도 불구하고 구조 및 기능 심리학은 자기관찰이 의식의 탐구에 중요한 역할을 한다고 믿었고, 어떤 의미에서는 자기계발의 초기 모습이라고 할 수 있다. 구조 및 기능 심리학은 코칭에서 지각, 자기관찰, 생각, 감정, 앎의 의식 상태에 초점을 맞추는 것에 영향을 주었다(Brock, 2012).

2) 정신분석 심리학

정신분석은 인간이 의식하고 있는 세계보다 의식하지 않은 무의식의 세계를 살펴본 Sigmund Freud(1856~1939)가 주장한 심리학이다. 인간의 행동과 사고를 지배하는 것은 무의식의 세계라고 하며, 의식의 세계는 빙산의 일각이며, 무의식의 세계가 빙산의 일각 밑에 있는 것으로 매우 방대하다고 한다.

사람의 많은 행동이 무의식 내에 억압되어 있어서 사람을 이해하기 위해서는 무의식적 동기를 살펴봐야 한다고 한다. 이 부분은 향후 제5장 '코칭학 이론적 근거'에서 다루는 신경과학과도 연결되며, 신경과학에 대해서는 제5장에서 살펴보고자 한다.

3) 행동주의 심리학

행동주의 심리학은 인간의 의식을 분석하고 객관화하는 것이 어렵다고 주장하며, 심리학이 과학적으로 되려면, 의식과정을 연구대상으로 할 것이 아니라 인간의 행동을 연구 대상으로 해야 한다고 John B. Watson(1878~1958)이 주장한 심리학이다.

행동주의 심리학은 객관적이며, 자연과학의 일부이며, 의식을 설명하는 것은 과학적인 가치가 없다고 한다. 심리학은 행동의 과학이라고 한다. 행동주의는 객관적이고 과학적인 방법으로 심리학 발전에 기여하였다.

4) 형태주의(게슈탈트) 심리학

형태주의 심리학은 인간의 의식을 단순하게 분석해서 구성하는 것이 아니라, 구성 요소를 분석해서 전체를 구성할 때 적극적으로 통합된다고 한다. Max Wertheimer(1880~1943)가 주창하였으며, **게슈탈트 심리학**(gestalt psychology)이라고도 한다. 형태주의 심리학은 전체는 단순한 총합이 아니라 그 이상이라고 한다. 형태주의 심리학은 인간의 정신활동에 대해 단순히 자극에 반응하는 수동적인 면보다 적극적인 면을 강조하였다. 형태주의 심리학은 인지주의 심리학에 큰 영향을 주었으며, 코칭에서는 게슈탈트 코칭으로 접목되었다. 이와 관련해서는 제10장 '게슈탈트 코칭'에서 좀 더 자세히 논의하고자 한다.

5) 인지 심리학

인지 심리학은 개인이 단순히 외부 자극에 반응하는 것이 아니라 개인 자신의 지식 및 경험이 증가하면서 스스로 끊임없이 변화한다고 보았다. 즉, 개인은 자극과 변화 과정 속에서, 스스로 변화를 진행한다고 보았다. 코칭은 인지 심리학으로부터 자기평가와 변화에 관하여 광범위하게 영향을 받았다. 1960년대 Aaron Beck과 Albert Ellis가 역기능적 사고 과정과 비이성적 신념에 주의를 갖고 행동주의 접근법에 인지적 차원을 도입하였다. 이러한 발전은 인지 심리학과 코칭 사이의 연결고리가 되는 기초가 되었다. 오늘날 인지적 코칭은 고객으로 하여금 잘못된 가정 및 결론, 부적응적 자기 대화를 살펴보도록 돕고, 상황을 살펴보는 대안적 방법을 배우고 실행하도록 돕고 있다. 이와 관련해서는 제8장 '인지행동 코칭'에서 좀 더 자세히 살펴보고자 한다.

6) 인본주의 심리학

심리학은 정신분석 심리학, 행동주의 심리학을 거쳐 **인본주의 심리학**(humanistic psychology)으로 발전하는데, 코칭은 인본주의 심리학과 관련되어 있다. 즉, Rogers(1961)의 충분히 기능하는 인간(fully functioning person) 이론, Maslow(1962)의 자기 실현이론 등의 인본주의 심리학과 관련되어 있 다. Whitmore(1994)의 코칭 접근법 역시 인본주의 심리학을 기반으로 하고 있다(Brock, 2012). Stober(2006)는 인본주의적 관점이야말로 오늘날 코칭의 기본적인 철학적 토대라고 주장하였다. 인본주의 심리학 관련해서는 이미 제2장 '코칭 철학'에서 살펴보았다.

7) 초자아 심리학

초자아(transpersonal)[1]는 우리가 영혼과 정신을 가진 영적인 존재라는 것 을 아는 의식 수준이다(Cox, Clutterbuck, & Bachkirova, 2023). 초자아 심리 학은 오직 인간의 존재의 기본 욕구가 충족된 후에 개인은 자신의 만족에 이르게 되며, 욕구가 만족된 후 인간 개발의 마지막 단계는 자기 중심에 서 영적(spiritual) 인식으로의 개인적 초월에 대한 욕구가 생긴다는 것이다. 이전의 심리학은 인간 정신의 영적인 차원을 무시하였다. Willima James, Carl Jung, Roberto Assagioli, Abraham Maslow 등이 인간의 영적인 신비 경험에 대하여 깊은 관심을 가졌다(권석만, 2020). 추가로 Ken Wilber는 인 간의 정신세계에 관하여 거대한 통합적 이론을 제시하였으며, 인간의 내면 적-외면적 관점과 개인적-집단적 관점을 조합하여 네 가지 관점으로 구성 된 4상한(quadrants)을 제시하였다. 또한 인간의 궁극적 목표와 욕구는 초 월자가 되어 우주와 하나가 되려는 것으로서 아트만(atman)[2]과 일체화되는 것이라고 보았다.

---

1 Transpersonal은 초자아, 자아초월, 자기초월, 초개인으로 번역되기도 한다. 이 책에는 초자아로 통일하여 사용하였다.
2 아트만은 산스크리트어로 인간 존재의 영원한 핵을 이르는 인도 철학의 용어이다. Ken Wilber는 아트만은 모든 이원적 구분이 사라지고 모든 존재의 공성을 깨달아 일체의 집 착에서 벗어나는 해탈의 단계를 의미한다(권석만, 2020).

초자아 심리학은 개인의 마음으로부터 의식을 자유롭게 하고 그것을 우주와 다시 연결시켰다. 이러한 초자아 심리학은 영적 잠재력에 대한 가치와 존재의 초월적 · 초자아적 특성에 대한 자각을 코칭에 제공하였다(Van Dierendonck, Garssen, & Visser, 2005).

코치들은 자신의 고객들이 자기 발견을 할 수 있도록 지원하는 데 초자아 심리학을 사용할 수 있으며, 초자아 코칭은 자신이 진짜 누구인지를 발견하도록 돕는 것이다(Brock, 2012). 초자가 심리학은 라이프 코칭의 주요 주제인 삶의 의미와 깊이 있게 연결된다.

3. 코칭 심리학의 응용 학문

1) 상담 심리학

상담 심리학은 일상생활에 대인관계, 적응, 진로 탐색과 결정, 생활지도 등에 관한 경미한 문제를 갖고 있는 사람들을 돕는 데 목적이 있다(서혜석 외, 2017). 정상적인 적응을 하고 있는 사람들이 생활 속에서 직면하는 진로문제, 직업문제, 학업문제 및 경미한 심리적 문제 등의 적응 문제의 해결을 도와주는 심리학의 한 분야이다.

상담(counseling)은 학교나 기업과 같은 비임상장면에서 비교적 심각성이 경미한 심리적 문제나 적응 과제를 돕는 활동을 지칭하며, 심리치료(psychotherapy)는 병원과 같은 임상장면에서 심리장애나 정신질환 등의 비교적 심각한 심리적 문제를 지닌 사람을 치료하는 활동으로 스스로 해결할 수 없는 심리적 문제나 장애를 지닌 사람을 돕는 전문적인 직업적 활동이다. 다만 우리나라에서는 상담과 심리치료의 용어가 혼용되는 경향이 있다(권석만, 2020).

코칭의 역사에서도 1970년과 1980년의 코칭은 조직에서 성과 향상을 위한 상담으로 간주되었고, 상담을 성과를 향상시키기 위한 관리자의 기술로 여겼다. 미국심리학회는 상담 심리학을 감성적, 사회적, 직업적, 교육적, 건강 관련, 개발 및 조직 관심사에 집중하며, 인간의 일생을 거쳐 개인적이고 인간 사이에 존재하는 기능을 용이하게 하는 것이라고 한다.

코칭 과정에서 지속적인 개입이 필요한 성격적 특성, 심리적 문제에 대해서는 코칭이 어떻게 적절한 방법이 될 수 있는가에 대한 논의가 추가적으로 필요하다. 코칭은 상담, 임상적 접근들과 차이점을 보이기도 하지만, 실제로 상담이나 임상 영역에서 활용되는 기법이나 이론들과 중복되는 측면들도 있으며, 많은 임상가들이나 상담가들이 이미 자신들도 코칭을 하고 있다고 생각하기도 한다.

2) 산업 및 조직 심리학

산업 및 조직 심리학은 심리학 지식을 산업 및 조직 현장에 응용하여 조직의 생산성 향상과 작업조건의 질 향상을 증진키는 것을 목적으로 하는 응용 심리학 분야이다. 산업 및 조직 분야가 확대되고 있는 사회 변화에 부응하여 산업 심리학과 조직 심리학을 분류하여 연구하려는 경향이 증가하고 있다(오경기 외, 2021). 비즈니스 코칭 및 커리어 코칭과 관련하여 산업 및 조직 심리학이 일정 부분 관련된 부분이 있어 이에 대한 관련성을 살펴볼 필요가 있다.

3) 발달 심리학

발달 심리학은 인간의 탄생부터 죽음에 이르기까지 **전생애적 접근**을 통해 인간 마음과 행동의 변화를 탐색하고 설명하고자 한다. 발달시기에 따라 아동심리학, 청소년심리학, 성인심리학, 노인심리학 등으로 연구대상을 나누며, 각 발달과정에 따라 인지, 정서, 동기, 행동 등의 모든 분야를 연구대상으로 한다. 발달 심리학자인 Laske(1999)는 **발달 코칭**의 통합 모델을 제시하기도 하였다. 발달 심리적 이론들은 코치 및 코칭 고객에게 발달 과정에서 개인 차이에 대한 중요한 지식을 제공할 수 있다. 특별히 라이프 코칭 관련하여 발달 심리학에 대한 탐색이 더욱 필요하다.

4) 교육 심리학

교육 심리학은 교수 학습 상황에서 효과적 교육과 동시에 **전인적 교육**이 이루어질 수 있도록 학습방법과 교수방법, 인지와 동기, 정서, 평가 등 심리학적 지식을 활용하는 응용 분야이다(오경기 외, 2021). 교육 심리학은 사람들이 교육 환경 속에서 교육 개입의 효과 및 학교 조직으로써 교육 심리학을 배우는 방법에 초점을 두고 있다. 교육 심리학은 발달 심리학과 연계되어 있다. 교육 심리학자들은 Bandura, Maslow, Rogers, Skinner 및 Piaget 등이 있다. Bandura의 사회인지학습이론 및 Rogers의 인간 중심 치료는 모두 코칭에서 사용되고 있으며, 앞으로 더욱 효과적으로 사용될 수 있다(Brock, 2012).

5) 건강 심리학

건강 심리학은 건강을 신체적 대상에 국한하지 않고 사람의 건강 상태와 심리학적 요인 간의 관련성까지 다룬다. 건강 심리학은 질병과 관련된 심리적인 요인, 스트레스의 원인과 대처방법 등을 다룬다. 이와 관련하여 건강한 행동의 촉진을 쉽게 하고, 개인의 건강에 관련된 목적을 달성하도록 돕는 과정을 코칭하는 건강코칭이 있다. 건강코칭은 개인의 행복을 개선하고 개인의 건강과 관련한 목적의 성취를 돕기 위한 코칭의 맥락에서 건강 교육과 건강 촉진의 실행을 의미한다(Palmer, Tubbs, & Whybrow, 2003). 최근에 웰빙에 대한 관심이 더욱 증가하면서 이와 관련된 라이프 코칭 관심이 커지고 건강 심리학에 대한 탐색이 더욱 필요하다.

6) 사회 심리학

사회 심리학의 토대를 만든 하버드 대학교의 F. Allport 교수에 의하면, 사회 심리학은 개인들의 행위가 실제적이건 가상적이건, 타인의 존재에 의해 영향을 받는 과정과 이에 관계된 사고, 행위, 상호작용에 대한 과학적 연구라고 한다. 사회 심리학은 심리학적 접근과 사회학적 접근을 모두 포용한다. 인간의 행위에 대하여 영향을 주는 요인으로 개인의 학습, 동기, 성격 등의 심리적 과정을 인정하고, 더불어 개인이 처한 사회적 환경과 조건이 개인의 행동에 미치는 영향을 인정한다(한규석, 2017).

사회 심리학은 어떤 상황에서 어떠한 행동을 하는지에 관심이 있다. 대인 관계에서 영향을 주고받는 인상 형성, 타인에 대한 해석, 태도를 형성하는 과정, 태도 변화 등도 관심 주제이다.

상황에 대한 행동, 대인관계에서의 해석, 태도, 행동 등은 코칭과 관련되어 있다. 사회생활 속에서 개인, 사회 생활 속에서 추론과 판단, 사회적 갈등과 집단 속에서의 개인, 고정 관련, 편견과 차별 등 사회 심리학의 주제는 라이프 코칭 및 비즈니스 코칭의 주제일 수 있다.

7) 긍정심리학

긍정심리학은 코칭(학)의 중심에 위치한 학문이라 할 수 있다(Kauffman et al., 2010). 기존의 심리학이 개인의 우울증, 편견, 비합리성, 역경을 이겨 내는 방법 등 인간의 부정적인 측면에 대해서 주로 관심을 가졌다면, 긍정심리학은 개인의 강점, 미덕 및 행복 등 긍정적인 측면에 대한 관심을 갖는 것이다. 긍정심리학 적용에 관한 많은 연구에도 불구하고, 긍정심리학 구조를 가장 최적으로 적용할 수 있는 방법에 대해서는 아직 많이 연구된 바가 없다. 이에 대한 연구가 좀 더 필요하다. 한편 학문을 '긍정'과 '부정'의 이분법적 사고로 나누는 것이 지나치게 단순화되어 있다는 비판(Lazarus, 2003)에도 귀 기울일 필요가 있다. 긍정심리학을 더 발전시키기 위해서는 코칭을 통한 개입에 관한 연구가 좀 더 필요하다. 긍정심리학 기반으로 한 긍정심리 코칭은 제9장 '긍정심리 코칭'에서 좀 더 자세히 살펴보고자 한다.

지금까지 코칭 심리학의 기반이 된 이론 심리학 및 응용 심리학에 대하여 살펴보았으며, 이를 표로 정리하면 〈표 3-1〉과 같다.

〈표 3-1〉 코칭 심리학과 이론 심리학 및 응용 심리학

구분	이론 심리학	응용 심리학
코칭 심리학	구조 및 기능 심리학	상담 심리학
	정신역동 심리학	산업 및 조직 심리학
	행동주의 심리학	발달 심리학
	형태주의 심리학	교육 심리학
	인지 심리학	건강 심리학
	인본주의 심리학	사회 심리학
	초자아 심리학	긍정심리학

4. 코칭 심리학의 실제

기존의 코칭은 심리학적 접근에 기반을 두고 진행되기보다는 심리학 전공자가 아닌 다양한 분야에서 전문성을 갖춘 컨설턴트, 교육자 등에 의하여 발전, 활용되었기 때문에 코칭 효과성에 대한 연구, 심리학적 이론에 근거한 모델의 개발 등에는 한계가 있었다. 이에 코칭적 접근에 심리학적 방법론과 이론을 접목한 코칭 심리학이 등장하게 되었고, 2000년 호주의 시드니대학교 Grant 교수에 의해서 코칭 심리학과가 개설되면서 심리학의 한 분야로 본격적으로 자리잡게 되었다.

코칭 심리학은 **코칭학의 증거 기반한 학문**으로 정립하는 데 일정한 기여를 하였다고 할 수 있다. 코칭 심리학은 온전한 코칭학의 정립보다는 심리학에 기반한 학문으로서 코칭 심리학이라는 한계를 가지고 있다. 또한 코칭은 비즈니스 코칭, 라이프 코칭, 커리어 코칭 등 다양한 영역으로 세분되며 기업, 학교, 사회 등 다양한 영역에서 유용하게 활용되었다.

Atad와 Grant(2021)는 코칭 심리학을 구성하는 핵심적 영역과 보조적 영역을 제안한다. 다음은 코칭 심리학의 핵심적 영역이다.

1. 증거 기반 진료 접근법의 토대
2. 윤리적 원칙
3. 전문적인 실무 모델
4. 코칭의 정신 건강 문제
5. 코칭에 적용되는 인지행동 이론
6. 목표 이론
7. 변화 이론
8. 코칭에 적용되는 체계적 이론(그룹 프로세스 및 조직 적용 포함)
9. 핵심 응용 코칭 기술, 성과, 개발 및 교정 코칭에 대한 적용
10. 임원 코칭, 직장 코칭, 건강 코칭, 라이프 코칭 및 최고 성과 코칭을 포함한(이에 국한되지 않는) 전문 실무 영역에 대한 코칭 심리학의 적용

여기서 중요한 점은 코칭 심리학을 학습한 연구/실무자가 당면한 특정 상황에 가장 적합한 방법론을 결정할 수 있어야 하며, 윤리적이고 전문적인 방식으로 코칭을 수행하는 데 필요한 지식과 증거를 찾기 위해 어디로 가야 하는지(예: 전자 데이터베이스, 코칭 관련 출판물 및 관련 문헌)를 알아야 한다고 한다.

성찰(insight)을 더하기 위한 질문 ●●●●

1. 코칭과 코칭 심리학의 차이점은 무엇이며, 각각의 핵심적인 목적과 접근 방식은 어떻게 다른가?

2. 코칭 심리학의 이론적 근거를 실무에 적용할 때, 도전 과제는 무엇이며 이를 극복하기 위한 전략은 무엇인가?

3. 코칭 심리학에서 근거 기반 접근법이 강조되는 이유는 무엇이며, 이를 실무에 적용할 때 발생할 수 있는 도전 과제는 무엇인가?

4. 코칭이 심리치료와는 다른 특성을 가지면서도 심리적 이론에 의존하는 이유는 무엇이며, 그 차별성은 어떻게 유지될 수 있을까?

5. 코칭 심리학에서 다루는 다양한 심리학적 이론 중 특정 코칭 상황에서 가장 효과적인 이론은 무엇이라고 생각하며, 그 이유는 무엇일까?

참고문헌

권석만(2020). 현대 심리 치료와 상담 이론: 마음의 치유와 성장으로 가는 길. 학지사.

서혜석, 강희양, 이승혜, 이난, 윤영진(2017). **심리학개론**. 정민사.

오경기, 이재호, 김미라, 김태훈, 김시현, 김문수, 이건효, 송길연, 구훈정, 정형수, 한민, 조옥경, 최훈(2021). 인간 이해의 심리학. 학지사.

이희경(2017). 코칭심리학의 연구동향 탐색: 코칭심리학의 지식체계 구축을 위하여. 한국심리학회지: 코칭, 1(1), 1-26.

한규석(2017). **사회 심리학의 이해**. 학지사.

Atad, O. I., & Grant, A. M. (2021). Evidence-based coaching as a supplement to traditional lectures: Impact on undergraduates' goal attainment and measures of mental well-being. *International Journal of Mentoring and Coaching in Education, 10*(3), 249-266.

Brock, V. (2012). *The sourcebook of coaching history* (2nd ed.). Self published.

Cox, E., Clutterbuck, D. A., & Bachkirova, T. (2024). **코칭 핸드북**(3판). 박준성, 강윤희, 김덕용, 문광수, 소용준, 윤상연, 이재희, 이홍주, 조유용, 허성호 역. 학지사. (원저는 2023년에 출판).

Grant, A. M. (2011). Developing an agenda for teaching coaching psychology. *International Coaching Psychology Review, 6*(1), 84-99.

Grant, A. M., & Palmer, S. (2002) Coaching psychology workshop. Annual conference of the of Counselling Psychology, BPS, Torquay, May 18.

Kauffman, C., Boniwell, I., & Silberman, J. (2010). The positive psychology. In E. Cox, T. Bachkirova, & D. Clutterbuck (Eds.), *The complete handbook of coaching* (pp. 158). Sage.

Lai, Y. L., & Palmer, S. (2019). Psychology in executive coaching: An integrated literature review. *Journal of Work-Applied Management, 11*(2), 143-164.

Laske, O. E. (1999). An integrated model of developmental coaching. *Consulting Psychology Journal: Practice and Research, 51*(3), 139.

Lazarus, R. S. (2003). Does the positive psychology movement have legs? *Psychological Inquiry, 14*(2), 93-109.

Maslow, A. H. (1962). Lessons from the peak-experiences. *Journal of Humanistic*

Psychology, 2(1), 9-18.

Miller, G. A. (1969). Psychology as a means of promoting human welfare. *American Psychologist, 24*(12), 1063.

Palmer, S., Tubbs, I., & Whybrow, A. (2003). Health coaching to facilitate the promotion of healthy behaviour and achievement of health-related goals. *International Journal of Health Promotion and Education, 41*(3), 91-93.

Passmore, J. (2010). A grounded theory study of the coachee experience: The implications for training and practice in coaching psychology. *International Coaching Psychology Review, 5*(1), 48-62.

Passmore, J., Peterson, D., & Freire, T. (2013). The psychology of coaching and mentoring. *The Wiley-Blackwell handbook of the psychology of coaching and mentoring* (pp. 1-11). Wiley-Blackwell.

Peltier, B. (2001) *The psychology of executive coaching: Theory and application.* Brunner-Routledge.

Rogers, C. R. (1961). The process equation of psychotherapy. *American journal of psychotherapy, 15*(1), 27-45.

Stober, D. R. (2006). Coaching from the Humanistic Perspective. In D. R. Stober & A. M. Grant (Eds.), *Evidence based coaching handbook: Putting best practices to work for your clients* (pp. 17-50). John Wiley & Sons, Inc.

Van Dierendonck, D., Garssen, B., & Visser, A. (2005). Burnout prevention through personal growth. *International Journal of Stress Management, 12*(1), 62.

Whitmore, J. (1994). *Coaching for performance: A practical guide to growing your own skills.* Pfeiffer & Company.

제4장

코칭학

"학문(學問)이란 배우고 질문하는 것이다."

『논어』

1. 코칭학 정의 및 필요성

여러 분야에서의 코칭 도입과 더불어 국내에서 코칭학에 대한 다양한 연구 또한 진행되었다(선종욱, 2009; 길영환, 2011; 도미향, 정은미, 2012; 윤형식, 도미향, 2016; 허지숙, 주충일, 이성엽, 2017; 조성진, 정이수, 2018; 도미향, 이정은, 2020).

국외에서도 코칭학에 대한 논의가 진행되었다. Grant(2000)는 코칭 심리학의 시대가 시작되었다고 하고, Passmore와 Fillery-Travis(2011)는 임원코칭 연구에 대한 검토를 통하여 코칭 연구에 대한 논의를 하였다.

코칭학을 논하기 앞서, '학문이란 무엇인가'에 대한 논의가 필요하다. 『논어』에서 학문(學問)을 어원으로 살펴보면 '배우고 묻는 것'이라고 할 수 있다. 학문은 진정한 앎을 위해 지속적으로 알아가려는 자세를 요구하고 있다. 이돈희(1994)는 학문의 성립을 보장하는 조건으로 고유의 탐구대상이 필요하며, 대상을 탐구하는 도구로서 독자적 언어가 있어야 하며, 대상에 관해서 서술하거나 설명하는 논리적인 형식을 갖추고, 대상을 탐구하는 방법적 원리와 관련된 규칙이 있어야 한다고 한다. 이와 같은 논의를 통하여 코칭학을 살펴보면 코칭에 대하여 지속적으로 앎을 추구하는 것이 필요하다. 또한 코칭이라는 독자적인 탐구대상이 있고 관련하여 논리적 형식이 있으며 탐구하는 방법적 원리 및 규칙을 가져야 할 것이다. 한편 과학의 궁극적인 목적은 속성들 간의 인과관계를 발견하는 것이므로 코칭 현상을 이해하기 위해 경험연구의 중요성 또한 중요하다(이희경, 2017).

코칭학으로 더욱 발전하기 위해서는 코칭을 시행한 후에 객관적인 코칭 효과에 대한 검증이 필요하다. 관련된 학문 분야의 연구 결과들을 조사, 분석하여 코칭 현장에서 활용함과 고객의 변화를 일으키도록 지속적인 코칭 효과를 창출하도록 해야 한다. 이러한 노력은 코칭 연구자 및 전문코치 모두에게 매우 중요하다(Linley, 2006). 코칭을 좀 더 효과적으로 하기 위해서 코칭에 대한 근본적 탐색 및 성찰이 필요하다. 이는 코칭학은 무엇인가에 대한 탐색으로 연결된다. 또한 코칭에 대한 인식 관련하여 일반인과 코칭 전문가의 차이가 있다. 정은경(2016)은 코칭에 대한 일반인과 코칭 전문가의 인식에 대한 비교를 통하여, 일반인들은 전문코치에 비교하여 코칭에서 가르침, 지도, 조언 등과 같은 직접적인 개입을 기대하고 있으며, 코칭과 상담 같은 심리적 서비스에 대해서 문제 해결과 같은 목적을 좀 더 중요한 것으로 보고 있다. 반면에 코칭 전문가들은 경청과 같은 과정을 좀 더 중요한 것으로 보고 있는 것으로 나타난다고 한다. 이와 같이 일반인뿐만 아니라 코칭 전문가도 코칭에 대하여 명확히 인지하지 못하는 경향이 있다. 따라서 코칭이 무엇인지, 더 나아가 코칭학이 무엇인가 인식하도록 코칭학을 명확히 하는 것은 더욱 필요하다.

코칭은 학문적인 접근보다는 실무 현장에서 먼저 급속하게 확산되었기 때문에 이론적인 접근보다는 실무적 접근이 우선되었다(성세실리아, 조대연, 2016; 허지숙 외, 2017).

2000년 이후 제1세대 전문코치들의 활약으로 비교적 짧은 기간 안에 코칭이 괄목할 만한 성장을 이루면서 이제 막 성장기에 들어간 것으로 추정되는 국내 코칭환경에 검증되지 않은 코치들이 양산된다면 한국의 코칭 산업은 다시 위축될 가능성이 매우 높다(윤형식, 도미향, 2016).

지금까지 코칭의 지속적인 성장 발전에도 불구하고 코칭에 대한 정체성에 대한 논의(허지숙 외, 2017)는 아직도 계속 진행 중이다. 또한 코칭의 지속발전가능성에 대한 회의도 있다. 김유천(2019)은 관리자의 코칭 지속가능성(coaching sustainability)을 검토하고자 관리자 코칭(managerial coaching)에 대한 국내 및 국외 논문을 검토하여 관리자 코칭의 개념적 측면, 과정적 측면, 선행요인 측면, 스킬 및 행동 측면, 종속요인 측면, 매개효과 및 조절효과 측면 등을 검토하였다. 이러한 측면에서 코칭의 지속가능성을 위한 연구로서 코칭학이 필요하다고 주장하였다. 코칭이 도입된 지 20여 년이 지난 지금은 그동안의 코칭 성장을 되돌아보고, 앞으로의 코칭 발전을 위한 기본적인 정립이 필요한 시간이다. 코칭이 도입된 지 많은 시간이 지난 지금은 코칭학에 대한 재논의가 필요한 시점이라고 할 수 있다(김유천, 2020).

2. 코칭학 성과

1) 국내 코칭학 및 코칭 동향

국내 코칭학 및 코칭 동향에 대한 연구 현황을 살펴보면 〈표 4-1〉과 같다.

국내 코칭학 연구 현황을 살펴보면, 2000~2009년 사이에는 코칭학 관련 논문 1편, 코칭 동향 관련 논문 1편, 코칭학과 코칭 동향을 함께 연구한 논문이 1편으로 총 3편의 논문이 있었으나, 2010년 이후 2020년까지는 코칭학 관련 논문 4편, 코칭 동향 관련 논문 2편, 코칭학과 코칭 동향을 함께 연구한 논문이 2편, 코칭 심리학 논문 1편으로 총 9편의 논문이 발간되어 2010년 이후에는 코칭학에 대한 연구가 상당히 증가하고 있음을 알 수 있다. 2020년 6월 이후 관련 논문 5편이 추가로 게재되었음을 확인할 수 있었는데, 이는 코칭 관련 연구의 양적 성장에 기반한 성과로 볼 수 있다(유영훈, 김유천, 2024).

〈표 4-1〉 국내 코칭학 연구 현황

구분	2000~2009년도	2010~2019년도	2020~2023년도	합계
코칭학	1	4	2	7
코칭 동향	1	2	3	6
코칭학 및 코칭 동향	1	2	–	3
코칭 심리학	–	1	–	1
합계	3	9	5	17

출처: 김유천(2020)의 분석 내용을 추가 · 보완함.

2000년 이후 지금까지의 국내 '코칭학' 연구를 대상 논문을 통하여 국내 코칭학 및 코칭 동향에 대한 연구를 종합하여 살펴보면 〈표 4-2〉와 같다. 코칭학의 유형 분류와 관련하여 박정영(2009)은 코칭 실무자들에 의해 행해지고 있는 다양한 형태의 코칭을 분류하고 그 특징을 간략하게 설명하고, 코칭을 분류하기 위해서 무엇보다 객관적인 분류기준이 필요하다고 하며, 구조상의 분류, 대상에 따른 분류, 주제에 따른 분류, 진행 형태에 따른 분류, 코칭하기와 코칭 접근법 활용하기에 따른 분류 등 다섯 가지의 분류기준을 제시하였다. 박정영(2009)의 연구는 코칭을 유형화하여 보여 주었다는 측면에서 의미가 있다. 선종욱(2009)은 코칭의 학문 가능성을 위한 기초적 접근으로 코칭을 학문으로 연구한 사례를 논문과 학술대회 발표 주제 등으로 고찰하였다. 이후 학문이 무엇인지에 대한 사전적 정의를 내리고 코칭학의 관련성, 학문의 분류와 코칭학의 관련성, 학문의 특성과 코칭학의 관련성을 고찰하였으며, 학문의 요소들을 고찰하고 학문가능성으로서의 코칭학을 제시하였다. 선종욱(2009)의 연구는 코칭학의 가능성에 대

〈표 4-2〉 국내 코칭학 및 코칭 동향 연구 내용, 특징 및 연구방법

연구자	코칭학 (코칭 심리학)	코칭 동향	내용	특징	연구방법
박정영(2009)	○	○	코칭학의 유형분류		코칭 프로그램 및 연구 경향 분석, 탐색적 연구
선종욱(2009)	○		코칭의 학문 가능성을 위한 기초적 접근		탐색적 연구
길영환(2011)	○		코칭의 학문적 근거를 위한 제안		탐색적 연구
도미향, 정은미 (2012)	○		대학에서의 코칭학 교육과정 구축을 위한 탐색적 연구	대학 학과	코칭의 학문적 동향과 국내외 대학의 코칭전공 교육과정을 비교분석
조성진(2013)	○		코칭 연구를 위한 질적 연구에서의 근거이론 방법론		근거이론 방법론 탐색적 연구 질적분석
성세실리아, 조대연(2016)		○	HRD 분야에서 코칭 관련 연구 동향 탐색		탐색적 연구
윤형식, 도미향 (2016)	○	○	한국의 코칭학 발전방향에 관한 탐색적 연구	1995~2015년까지 국내의 코칭 연구 경향	코칭 산업계의 동향 및 코칭학에 기대하는 사회적 요구를 조사 분석

〈표 4-2〉 국내 코칭학 및 코칭 동향 연구 내용, 특징 및 연구방법 (계속)

연구자	코칭학 (코칭 심리학)	코칭 동향	내용	특징	연구방법
이희경(2017)	○		코칭 심리학의 연구동향 탐색		코칭 심리학 5개 논문분석
허지숙, 주충일, 이성엽 (2017)	○		학문으로서 코칭의 정체성 확립에 관한 연구		Socrates의 교육철학을 토대로 한 탐색적 연구
조성진, 정이수 (2018)		○	국내 코칭 연구 동향 및 향후 연구 방향	1995년부터 2017년 말까지 국내 학술지에 게재된 코칭	관련 연구 326편의 내용을 분석
도미향, 이정은 (2020)	○	○	대학에서의 코칭학 교육과정 구축을 위한 탐색적 연구	대학 학과	국내 · 외 대학의 코칭 학위과정과 코칭 비학위과정을 조사
김유천(2020)	○		코칭학 성과 및 도전에 관한 탐색적 연구		국내 코칭학을 중심으로
유영훈, 김유천 (2024)	○		지속가능한 코칭학 구축을 위한 탐색적 연구		김유천(2020)의 후속연구

출처: 김유천(2020)의 분석 내용을 추가 · 보완함.

하여 논의를 하였다는 측면에서 의미가 있다.

　길영환(2011)은 코칭학에 대하여 좀 더 학문적 접근을 시도하였다. 그는 코칭의 학문적 근거를 위한 제안으로, 코칭의 정의와 학문의 요건은 어떠한지, 대학에서 코칭의 학문적 위치는 어떠한지, 코칭의 학제 간 접근과 융복합학문으로서 코칭학의 가능성은 어떠한지 살펴보았다. 길영환(2011)은 코칭을 융복합학문 측면으로 접근하여 코칭학의 타 학문과의 연계에 초점을 두었다. 도미향과 정은미(2012)는 코칭의 학문적 동향과 국내외 대학의 코칭전공 교육과정을 비교분석하고, 표준교육과정을 개발함으로서 대학에서의 코칭전공 개설에 필요한 기초자료를 제공하고자 하였다. 윤형식과 도미향(2016)은 1995~2015년까지 국내의 코칭 연구 경향을 살펴보았고, 코칭 관련 학회의 활동내용과 코칭학이 실제 현장에서 적용하고 있는 코칭 산업계의 동향 및 코칭학에 기대하는 사회적 요구를 조사 분석하였다. 코칭에 대한 사회적 요구가 더욱 다양화되고 심화되고 있으며, 코칭학은 코칭 산업의 성장과 궤를 같이한다고 하며, 융합학문으로서 코칭학의 특성을 분명하게 전개해 나가야 한다고 한다. 윤형식과 도미향(2016)의 논문은 한국의 코칭학 발전방향에 관한 논의를 하였다는 측면에서 의미가 있다. 허지숙, 주충일과 이성엽(2017)은 학문으로서의 '코칭'이 인정받기 위해서는 코칭의 철학적 연계성을 연구할 필요성이 있으며 코칭이 학문으로서 정체성이 정립될 때 비로소 미래 발전 가능성과 문화적인 확산이 이루어지게 될 것이라고 한다. 도미향과 이정은(2020)은 국내외 대학의 코칭 학위과정과 코칭 비학위과정을 조사하였으며, 국내외 대학에서 코칭 교육과정이 확산되고 있음을 보여 주었고, 코칭을 학문으로 체계화시키고, 코치의 역량 증대를 위한 노력이 학계를 중심으로 활발하게 전개되고 있음을 보여 주고 있다고 한다.

국내 코칭 관련 연구 논문 현황을 살펴보면 〈표 4-3〉과 같다. 국내에 코칭이 도입되던 2000년 초반부터 2009년까지는 코칭에 대한 관심이 증가하였던 시기로 총 57개의 논문이 발간되었다. 이 시기는 2003년 (사)한국코치협회와 2005년 한국코칭학회 창립을 계기로 자격 인증과 코칭 연구가 시작되었다고 할 수 있다(조성진, 정이수, 2018). 2010년 이후에는 괄목할 만한 코칭 관련 연구가 진행되었다. 2010년부터 2014년까지 137편, 2015년부터 2017년까지 132편의 논문이 발간되었다. 한편 연구 유형별 현황을 살펴보면 경험 및 실증 연구가 210편으로 개념적 연구 116편보다 많다. 코칭 관련 경험 및 실증 연구가 많다는 것은 코칭 성과에 대한 관심이 증가되

〈표 4-3〉국내 코칭 관련 연구(2000~2017년)

연도	계	경험/실증 연구	개념적 연구
2000~2004	1		
2005~2009	56		
2010~2014	137	210	116
2016~2017	132		
합계	326	326	

출처: 조성진, 정이수(2018)의 분석 내용을 바탕으로 작성함.

면서 이에 대한 연구가 지속되었다는 것을 보여 주는 것이다. 이러한 코칭 관련 연구는 코칭학 발전에 상당한 기여를 하였다. 2017년 이후 코칭 관련 연구는 더욱 증가하였으나 이 책에서는 포함되지 못하였다. 향후 이와 관련 연구가 필요하다.

2) 해외 코칭학 및 코칭 연구

Grant와 Cavanagh(2004)는 1937년 이후 2003년까지의 코칭 관련 연구를 종합하였다. 그 결과는 〈표 4-4〉의 국외 코칭 관련 연구 현황과 같다. 연구 결과에 따르면 1937년 이후 1989년까지는 38개 논문이 발간되었으며, 1900년부터 1994년 사이에는 12개의 논문이 발간되었고, 1995~1999년 사이에는 29개의 논문이 발간되었으며, 2000년 2003년 사이에 49개의 논문이 발간되었다. 1990년부터 코칭 관련 논문이 증가하였고 2000년 이후에는 코칭 관련 논문이 급격히 증가함을 알 수 있다. 또한 1937년 이후 2003년까지의 동일한 기간에 코칭, 코칭 이론, 코칭 기술 적용에 관한 논문은 72개, 경험/실증적 연구는 56개로 나타났다. 특별히 1990년 이후 코칭 관련한 경험 및 실증 연구가 증가함을 알 수 있다. 국외에서는 1990년대 들어서 코칭 연구가 활성화되면서 1990년 중반 이후 본격적으로 연구

〈표 4-4〉 국외 코칭 관련 연구 현황(1937~2003년)

연도	이론/기술 논문	경험/실증 연구	합계
1937~1989	28	10	38
1990~1994	4	8	12
1995~1999	14	15	29
2000~2003	26	23	49
합계	72	56	128

출처: Grant와 Cavanagh(2004)의 분석 내용을 바탕으로 작성함.

가 증가하였다.

학문은 오랜 시간을 거쳐 많은 연구와 이론을 통하여 만들어지고 수정보완되어 이루어진다. 코칭학도 다른 인문사회과학과 같이 다양한 코칭 연구자와 실무자가 협업하고 함께하면서 연구와 실제가 이루어지면 더욱 발전할 것이라 생각된다.

3. 코칭학과 코칭 연구

코칭은 학문적인 접근보다는 실무 현장에서 먼저 급속하게 확산되었기 때문에 이론적인 접근보다는 실무적 접근이 우선되었다(Grant & Palmer, 2002; 성세실리아, 조대연, 2016; 허지숙 외, 2017). 한국의 경우 2000년 이후 제1세대 전문코치들의 활약으로 비교적 짧은 기간 안에 코칭이 괄목할 만한 성장을 이루면서 코칭은 성장기에 들어갔으나, 다양한 분야에서 검증되지 않은 코치들이 양산된다면서 한국의 코칭 산업이 위축될 가능성이 매우 높다(윤형식, 도미향, 2016)는 의견도 있었다. 이렇듯 코칭의 지속적인 성장발전에도 불구하고 코칭에 대한 정체성에 대한 논의(허지숙 외, 2017)는 아직도 계속 진행 중이다. 또한 코칭이 지속적으로 발전할지에 대한 논의가 있다.

이러한 코칭의 지속성에 관한 논의와 관련하여 이미 살펴본 바와 같이 김유천(2019)은 관리자의 코칭 지속가능성(coaching sustainability)을 검토하고자 하는 시도를 통하여 관리자 코칭(managerial coaching)에 대한 국내 및 국외 논문을 검토하여 관리자 코칭의 개념적 측면, 과정적 측면, 선행요인 측면, 스킬 및 행동 측면, 종속요인 측면, 매개효과 및 조절효과 측면 등을 검토하기도 하였다.

지속가능한 코칭학을 '사회와의 적극적인 상호작용 속에서, 코칭의 독자적 발전 및 사회적 공공성의 조화를 추구하는 학적체계'로 정의할 수 있다(유영훈, 김유천, 2024). 코칭이 지금까지 실무적인 차원에서 발전하였다면, 코칭의 지속가능성을 위하여 코칭에 관한 연구를 위해 코칭학이 필요하다.

코칭이 한국에 2000년에 도입되어 많은 시간이 지난 지금은 그동안의 코칭 성장을 되돌아보고, 앞으로의 코칭 발전을 위한 기본적인 정립이 필요한 시간이다. 바로 지금 코칭학에 대한 재논의 및 코칭학 발전을 위한 연구자들의 다양한 연구 시도가 필요한 시점이다.

코칭학으로 더욱 성장하기 위해서는 코칭학 관련된 세부 학문이 정립되어야 한다. 이미 코칭 심리학은 2000년 Grant 교수에 의해 호주의 시드니 대학교에서 관련 학부와 대학원을 만들면서 새로운 학문으로 출발하였다. 이제는 코칭 철학, 코칭 실무학, 융합 코칭학, 코칭 사회학, 코칭 문화학, AI 코칭학, 코칭 윤리학 등으로 세부 학문이 정립될 필요가 있다. 이와 관련해서는 제15장 '코칭학의 지속가능성과 미래'에서 추가적으로 논의하고자 한다. 이러한 학문이 만들어지고 연구가 된다면 분명히 코칭학이 새로운 학문으로 정립되어 그 위상을 만들어 갈 것이다.

4. 코칭학 구축을 위한 제언

유영훈과 김유천(2024)은 지속가능한 코칭학 구축을 위한 탐색적 연구를 통하여 다음과 같이 제안하였다.

첫째, **연구 주제의 다양화 및 시의성 확보가 필요하다.** 앞서 살펴본 논의를 통해 코칭의 연구 분야에 대해서는 다양한 학문 분야에서 코칭에 대한 연구 결과가 발표된 점, 코칭학으로 분류되는 연구 비중이 다소 낮았던 점, 비즈니스 코칭에 대한 연구가 가장 활발했던 점, 코칭의 특정 분야를 상세히 다루는 연구는 다소 비중이 적었던 점 등을 확인할 수 있었다. 또한 코칭의 연구 주제에 대해서는 코칭의 효과 검증이나 변인 관련 연구 비중이 높게 나타났다는 점, 기초 이론에 대한 연구의 비중이 매우 낮았다는 점 등이 주요 특징으로 드러났다. 이에 코칭 분야의 연구 주제가 다양해져야 한다고 생각한다. 윤형식과 도미향(2016)은 코칭이 비즈니스 코칭에 중점을 두고 이루어지고 있음을 지적하면서 개인들의 각 생애 주기별로 다양한 니즈를 수용할 수 있는 코칭 전문 영역의 확대를 주장했다. 이를 위해서는 라이프 코칭, 커리어 코칭 등 코칭의 특정 영역에 대한 전문적인 연구가 더욱 활발히 이루어져야 할 필요성이 있다. 또한 코칭의 효과 검증에 대한 연구주제가 코칭 관련 연구에서 두드러지게 높은 비중을 보였음에도 불구하고, 조성진과 정이수(2018)는 코칭의 효과와 기업의 수익성 향상의 연관성을 보이는 연구가 새롭게 수행될 필요가 있음을 지적했다. 즉, 기업의 재무적 성과를 측정하는 객관적 자료를 통해 코칭의 효과를 측정하려는 시도가 추가적으로 필요하다는 것이다. 또한 코칭과 관련한 연구 주제로 기업 관련 주제가 주를 이루고 있음에도 불구하고 코칭 프로그램이나 코칭 리더십 등의 몇 가지 한정된 키워드에 대해서만 연구가 집중적으로 이루어지고 있다. 이에 노동원 등(2021)은 최근 경영 현장에서의 변화를 빠르게 반영하려는 태도가 필요하다고 지적하면서 '심리적 안전감' '회복탄력성' '감성지능' 등 현시점의 경영 현장에서의 특성을 반영하는 변수에 대해서도 관심이 요구됨을 주장했다.

둘째, **코칭에 대한 기초 이론 연구 확대가 필요하다.** 코칭 관련 연구에 있어서 코칭에 대한 기초 이론 연구의 비중이 낮게 나타남이 다수 보고되면서, 코칭에 대한 이론연구의 중요성을 강조하는 의견들 또한 많이 제시되었다. 허지숙 등(2017)은 코칭이 기업 현상에서의 실천에 집중되어 이루어진 결과 이론적 기반이 제대로 마련되지 못했다고 평가하고, 코칭학이 멘토링, 카운슬링, 컨설팅과 같은 타 분야와의 차별성을 구축하지 못했다고 지적했다. 이에 코칭학에 대한 비판적 논의가 이루어지고 정체성을 확립하기 위해서는 철학과 연계된 연구가 필요하다고 주장하였으며 Socrates의 교육철학과 코칭학의 연계를 예시로 제시하였다. 또한 조성진(2022)은 코칭학의 기반이 되는 이론들은 대부분 심리학적 지식에 바탕을 둔 것들이어서 코칭만의 독특한 정체성을 만드는 데 필요한 자양분이 되기에는 부족하다고 한다. 이에 코칭학의 이론체계 구축을 위해서는 코칭에 대한 다양한 개념 및 원칙을 새롭게 개발해야 할 필요성이 있다. 이를 위해서는 코칭학의 이론적 기초가 되는 코칭의 인간관과 철학에 대한 보다 심도 깊은 논의가 필요할 것이다.

셋째, **새로운 연구 방법론 도입이 필요하다.** 기존의 코칭의 연구 방법에 대해서는 양적 연구의 비중이 높고, 양적 연구와 질적 연구의 격차가 매우 크다는 점과 메타분석이 새롭게 도입되는 추세라는 점 등이 보고되었다. 코칭 연구자들은 코칭학에 대한 실증 연구가 꾸준히 축적됨에 따라 기존의 연구 결과를 연구 대상으로 하는 메타분석의 코칭학 도입을 주장해 왔다. 메타분석은 통계적 방법을 적용하여 기존 중재 연구들의 결과를 과학적으로 종합하고 효과성을 검증하여 객관적인 결과를 도출하는 분석 방법이다(김유천, 2020). 2000년부터 2017년까지 게재된 코칭 관련 연구 중에서는 메타분석으로 수행된 코칭 관련 연구가 전무한 것으로 보고되었다(조성진,

정이수, 2018). 그러나 메타분석의 코칭학 연구 도입의 필요성이 꾸준히 제기된 결과 김유천과 신인수(2021), 김유천과 이송이(2023), Lee과 Kim(2021) 등이 수행한 메타분석 연구가 점차 코칭학 연구에서 게재되기 시작했음을 살펴볼 수 있었다. 또 한 가지 언급할 만한 요소는 코칭 연구에서 종단적 설계를 바탕으로 한 연구가 극히 드물었다는 점이며, 이에 종단 연구를 활용한 코칭 연구가 추후 수행될 필요성이 있다(조성진, 정이수, 2018). 마지막으로 코칭의 주체인 코치 및 고객에 대한 연구 또한 중요하게 수행되어야 한다(노동원 외, 2021; 김유천, 2020; 윤형식, 도미향, 2016). 즉, 코칭 과정에서 일어나는 고객의 내면적 체험과 통찰에 대한 연구나, 코칭에 대한 전문 코치의 인식을 파악하는 연구 등을 통해 코칭에 대한 좀 더 다각화된 접근이 필요하다. 이에 김유천(2020)은 개인의 주관성을 파악하는 데 유용한 연구 방법 중 하나인 Q방법론을 도입하여 코칭 관련 전문가 집단 및 연구자들의 코칭학에 대한 인식을 연구할 것을 제안했다. 최근 수행된 코칭에 대한 코치의 주관적 인식 연구(이혜원, 이나영, 김휘경, 2023)나 대학원생의 코칭전공 선택에 대한 주관성 연구(신서정, 이송이, 2023)는 이러한 인식하에 Q방법론을 코칭 연구에 활용한 성과로 볼 수 있다.

성찰(insight)을 더하기 위한 질문

1. 학문으로서 코칭학의 성립 조건은 무엇이며, 다른 학문들과 어떻게 차별화될 수 있는가?

2. 코칭이 실무 중심으로 먼저 확산된 이유는 무엇이며, 이를 학문적으로 체계화하기 위해 필요한 요소는 무엇인가?

3. 코칭학이 다른 학문들과 융합하여 더 발전할 수 있는 구체적인 방법은 무엇인가?

4. 일반인과 코칭 전문가가 코칭에 대해 가지는 인식의 차이는 무엇이며, 이 차이를 좁히기 위해서는 어떤 노력이 필요한가?

5. 코칭학의 지속가능성을 확보하기 위해 어떤 연구가 필요하며, 코칭의 효과를 지속적으로 높이기 위해 어떤 접근이 요구되는가?

참고문헌

길영환(2011). 코칭의 학문적 근거를 위한 제안. **코칭연구**, 4(2), 43-66.

김유천(2019). 관리자 코칭에 대한 지속가능성 연구. **아시아상담코칭연구**, 1(1), 1-14.

김유천(2020). 코칭학 성과 및 도전에 관한 탐색적 연구:국내 코칭학을 중심으로, **코칭연구**, 13(6), 49-68.

김유천, 신인수(2021). 대학생 진로 · 커리어 코칭프로그램의 효과성에 관한 메타분석. **코칭연구**, 14(1), 49-69.

김유천, 이송이(2023). 관리자 코칭 행동 관련변인 메타분석. **코칭연구**, 16(1), 49-73.

노동원, 황평강, 송영수(2021). 키워드 네트워크 분석(keyword network analysis)을 통한 국내 코칭 연구 동향 분석. **HRD 연구**, 23(2), 91-121.

도미향, 이정은(2020). 국내 · 외 대학의 코칭 교육과정 분석. **코칭연구**, 13(2), 31-51.

도미향, 정은미(2012). 대학에서의 코칭학 교육과정 구축을 위한 탐색적 연구. **코칭연구**, 5(2), 5-22.

박정근(2009). 코칭과학(Coaching Science)분야의 세계적인 경향. **코칭능력개발지**, 11(4), 15-24

박정영(2009). 코칭학의 유형분류를 위한 기초적 접근: 코칭형태분류를 중심으로. **코칭연구**, 2(1), 61-77.

선종욱(2009). 코칭의 학문 가능성을 위한 기초적 접근. **코칭연구**, 2(1), 5-21.

성세실리아, 조대연(2016). HRD 분야에서 코칭 관련 연구동향 탐색: 2000년-2015년 국내 학술지 중심으로. **한국 HRD 연구**, 11(3), 1-24.

신서정, 이송이(2023). 대학원생의 코칭전공 선택에 관한 주관성 연구. **코칭연구**, 16(3), 205-224.

유영훈, 김유천. (2024). 지속 가능한 코칭학 구축을 위한 탐색적 연구. **코칭연구**, 16(4), 55-74.

윤형식, 도미향(2016). 한국의 코칭학 발전방향에 관한 탐색적 연구. **코칭연구**, 9(1), 5-33.

이돈희(1994). **교과교육학 탐구**. 교육과학사.

이혜원, 이나영, 김휘경(2023). 코칭에 대한 코치의 주관적 인식 연구. **코칭연구,** 15(4), 59-80.

이희경(2017). 코칭심리학의 연구동향 탐색. **한국심리학회지: 코칭,** 1(1), 1-26.

정은경(2016). 코칭에 대한 일반인과 코칭전문가의 인식. **사회과학연구,** 55(2), 357-379.

조성진(2013). 코칭 연구를 위한 근거이론방법론 적용에 관한 탐색적 연구. **코칭능력개발지,** 15(3), 247-259.

조성진(2022). 코칭학, 무엇을 연구할 것인가? **융합코칭저널,** 1(1), 5-29.

조성진, 정이수(2018). 국내 코칭(Coaching) 연구 동향 및 향후 연구 방향. **인적자원개발연구,** 21(3), 249-313.

허지숙, 주충일, 이성엽(2017). 학문으로서 코칭의 정체성 확립에 관한 연구: 소크라테스의 교육철학을 중심으로. **교육컨설팅코칭연구,** 12(1), 49-70.

홍의숙(2009). 중소기업 리더 코칭이 자기효능감을 매개로 직무관련성과에 미치는 영향에 관한연구. 숭실대학교 대학원 박사학위논문.

Grant, A. M. (2000). Coaching psychology comes of age. *PsychNews, 4*(4), 12-14.

Grant, A. M., & Cavanagh, M. J. (2004). Toward a profession of coaching: Sixty-five years of progress and challenges for the future. *International Journal of Evidence-based Coaching and Mentoring, 2*(1), 1-16.

Grant, A. M., & Palmer, S. (2002). Coaching psychology workshop. Annual Conference of the Counselling Psychology Division of the British Psychological Society, Torquay, 18 May.

ee, S. Y., & Kim, Y. C. (2021). Analysis of the characteristics of journal publications regarding coaching. *American Journal of Humanities and Social Science (AJHSS).*

Linley, P. A. (2006). Coaching research: Who? what? where? when? why? *International Journal of Evidence Based Coaching and Mentoring, 4*(2), 1-12.

Passmore, J., & Fillery-Travis, A. (2011). A critical review of executive coaching research: A decade of progress and what's to come. *Coaching: An International Journal of Theory, Research and Practice, 4*(2), 70-88.

제5장
코칭학 이론적 근거

"과학도 인간의 여타 문화 활동과 마찬가지로 문화 전반을 아우르는 총제적 관점에서 조명하고 논의해야 한다."

칼 세이건(Carl Sagan), 『코스모스』의 작가

1. 자기실현에 관한 이론

1) 자기결정 이론

자기결정성 이론(self-determination theory)은 Edward Deci와 Richard Ryan이 개인들이 어떤 활동을 하는 데 있어서 참여 요인이 외재적인 요인인가 또는 내재적인 요인인가에 따라 발생하는 결과가 전혀 다르게 나타나는 것을 바탕으로 수립한 이론이다. 외재적 요인에 의한 동기가 외적 동기가 되는데, 이는 특정 성과를 얻기 위해 행동하려는 동기이다. 반면에 내재적 요인에 의한 동기가 내적 동기가 되는데, 이는 특정 행동이나 활동을 하는 것이 내적으로 즐겁고 재미가 있어서 하려는 것을 의미한다. 즉, 내적 동기는 스스로 원하여 자율적으로 행동하려는 동기를 말한다(탁진국, 2022).

자기결정 이론과 관련하여 Deci와 Ryan(1985)은 성장을 위해서는 무엇보다 다음의 세 가지 기본심리욕구(basic psychological needs)가 충족될 필요가 있음을 주장하였다. 세 가지 기본 욕구는 다음과 같다.

첫째, **자율성**(autonomy) 욕구로 스스로 결정하기를 원하는 것이다. 자율성은 개인들이 외부의 환경으로부터 압박 혹은 강요를 받지 않으며 개인의 선택을 통해 자신의 행동이나 조절을 할 수 있는 상태에서 자신들이 추구하는 것이 무엇인지에 대하여 개인들이 자유롭게 선택할 수 있는 감정을 말한다. 코치는 고객의 자율성을 높여 주기 위해 고객이 스스로 해결할 수 있는 공간을 마련해 주는 것이 필요하다. Connell과 Wellborn(1991)은 자율성을 지지하기 위해서는 개인의 독특한 관점 인식, 가능한 선택의 제공, 압력의 최소화, 개인의 목표와 가치 연결 및 개인의 선택 지지 등의 방법을 제시하였는데, 코치는 이에 대하여 살펴봐야 할 것이다.

둘째, **유능성**(competence) 욕구로 자신의 능력을 발휘하기 위해서 무엇인가하고 싶고 능력이 있다는 것을 인정받고 싶어 하는 것이다. 유능성 욕구와 관련하여, 사람은 누구나 자신이 능력 있는 존재이기를 원하고 기회가 될 때마다 자신의 능력을 향상시키기를 원한다고 하는 것이다. 코치는 고객이 스스로 해결할 수 있는 존재라는 것을 자각할 수 있도록 자기효능감을 느끼도록 해 주는 것이 필요하다. Connell과 Wellborn(1991)은 유능성의 욕구를 만족시키는 방법으로 기대의 명료화, 유관성의 명료화, 피드백의 제공, 과업을 작게 나누기, 너무 쉽지도 어렵지도 않은 적정 수준의 과제 등을 제시해야 한다고 하였는데, 코치는 이에 대하여 유의하여 살펴봐야 할 것이다.

셋째, **관계**(relatedness) 욕구로 타인과 밀접한 관계를 맺으려는 것을 의미한다. 관계성은 타인과 안정적 교제나 관계에서의 조화를 이루는 것에서 느끼는 안정성을 의미한다. 관계성을 높여 주기 위해 코치는 인

정, 축하가 필요하다. 상기와 같은 자기결정 이론에 기반한 기본심리욕구
가 충족되면 고객은 행복감을 느끼게 된다(Ryan & Deci, 2000). Connell과
Wellborn(1991)은 관계성의 욕구를 만족시키는 방법으로 함께 시간 보내
기, 에너지와 흥미를 공유하기 등을 제시하였는데, 이 역시 코치가 유의해
야 할 것이다.

코칭 과정에서 코치는 고객의 자율성, 유능성, 관계성에 대한 기본적 욕
구가 고객의 웰빙을 증진시키는 데 긍정적인 영향을 준다는 것을 인식할
필요가 있다. 또한 코칭 과정에서 고객의 해결하려는 이슈가 재정, 조건 등
외적인 조건과 관련된 것인지, 개인성장, 관계, 의미 있는 활동 등 내적 욕
구와 관련된 것인지를 인식할 필요가 있다(탁진국, 2022).

2) 자기주도학습이론

코칭의 초기 시행은 성인 교육의 이론, 특히 Malcolm Knwols의 성인 학
습이론으로부터 발전되었다. Malcolm Knwols는 성인 교육은 자기주도적
이며, 목적 지향적이라는 주장을 처음으로 대중화시켰다. Malcolm Knwols
의 자기주도학습이란 개인이 다른 사람의 도움 여부에 상관없이 자기 스스
로 주도권을 갖고, 학습의 욕구를 진단해서 스스로 목적을 만들며, 학습을
위한 인적 물적 자원을 알아보고 선택해서 적당한 학습 계획을 시행하고
학습의 효과를 평가하는 것이다(Knowles, 1970).

한편 Grow(1991)의 단계별 자기주도학습 모델에 따라 코칭을 적용한다
면 우선 1단계는 의존적 학습 단계로 이러한 경우에는 고객에게 직접적인
개입을 할 수 있으며, 2단계 관심 갖게 되는 학습 단계에서는 고객에게 동
기 부여하고 참여할 수 있도록 하고, 3단계 참여적 학습 단계에서는 고객이
좀 더 적극적으로 참여할 수 있도록 하고, 마지막 4단계 자기주도적 학습 단
계에서는 고객이 주도적으로 할 수 있도록 할 것이다.

코칭 고객의 대부분이 성인이기 때문에 성인 교육의 지식분야와 직업에서 의 학습 및 개발은 매우 중요하며, 이러한 것은 코칭과 연결되어 있다. 따라 서 코치들은 자기주도학습이론을 코칭에 적용할 필요가 있다(Grant, 2005).

추가로 자기에 대한 개념을 살펴보기 위해 우선 나(I)와 자기(self)를 구 분하면, 나(I)는 자신과 타인을 구분하는 존재 의미의 개념인 반면에, 자기 (self)는 자신에 대한 기대, 기준, 평가 등 다양한 개인적 가치와 의미가 덧 붙여진 개념이다.

3) 성장 마인드셋

성장 마인드셋(growth mindset)은 지능과 능력은 가변적이어서 개인의 노력에 따라 향상될 수 있다고 하는 것이며, 반면에 고정 마인드셋(fixed mindset)은 지능이나 능력이 고정적이어서 노력해도 향상되지 않는다고 보 는 것이다(Dweck & Leggett, 1988). 성장 마인드셋에서는 두뇌와 재능은 시 작에 불과하며, 헌신과 노력을 통해 가장 기본적인 능력을 개발할 수 있다 고 믿으며, 두뇌와 재능은 단지 출발점에 불과하다고 믿는다. 이러한 관점 은 탁월한 성취에 필수적인 배움에 대한 애정과 회복탄력성(resilience)을 만들어 낸다(Dweck, 2015). 고정된 마인드셋에서는 사람들은 자신의 지능 이나 재능과 같은 기본적인 자질이 단순히 고정된 특성이라고 믿는다. 이 들은 자신의 지능이나 재능을 개발하는 대신 이를 문서로 증명하는 데 시 간을 소비한다. 또한 노력 없이도 재능만으로 성공할 수 있다고 믿는다 (Dweck, 2015). 코치는 고객을 성장 마인드셋으로 바라보고 코칭을 한다.

4) 자기효능감

자기효능감(self efficacy)은 자신이 어떤 일을 성공적으로 수행할 수 있는 능력이 있다고 믿는 기대와 신념을 의미하는 것으로 Bandura(1977)가 제시하였다. 목표를 산출하기 위해 필요한 행동과정을 조직화하고 실행할 수 있는 자기의 능력에 대한 신념을 의미한다.

개인은 다음과 같은 요인을 통하여 자기효능감 향상을 갖게 될 수 있다. 첫째, 과거에 수행한 일에 대한 성취 경험이 있을 경우 자기효능감이 커질 수 있다. 둘째, 대리경험 또는 간접 경험을 통하여 자기효능감이 커질 수 있다. 모델링을 통하여 자기효능감을 높일 수 있는 것이 이러한 이유이다. 셋째, 언어적 설득으로 자기효능감이 커질 수 있다. 주변의 격려와 지원을 통하여 자기효능감이 높아지는 경우가 이에 해당된다. 마지막으로 생리적 각성을 통하여 자기효능감이 높아질 수 있다. 자신에 대한 알아차림을 통하여 평온하고 자기효능감을 높일 수 있다.

자기효능감 이론은 인간발달, 심리치료, 심리상담, 교육 및 건강증진, 사회 정치적 변화, 국제적 활동과 같은 다양한 분야에 활용되고 있다. 코칭에서도 코칭을 통하여 자기효능감이 증대되는 다양한 연구 결과들이 있으며, 코칭과 자기효능감 상호 간의 관계에 대한 연구도 상당수 진행되었다. Moen과 Allgood(2009)은 중요한 리더십 과제와 관련하여 1년간의 임원 코칭이 자기효능감에 미치는 영향을 조사했으며, 그 결과 임원 코칭이 자기효능감에 유의미한 긍정적 영향을 미치는 것으로 나타났다. 따라서 코칭은 자기효능감을 증진시키고, 코칭과 자기효능감 상호 간의 상관관계가 높다고 할 수 있다.

5) 사회학습이론

사회학습이론(social learning theory)이란 다른 사람의 행동을 관찰하고 모방함으로써 학습이 이루어질 수 있음을 실험적으로 Bandura(1997)가 입증한 것으로 간접 경험을 통한 학습에 관한 것이다. 개인의 긍정적 행동과 부정적 행동 모두가 모델링(modeling)에 의해 학습될 수 있다고 하며, 모델링에 의한 사회적 학습이 문제행동을 이해하고 치료하는 데 도움이 될 수 있다고 하였다. 사회학습이론과 관련하여 상호결정론, 관찰학습, 대리강화와 자기강화를 살펴보면 다음과 같다(오경기 외, 2021). 첫째, 상호결정론은 인간의 행동이 개인의 특질(P)과 그 사람이 처한 환경(E), 그리고 그 사람의 행동(B)의 세 가지 요소가 상호작용하여 후속행동이 타나난다고 한다. 둘째, 관찰학습은 개인은 타인의 행동을 관찰함으로써 새로운 행동을 습득한다. 관찰학습은 주의, 기억, 운동재생, 동기화로 이루어진다. 셋째, 대리강화란 타인이 행동에서 관찰된 대리적인 결과에 의해 행동이 규제되는 것을 말하며, 자기강화란 개인이 자기 자신에게 주는 강화를 의미한다. 이러한 사회학습이론은 코칭 학습 과정에서도 상호결정, 관찰학습 및 재생 등의 학습 활동이 이루어진다(Cox, Clutterbuck, & Bachkirova, 2023). 커리어 코칭에서 이루어지는 학습 과정도 학습이론들과 잘 연계되어 있으며, 이는 커리어 코칭 과정에서 이루어지는 학습에 대한 이론적 근거를 제공한다(박윤희, 2014).

2. 코칭 작용에 관한 이론

1) 변화이론

변화이론과 관련하여 James Prochaska와 DiClemente(1986)는 행동 변화에 대한 일반적이고 광범위한 이론적 모델로 새로운 건강 행동에 대한 개인의 준비 상태를 평가하고 개인을 지도하기 위한 전략 또는 변화 과정을 제공하는 통합 요법 이론을 제안하였다. 이 연구는 처음에 중독 상담 분야에서 시작되었는데, 상담자의 행동과 스타일이 내담자의 변화 준비 단계에 어떻게 잘 부합할 수 있는지에 대한 이론과 전략을 수립한 것이다. Patrick Williams는 코칭에서 **프로차스카의 이론**이 적용될 수 있다고 한다.

변화의 단계는 6단계로 사전숙고, 숙고, 준비, 실행, 유지 관리, 종료의 단계를 거친다(Williams & Menendez, 2023). **1단계 사전숙고** 단계에서 코치는 코칭의 초기 탐색이 중요하며, 고객은 특정 문제에 대해 사전 숙고 단계에 있을 수 있음을 파악해야 한다. **2단계 숙고** 단계는 고객이 변화를 고려하고 있으며, 양가감정을 느끼거나 어떻게 진행해야 하는지 모를 수도 있다. 코치는 고객이 앞으로 나아갈 수 있도록 도와주어야 한다. **3단계 준비** 단계에서는 고객이 변화를 준비하고 정보를 수집하고 자원을 모으고 가능성을 확인하는 등의 작업을 하도록 한다. **4단계 실행** 단계에서는 고객이 실제로 행동을 취하고 새로운 것을 시도하는 단계이다. **5단계 유지 관리** 단계는 고객이 선택한 행동을 충분히 오래 유지하여 새로운 습관을 만들고 고객의 삶에 통합하는 단계이다. 마지막 **6단계 종료** 단계는 더 이상 새로운 접근 방식이 필요하지 않고 자연스럽게 새로운 행동이 삶의 일부가 된 것을 의미한다. 이것은 코칭 자체의 종료를 의미하지 않을 수도 있다. 코칭에서 변화는 이벤트가 아니라 과정이라는 것을 명심하는 것이 중요하다.

2) 성인발달 및 성인학습이론

성인발달에 관한 이해는 현대 코칭의 맥락적 구조를 제공한다. 여기에는 숙련의 헌신, 이타심 같은 것도 포함된다. Flaherty와 Hudson은 성인 발달의 이론과 개념을 이해하는 것은 효과적인 코칭을 위해 필요하다고 하였다(Brock, 2012). 코치가 인간발달 문제에 대해 알지 못하면 고객이 변화를 추구하는 원천이 무엇인지 살펴볼 수 있는 기회를 놓치게 된다. 성인 성장의 초기 단계인 20~30대까지는 한 사회와 집단에 완전히 몰입하여 거기서 나온 아이디어를 자신의 것으로 받아들인다. 예전에는 성인 발달이 일반적으로 중년 이후 정체기를 맞고 감소한다고 하였다. 그러나 성인 발달에는 단계 또는 국면이 있으며, 진정한 변화는 성인이 된 후에도 가능하다. 따라서 성인발달 관점은 코칭 분야의 주류 사고로 자리 잡았다(Williams & Menendez, 2023).

성인학습은 경험을 통한 행동의 수정이다. 성인 학습은 훈련과 경력 개발 분야에서 다양한 실용적인 방법과 교육적 연구를 제공했다. 성인들은 구체적인 지식 형태를 유지하기보다는 타인들과 교류하고 교감하면서 지속적인 학습 탐색을 더 좋아한다. 코치에게 학습이 중요한 이유는 무엇인가? 학습 없이는 코칭도 없기 때문이다. 고객 역시 성인발달 이론에서 나타난 발달 단계로의 이동은 실제로 변화에 관한 것이다. 이러한 변화는 새로운 사고와 행동방식에 대한 학습 없이는 다음 단계로 전환이 일어나지 않기 때문이다(Kegen, 1982). 코칭은 이러한 성인학습이론을 잘 살펴볼 필요가 있다. Robert Kegan은 성인학습은 의미를 만드는 것을 통하여 궁극적으로 변화시키는 것이라고 하였다(Bachkirova, 2009). 성인학습이론에 따르면 성인은 아이들과는 완전히 다른 방식으로 배운다. 코칭은 실제적인 성인학습이다(Whitmore, 2017).

3) 목표설정 이론

목표설정이론(goal setting theory)은 인간의 의도적 행동을 설명해 주는 가장 기초적인 동기인 목표의 기능과 효과 등에 관한 것이다(Loke, 1968). ·

코칭은 목표지향적인 행동이다(Grant & Cavanagh, 2011). Whitmore(2017) 역시 코치는 항상 목표를 정하는 것으로 코칭을 시작한다고 했으며, 의제는 코치가 아닌 고객으로부터 나온다는 것을 강조했다. 교육, 훈련, 멘토링 등의 다른 분야의 경우 목표는 상위자가 결정하는 경우가 대부분이기 때문에 참여자들은 수동적이 되기 쉬우나 달리 코칭에서 고객이 자신의 목표를 결정하는 것은 고객의 자율성을 촉진하여 변화의 주체로서 보다 적극적으로 코칭 과정에 참여할 수 있게 한다(이한주, 김현수, 2016).

코칭에서 목표 설정은 매우 중요하다. 목표는 개인이 노력을 통하여 성취하려는 성과 또는 바라는 상태이다. 사람은 목표를 수립하게 되면 목표를 달성하기 위해 특정 행동을 하게 된다. 코칭 과정에서 목표의 중요성을 강조한 코칭을 **목표 중심 코칭**(goal focused coaching)이라 한다. Grant(2012)는 목표중심 코칭의 중요성을 증명하기 위하여 해결 중심 인지행동프로그램을 실시하고, 그 효과성을 검증하였다. 목표는 계층화되어 있다. 코칭에서도 목표의 위계(goal hierarchy) 개념이 그대로 적용된다. 목표달성을 위해 구체적인 실행계획을 세우는 과정에서 이러한 구체적 실행계획이 하위 목표가 될 수 있으며, 이러한 것을 목표의 위계라고 한다. 코칭 과정에서 목표와 더불어 실행의도(implementation intentions) 역시 중요하다. Gollwitzer(1999)는 행동변화가 일어나기 위해서는 단순한 목표의도보다 특정 상황에서 목표를 어떻게 구체적으로 실행할 것인지를 결정하는 실행의도가 중요함을 강조하였다. 코칭은 피코치의 행동을 변화시키는 것이 목적이다. 행동변화이론에 관한 이론 및 지식이 필요한 이유이다.

4) 동기이론

동기이론은 효과적 코칭에 있어서 기본적인 요소로 확인되고 있다. **동기**(motivation)란 어떤 목표를 지향하는 행동을 일으키고, 그 행동의 방향을 잡아 주고, 유지하는 힘의 총합이라고 한다(Lindsley, 1957). Ford(1992)는 동기의 기능을 세 가지로 이야기하고 있다. 첫째, 동기는 목표지향적 행동을 유발한다는 것이다. 목표 달성을 위해 행동하도록 행동의 방향을 결정하도록 하는 것이다. 둘째, 목표지향적 행동을 지속하게 하는 추진력을 제공한다는 것이다. 목표를 향하는 데 있어 어려움이 있더라도 행동을 지속적으로 할 수 있게 하는 것이다. 셋째, 동기는 목표지향적 행동을 조절하도록 기능한다. 목표지향적 행동을 시작하고 지속하며 종결하도록 하는 기능을 한다. Maslow의 동기위계이론에 따르면, 인간은 생리적 동기, 안전 동기, 소속감과 사랑 동기, 존중 동기, 자아실현 동기 등 다섯 가지 위계의 동기를 가지고 있다고 한다. 이들 동기 간에는 위계가 존재하며 각 위계에 따른 동기에 따라 행동한다고 한다. Maslow의 생리적 동기와 안전동기를 기본동기라고 하며, 소속감과 사랑 동기, 존중 동기를 심리적 동기라고 한다. 한편 Maslow의 기본동기와 심리적 동기가 어느 정도 충족되면, 사람들은 **자아실현**(self-actualization)의 동기를 지니게 된다고 한다.

5) 작업동맹이론

작업동맹이론(working alliance theory)은 심리학 분야, 특히 정신분석 이론에서 유래하였다(Horvath et al., 2011). 작업동맹은 개입의 목표, 고객이 수행해야 하는 과제, 두 당사자 간의 유대감에 대한 고객과 코치 간의 합의 수준으로 정의된다(Bordin, 1979). 작업동맹이론은 코칭 과정에서 코치와 고객의 관계를 **코칭동맹**(coaching alliance)으로 바라볼 수 있다. 작업동맹을 통하여 진정으로 고객의 목표와 욕구를 위해 코치와 고객이 함께 파트너십을 설계하게 된다. 작업동맹의 강도는 코칭 성공의 중요한 예측 변수이다. De Haan 등(2016), De Haan 등(2020) 및 Graßmann 등(2020)의 연구에 따르면 업무 제휴의 강도와 코칭 성공 사이에는 일관되게 긍정적인 상관관계가 있는 것으로 나타났다. De Haan 등(2016)의 연구에서는 코치와 고객의 평가를 비교하여 작업동맹 강도가 코칭 효과를 예측하는지 여부를 확인했다. 코치와 고객 모두 작업동맹과 코칭 효과성 간에 긍정적인 상관관계가 있는 것으로 나타났다. De Haan 등(2020)의 또 다른 연구에서는 코칭 결과의 예측 인자로서 코칭 관계를 검토한 두 건의 대규모 무작위 대조 시험이 있었다. 연구진은 코칭 계약 초기에 작업동맹 강도가 코칭 효과와 상관관계가 있음을 발견했다. Graßmann 등(2020)의 메타 연구에서도 전반적인 작업동맹의 강도와 성공적인 코칭 성과 사이에 긍정적인 상관관계가 있음을 발견했다. 또한 이들은 작업동맹이 고객의 유형, 코치의 전문성, 코칭 세션 수, 고객 또는 코치의 관점에 관계없이 코칭의 성공을 예측한다는 사실을 발견했다.

작업동맹 인벤토리(Working Alliance Inventory: WAI)는 업무 제휴를 평가하는 데 일반적으로 사용되는 도구로, 유대 척도, 목표 척도, 과업 척도의 세 가지 하위 척도로 구성되어 있다. 유대 척도(bond scale)는 두 당사자 간의 존중, 신뢰, 확신 수준을 측정한다. 목표 척도(goal scale)는 원하는 결과에 대한 코치와 고객 간의 협력적 합의 수준을 측정한다. 과제 척도(task scale)는 코칭 목표를 달성하는 데 필요한 과제에 대한 동의 수준을 측정한다. 작업동맹 인벤토리는 Horvath와 Greenberg(1989)에 의해 심리치료 연구를 위해 개발되었으며 코칭에 맞게 조정되었다(Baron et al., 2011; De Haan et al., 2016).

작업동맹이론을 통하여 코칭 결과에 영향을 주는 주요한 요소가 작업동맹이 질에 좌우된다는 것을 살펴볼 수 있으며, 코칭 과정에 특정 이론적 접근 방법을 고객에게 맞추기보다는 고객을 중심으로 조율하고 맞추어야 함을 알 수 있다. 즉, 고객 중심의 이론적 작업동맹이 되어야 한다. 고객 중심의 이론적 유연성 및 이론적 적용의 포괄성이 필요하다(Grant, 2006).

코칭 동맹은 진정으로 특정 고객의 목표와 욕구를 위해 함께 만들어 가는 파트너십으로 설계되어야 한다(Williams & Menendez, 2023). 코칭 동맹은 코치와 고객 모두가 진정으로 만족하는 것을 목표로 한다. 코칭 동맹은 서로가 도전을 받아야 하고 서로가 배우게 된다. 코칭 동맹을 코칭 첫 세션에서 구체화하고 구축하는 것이 필요하다. 코칭 동맹이 처음부터 잘 설계되었더라도 동맹이 깨질 수 있다. 지속적으로 코칭 동맹을 살펴보고 유지혜야 한다.

6) 심리적 안전

심리적 안전(psychological safety) 없이는 직장에서 자신의 감정과 관계 유발 요인을 표현할 수 없다. 이 용어는 1999년 하버드 비즈니스 스쿨 교수인 Amy Edmondson이 처음 만든 것으로, **"보호받는 취약성 환경**(an environment of protected vulnerability), 즉 소속감을 느끼고, 배우기에 안전하며, 기여하기에 안전하며, 어떤 식으로든 창피를 당하거나, 소외되거나, 처벌을 받을 염려 없이 현상 유지에 도전하는 것이 안전한 것"을 말한다(Clark, 2020). Amy Edmondson의 연구에 따르면 사람들이 업무 및 대인관계 문제에 대해 동료에게 솔직하게 말할 수 있다고 느낄수록 더 많은 학습이 이루어지고 결과적으로 팀의 효과성이 높아지는 것으로 나타났다(Clutterbuck, 2020).

한편 심리적 안전의 용어는 2012년 구글의 효과적인 팀에 대한 유명한 연구(아리스토텔레스 프로젝트)에서 다시 사용되었다. 놀랍게도 연구 데이터에 따르면, 심리적 안전이 성공적인 팀을 위한 최고의 지표라는 사실이 밝혀졌다. 이러한 발견은 코칭 관계에도 적용될 수 있고 적용되어야 하며, 고객과 코치 모두의 감정을 인식하는 것이 중요하다는 것을 보여 준다(Williams & Menendez, 2023).

7) 시스템 이론

시스템 이론(systems theory)적 접근 방법은 '전체는 각 부분의 합보다 더 우수하다는 기본 전제'에서 출발하며, 시스템 기능의 법칙이 개인이 환경에서 작용하는 법칙보다 우선한다고 본다. 개인과 환경의 모든 상호작용은 반작용을 불러일으키고 그로 인해 시스템은 비교적 안정화 상태로 유지된다고 한다.

시스템 이론은 지각된 현실을 구조화, 조직화, 이해, 해석 및 전달하는 데 사용되는 모델 또는 은유를 제공한다(Goodman & MSOD, 2002). Marion(1999)은 현실은 주관적이고 파악하기 어렵기 때문에 이를 대략적으로 파악하기 위해 모델이 필요하다고 하였고, Haggett(1972)에 따르면 현실을 단순화하기 위해 모델이 필요하다고 한다. 따라서 시스템 이론 모델을 사용하면 경영진이나 비즈니스 코칭에서 일련의 매개변수, 도구 및 측정치를 사용하여 전체 또는 부분의 변화나 결과를 추적하고 측정하기 위해 구조화, 조직화, 전략화, 그리고 더 중요하게는 커뮤니케이션을 잘할 수 있다.

코칭을 하는 경우 일대일로 이루어지는 경우가 많이 있지만, 그룹이나 팀으로 진행되는 경우도 있다. 그룹이나 팀으로 진행될 때 전체 시스템에 관한 이론 및 지식을 알고 있으면 코칭을 좀 더 효과적으로 진행할 수 있다. 또한 코칭을 일대일로 진행할 경우에도 시스템에 대한 이론과 지식은 도움이 된다(탁진국, 2022).

이와 관련하여 시스템 사고(systemic thinking)는 복잡한 시스템에서 생활하고 작업하고 있다는 것을 인정하는 것이다. 시스템 관점에서 코칭하는 것은 고객이 자신의 행동에 미칠 수 있는 가장 광범위한 영향을 고려하도록 장려하고 행동이나 접근의 변화가 시스템의 다른 부분에 영향을 미친다는 것을 인식하는 것이다(Cox, Clutterbuck, & Bachkirova, 2023).

3. 코칭과 인문 사회과학

인문 사회과학이란 인간을 둘러싼 여러 가지 문제들을 연구하는 학문분야로서 역사학, 철학, 심리학, 사회학, 경영학, 교육학, 정치학, 문학 등이 이에 포함된다. **역사학** 관련해서는 앞장의 코칭 역사에서 다루었고, **철학** 관련해서도 코칭 철학의 장에서 다루었다. 또한 **심리학** 관련해서도 앞장의 코칭 심리학 부분에서 관련하여 다루었다. 추가로 경영학, 사회학, 행동과학, 신경과학, 사회학 등과 코칭의 관계를 살펴볼 필요가 있다. 다만 코칭 관련하여 정치학 및 문학 등에 관해서는 향후 연구 과제로 남겨 두고자 한다.

1) 코칭과 경영학

경영학은 경영활동을 효과적으로 수행하기 위한 다양한 경영 원리를 연구하는 학문이다. 코칭이 비즈니스 경영 환경에서 진행되면서 코칭과 경영 분야의 전문 영역 간에 많은 유사점 및 연결성도 있지만 차이점도 있다. 예를 들어, 이미 제1장 '코칭 역사'에서 살펴본 바와 같이 코칭과 컨설팅은 유사한 측면도 있지만 동일하지 않다. 한편 코칭과 조직개발 관련해서도 마찬가지로 유사한 부분도 있지만 다른 부분도 있다. **조직개발**(Organization Development: OD)은 조직의 효과성, 효율성, 그리고 건강을 향상시키기 위해 계획적으로 개입하는 과정이다. 조직개발은 일반적으로 좀 더 큰 시스템에 초점을 맞추는 데 비해, 코칭은 먼저 개인에 초점을 맞춘다.

2) 코칭과 행동과학

행동과학(behavioral science)이란 인간의 행동을 생물학적 · 사회학적 측면에서 다루는 학문으로 인간 행동의 일반 법칙을 체계적으로 하고자, 인간 행동의 규칙성을 정립함으로써 사회의 체계적 관리 방안을 개발하려는 과학적 움직임을 총칭하는 것이다.

코칭을 행동과학과 관련하여 실증적으로 살펴보는 것을 Grant와 Cavanagh(2007)는 **근거기반 코칭**(evidence based coaching)이라 하였다. 근

거기반 코칭은 행동과학과 사회과학의 기초 이론에 근거하여 코칭을 하고
자 하는 것이라며 코칭과 행동과학의 연결을 이야기하였다.

근거기반 코칭의 노력은 코칭을 이론에 근거하여 과학적으로 접근함으
로써, 코칭이 어떻게 이루어지며, 코칭이 제대로 효과를 내기 위해서는 무
엇을 어떻게 해야 하는지에 대한 이해와 성찰을 제공할 것이다. Grant와
Cavanagh(2004)의 코칭 심리학 및 근거기반한 코칭은 코칭에 대한 학문적
기초를 이루었다고 한다.

3) 코칭과 신경과학(뇌과학)

최근 뇌와 신경계의 기능과 영향력에 대한 이해의 발전, 즉 신경과학 분
야의 확대로 코칭을 비롯한 행동 기반 직업에 대한 응용 분야가 무수히 생
겨나고 있다.

신경과학(neuroscience)은 과학 분야에서 가장 빠르게 성장하는 연구 분야
중 하나이며, 그 인기는 코칭에 대한 관심의 급증과 다르지 않다(Bowman
et al., 2013). 신경과학이 인간의 정신 및 심신 시스템의 복잡성에 대해 더
많이 알아 가기 시작하면서 뇌 외에 다른 기관에도 '마음'이 존재한다는 것
을 알게 되었다(Williams & Menendez, 2023). 코칭 실행과 관련하여 뇌과
학을 접목한 연구가 상당히 증가하고 있으며, 이와 관련된 코칭을 **신경행
동 모델링 코칭**(neurobehavioural modeling·coaching)이라고 한다(Passmore,
2014).

뇌는 약 860억 개의 뉴런으로 이루어졌다. **뉴런**(neuron)은 뇌를 포함한
신경계를 구성하는 구조적·기능적 최소단위의 신경세포이다. 뉴런들 간
의 신호 전달은 **시냅스**(synapse)에서 일어나는데, 신경전달물질의 작용으
로 발생하는 전기신호에 의해 이루어진다. 신경계에 존재하는 신경전달물
질들 중에 **도파민**(dopamine)이라는 신경전달물질이 분비된다. 대표적인 운

동장애인 파킨스병은 특정 뇌 부위의 시냅스에서 도파민의 분비 부족이 원인이다(오경기 외, 2021). 도파민이 신경전달물질로 사용되는 신경 경로 중에 **보상 경로**(reward pathway)라고 불리는 것이 있다(오경기 외, 2021). 이 보상 경로는 습관적인 도박, 음주, 컴퓨터 게임, 쇼핑 등으로 인해 활성화되어 쾌감이나 만족을 경험하게 하고 행동상으로는 강화나 중독을 일으킬 수 있다. 중독 성향이 높을 사람들은 도파민의 양이 보통 사람들보다 적은데, 보상 경로의 활성화로 도파민의 양이 많아지면 잠시 쾌감을 느꼈다가 다시 줄어들면서 기분이 나빠진다. 그래서 다시금 도파민 분비를 자극하려는 습관적 중독 행동이 생기게 된다.

MacLean은 1952년에 '변연 시스템'이라는 용어를 만들었는데, 이는 감정 조절 역할을 맡고 있는 뇌의 영역을 설명하기 위한 것이었다. 이는 '**변연계 공명**(limbic resonance)'이라는 개념으로 연결되는데, 개인적인 관계와 행복감을 느끼는 데에 아주 중요한 요소이다. 공명이란 남의 사상이나 감정, 행동 따위에 공감하여 자기도 그와 같이 따르는 것으로, 효과적인 코칭은 고객이 코치와 함께 나아가는 방법을 알아차리고 코치는 동시에 고객과 함께 나아가는 방법을 배우는 변연계 공명이 일어나도록 하는 것이 필요하다. 이렇게 하기 위해서는 상호 조율이 필요하다.

MacLean은 1985년에는 '**삼위일체의 뇌**'라는 개념도 공식화하였다. '삼위일체의 뇌'는 인간의 뇌를 진화학적 관점에서 세 부분으로 구분하여 살펴본 MacLean(1985)의 연구로 뇌 작동 모델을 이해하는 데 도움을 주었다. 즉, 인간의 뇌는 파충류의 뇌, 고생포유류의 뇌(대뇌 변연시스템) 및 신생포유류의 뇌(신피질 시스템)로 구성되었다는 것이다. 이는 전문코치들에게 뇌에 대해 주의를 기울일 수 있도록 해 주었다.

신경가소성(neural plasticity)은 우리의 경험이 신경계의 기능적 및 구조적 변형을 일으키는 현상을 말한다(Doidge, 2007). 뇌는 시간도 소모해야 하고, 에너지도 소비하고, 하고자 하는 일도 방해되기도 하여 기본적으로 변화를 싫어한다. 그럼에도 불구하고 뇌가 잘하는 것은 적응하는 것이며 신경가소성의 메커니즘을 통하여 스스로 변화할 수 있다. 신경가소성은 뇌의 기능과 구조의 지속적인 변화를 촉발한다(Garland & Howard, 2009). 따라서 의도적으로 긍정적인 생각과 사건에 집중하면, 삶의 목표와 스트레스에 대한 탄력성이 개발된다.

우리가 받아들이는 감각은 우리의 고유한 두뇌를 통해 과거 경험을 통해 걸러지지만, 우리는 이를 보다 지혜로운 의미로 재해석할 수 있다. 우리의 뇌가 감정적 경험이나 해석을 한순간에 만들어 내는 것은 사실이지만, 우리는 이후에도 우리 자신을 포착하고 들어오는 감각을 재해석할 수 있다. 그리고 그렇게 할 때마다 우리는 신경 가소성이라는 것을 통해 과거의 경험과 그에 따른 뇌를 변화시키고 있다. 이렇게 새로운 방식으로 감각을 재해석할수록 뇌가 재구성되었기 때문에 새로운 반응이 더 쉽고 빨라진다(Williams & Menendez, 2023). **감정에 관한 감성 구성의 새로운 이론**[1]을 주창한 Feldman Barrett 박사에 따르면 감정을 "세상에서 일어나는 일과 관련하여 신체 감각이 의미하는 바를 뇌가 만들어 내는 것"이라고 정의하고 있다(Barrett, 2017). 그의 저서 『감정은 어떻게 만들어지는가(How Emotions Are Made)』에서 그는 우리가 생각보다 감정을 더 잘 통제할 수 있다고 한다. 우리가 받아들이는 감각은 우리의 고유한 두뇌를 통해 과거 경험을 통해 걸러지지만, 우리는 이를 보다 지혜로운 의미로 재해석할 수 있다.

『긍정심리학 코치』의 저자 Robert Biswas-Diener와 Ben Dean(2007)은 심리학 전반에 걸쳐, 특히 긍정심리학에서 눈에 띄는 성과 중 하나는 **자기공명영상**과 같은 신경과학적 평가도구의 발전이라고 하면서 심리학자들은 기능성 자기공명영상법을 비롯해 뇌의 활동이나 스트레스 호르몬, 면역체계의 반응을 보여 주는 첨단장비를 동원하여 행동과 감정과 신체의 상관관

---

1 구성된 감정이론(theory of constructed emotion)이라고 한다(Barrett, 2017).

계를 규명하고 사람들이 스트레스를 어떻게 해소하는지를 더 잘 이해할 수 있게 되었으며, 이러한 첨단장비가 점점 저렴하고 간편해지면서 면접이나 온라인상에서 실시되는 평가도구 못지않게 오늘날 유용한 방법으로 자리 매김하고 있다고 한다.

뇌와 관련되지 않는 어떠한 것도 코칭 과정에서 일어날 수 없다. 뇌 기반 코칭 실행은 뇌를 충분히 알고 있어서 뇌와 관련된 지식을 고객을 알아 가는 데 활용할 수 있는가에 따라 효과가 달라진다. 고객을 알아 가는 것은 고객의 감정적 구조를 형성하는 핵심 요인들에 대하여 전반적으로 이해하는 것이다. 따라서 뇌 기반의 관점에서 코칭이 어떻게 작동하는지를 살펴보는 것은 유용하다.

4) 코칭과 사회학

사회학은 인간사회의 행동에 관하여 과학적으로 연구하는 학문이다. 개인과 타인 간의 관계 및 집단 속에서 개인의 본성 및 특성 등이 관련되어 있기 때문에 자연스럽게 사회학은 개인의 행동 및 마음과 관련된 심리학의 한 요소가 된다. 현대 코칭의 역사에서 사회학은 개인과 사회학적 요인과 사회관계의 다양한 요인으로, 인간 시스템이라고 할 수 있는 상호관계의 방법과 관련되어 있다. 사회학은 코칭이 개인과 조직 사이의 복잡한 관계를 이해하도록 해 주었으며, 코칭이 여러 문화의 다양성을 성찰하게 하고, 개인과 조직 모두에게 도움이 되기 위해 그 차이를 살펴보는 것에 대한 필요성을 갖추도록 해 주었다(Brock, 2012).

성찰(insight)을 더하기 위한 질문

1. 자기결정 이론의 자율성, 유능성, 관계성 욕구 충족의 중요성과 코치의 역할은 무엇인가?

2. Malcolm Knowles의 자기주도학습이론이 코칭에 어떻게 적용될 것인가?

3. 성장 마인드셋과 고정 마인드셋의 차이점은 무엇이며, 코치는 어떻게 성장 마인드셋을 장려할 수 있을까?

4. 작업동맹 이론에서 작업동맹의 세 가지 하위 척도는 무엇이며, 각각이 코칭 성공에 어떻게 기여하는가?

5. 심리적 안전의 정의와 코칭에서 심리적 안전을 확보하기 위한 코칭 과정에서의 구체적인 방법은 무엇인가?

참고문헌

박윤희(2014). 학습이론에 근거한 커리어코칭-학습 모델 분석. **코칭능력개발지,** *16*(3), 191-203.

오경기, 이재호, 김미라, 김태훈, 김시현, 김문수, 이건효, 송길연, 구훈정, 정형수, 한민, 조옥경, 최훈(2021). **인간 이해의 심리학.** 학지사.

원경림, 권은경(2019). ICF 핵심역량 중 코칭프레즌스 역량 및 코치의 존재방식 연구. *Journal of Korean Coaching Research, 12*(1), 87-112.

이한주, 김현수(2016). 자기결정성 이론의 코칭 적용에 관한 탐색적 연구. Journal of Korean Coaching Research, 9(3), 5-25.

이희경(2017). 코칭심리학의 연구동향 탐색. **한국심리학회지: 코칭,** 1(1), 1-26.

탁진국(2022). **라이프코칭.** 학지사.

Bachkirova, T. (2009). Cognitive developmental approach to coaching: An interview with Robert Kegan. *Coaching: An International Journal of Theory, Research, and Practice, 2*(1), 10-22.

Bandura, A. (1977). Self-efficacy: Toward a unifying theory of behavioral change. *Psychological Review, 84*(2), 191.

Bandura, A. (1986). *Social foundations of thought and action: A social cognitive theory.* Prentice-Hall, Inc.

Baron, L., Morin, L., & Morin, D. (2011). Executive coaching: The effect of working alliance discrepancy on the development of coachees' self-efficacy. *Journal of Management Development, 30*(9), 847-864.

Barrett, L. F. (2017). *How emotions are made: The secret life of the brain.* Pan Macmillan.

Biswas-Diener, R., & Dean, B. (2007). *Positive psychology coaching: Putting the science of happiness to work for your clients.* John Wiley & Sons, Inc.

Bordin, E. S. (1979). The generalizability of the psychoanalytic concept of the working alliance. *Psychotherapy: Theory, Research & Practice, 16*(3), 252-260.

Bowman, M., Ayers, K. M., King, J. C., & Page, L. J. (2013). The neuroscience of coaching. *The Wiley-Blackwell handbook of the psychology of coaching and mentoring* (pp. 89-111). Wiley-Blackwell.

Braun, V., & Clarke, V. (2006). Using thematic analysis in psychology. *Qualitative Research in Psychology, 3*(2), 77-101.

Brock, V. (2012). *The sourcebook of coaching history* (2nd ed.). Self published.

Clark, T. R. (2020). *The 4 stages of psychological safety*. Berrett-Koehler.

Clutterbuck, D. (2024). 팀 코치 되기. 동국대학교 동국상담코칭연구소 역. 코칭북스. (원저는 2020년 출판).

Connell, J. P., & Wellborn, J. G. (1991). *Competence, autonomy, and relatedness: A motivational analysis of self-system processes*.

Cox, E., Clutterbuck, D. A., & Bachkirova, T. (2024). 코칭 핸드북(3판). 박준성, 강윤희, 김덕용, 문광수, 소용준, 윤상연, 이재희, 이홍주, 조유용, 허성호 역. 학지사. (원저는 2023년에 출판).

Cuddy, A. (2016). 프레즌스. 이경식 역. 알에이치코리아. (원저는 2015년에 출판).

David, S. A. (2005). Integrating an emotional intelligence framework into evidence-based coaching. *Evidence-based Coaching, 1*, 57-67.

De Haan, E., Grant, A. M., Burger, Y., & Eriksson, P. O. (2016). A large-scale study of executive and workplace coaching: The relative contributions of relationship, personality match, and selfefficacy. *Consulting Psychology Journal: Practice and Research, 68*(3), 189-207.

De Haan, E., Molyn, J., & Nilsson, V. O. (2020). New findings on the effectiveness of the coaching relationship: Time to think differently about active ingredients? *Consulting Psychology Journal: Practice and Research, 72*(3), 155-167.

Doidge, N. (2007). *The brain that changes itself: Stories of personal triumph from the frontiers of brain science*. Penguin.

Dweck, C. S. (2009). Mindsets: Developing talent through a growth mindset. *Olympic Coach, 21*(1), 4-7.

Dweck, C. (2015). Carol Dweck revisits the growth mindset. *Education Week, 35*(5), 20-24.

Dweck, C. S., & Leggett, E. L. (1988). A social-cognitive approach to motivation and personality. *Psychological Review, 95*(2), 256.

Ford, M. E. (1992). *Motivating humans: Goals, emotions, and personal agency beliefs*. Sage Publications.

Garland, E. L., & Howard, M. O. (2009). Neuroplasticity, psychosocial genomics, and the biopsychosocial paradigm in the 21st century. *Health & Social work, 34*(3), 191-199.

Goleman, D. (1998). *Working with emotional intelligence*. Bantam.

Gollwitzer, P. M. (1999). Implementation intentions: Strong effects of simple plans. *American Psychologist, 54*(7), 493.

Goodman, J. C., & MSOD, M. (2002). *Coaching and systems theory*. Retrieved from https://www.internalchange.com.

Grant, A. M. (2000). Coaching psychology comes of age. *PsychNews, 4*(4), 12-14.

Grant, A. M. (2005). What is evidence-based executive, workplace and life coaching. *Evidence-based Coaching, 1*, 1-12.

Grant, A. M. (2006). A personal perspective on professional coaching and the development of coaching psychology. *International Coaching Psychology Review, 1*(1), 12-22.

Grant, A. M. (2007). Enhancing coaching skills and emotional intelligence through training. *Industrial and Commercial Training, 39*(5), 257-266.

Grant, A. M. (2012). Making positive change: A randomized study comparing solution-focused vs. problem-focused coaching questions. *Journal of Systemic Therapies, 31*(2), 21-35.

Grant, A. M., & Cavanagh, M. J. (2004). Toward a profession of coaching: Sixty-five years of progress and challenges for the future. *International Journal of Evidence based Coaching and Mentoring, 2*(1), 1-16.

Grant, A. M., & Cavanagh, M. J. (2007). Evidence-based coaching: Flourishing or languishing? *Australian Psychologist, 42*(4), 239-254.

Grant, A. M., & Cavanagh, M. J. (2011). Coaching and positive psychology. In K. M. Sheldon, T. B. Kashdan, & M. F. Steger (Eds.), *Designing positive psychology: Taking stock and moving forward* (pp. 293-309). Oxford University Press.

Graßmann, C., Schölmerich, F., & Schermuly, C. C. (2020). The relationship between working alliance and client outcomes in coaching: A meta-analysis. *Human Relations, 73*(1), 35-58.

Grow, G. O. (1991). Teaching learners to be self-directed. *Adult Education Quarterly, 41*(3), 125-149.

Gyllensten, K., & Palmer, S. (2007). The coaching relationship: An interpretative phenomenological analysis. *International Coaching Psychology Review, 2*(2), 168-177.

Haggett, P. (1972). *On systems and models* (2nd ed.). The Open University Press.

Hall, L. (2017). 마음챙김코칭: 지금- 여기-순간-존재-하기. 최병현, 이혜진, 김성익, 박진수 역. 한국코칭슈퍼비전아카데미. (원저는 2013년에 출판).

Helminski, K. E. (1992). *Living presence: A sufi way to mindfulness & the essential self.* Penguin Putnam.

Horvath, A. O., Del Re, A. C., Flückiger, C., & Symonds, D. (2011). Alliance in individual psychotherapy. *Psychotherapy, 48*(1), 9-16.

Horvath, A. O., & Greenberg, L. S. (1989). Development and validation of the Working Alliance Inventory. *Journal of Counseling Psychology, 36*(2), 223.

Kegan, R. (1982). *The evolving self: Problem and process in human development.* Harvard University Press.

Kirkpatrick, L., Searle, M., Smyth, R. E., & Specht, J. (2020). A coaching partnership: resource teachers and classroom teachers teaching collaboratively in regular classrooms. *British Journal of Special Education, 47*(1), 24-47.

Knight, J. (2009). Coaching. *The Learning Professional, 30*(1), 18.

Knowles, M. S. (1970). *The modern practice of adult education: Andragogy versus pedagogy.* Cambridge Book Company.

Knowles, S. (2021). Coaching for learning and growth. *Positive psychology coaching* (pp. 127-137). Wiley.

Lawrence, E., Dunn, M. W., & Weisfeld-Spolter, S. (2018). Developing leadership potential in graduate students with assessment, self-awareness, reflection and coaching. *Journal of Management Development, 37*(8), 634-651.

Lindsley, O. R. (1957). Operant behavior during sleep: A measure of depth of sleep. *Science, 126*(3286), 1290-1291.

Loke, E. A. (1968). Toward a theory of task motivation and incentives.

Organizational Behavior and Human Performance, 3(2), 157-189.

MacLean, P. D. (1985). Brain evolution relating to family, play, and the separation call. *Archives of General Psychiatry, 42*(4), 405-417.

Marion, R. (1999). *The edge of organization: Chaos and complexity theories of formal social systems.* Sage Publications.

Mayer, J. D., & Salovey, P. (1997). What is emotional intelligence? In D. J. S. P. Salovey (Ed.), *Emotional development and emotional intelligence: Educational implications* (pp. 3-34). Basic Books.

Mayer, J. D., Salovey, P., Caruso, D. R., & Sitarenios, G. (2001). Emotional intelligence as a standard intelligence. *Emotion, 1*(3), 232-42.

Moen, F., & Allgood, E. (2009). Coaching and the effect on self-efficacy. *Organization Development Journal, 27*(4), 69.

Passmore, J. (Ed.). (2019). 마스터 코치의 10가지 중심이론. 김선숙, 김윤하, 박지홍, 송화재, 윤지영, 이민경, 이신애, 이윤주, 이은자, 정유리, 정윤숙, 최희승 역. 한국코칭슈퍼비전아카데미. (원저는 2014년에 출판).

Passmore, J., & Lai, Y. L. (2019). Coaching psychology: Exploring definitions and research contribution to practice. *International Coaching Psychology Review, 14*(2), 69-83.

Prochaska, J. O., & DiClemente, C. C. (1986). Toward a comprehensive model of behavior change. In W. R. Miller & N. Heather (Eds.), *Treating addictive behaviors: Processes of change.* Plenum Press.

Rogers, C. (2009). 진정한 사람되기: 칼 로저스 상담의 원리와 실제. 주은선 역. 학지사. (원저는 1961년에 출판).

Ryan, R. M., & Deci, E. L. (2000). Intrinsic and extrinsic motivations: Classic definitions and new directions. *Contemporary Educational Psychology, 25*(1), 54-67.

Sigel, D. (2010). *The mindful therapist: A clinician's guide to mindsight and neural integration.* WWNortaon & Company.

Silsbee, D. (2010). *The mindful coach: Seven roles for facilitating leader development* (2nd ed.). Jossey-Bass.

Whitmore, J. (2017). *Coaching for performance: The principles and practice of coaching and leadership.* Nicholas Brealey Publishing.

Williams, P., & Menendez, D. S. (2024). 라이프 코치 전문가 되기. 김유천, 이송이 역. 학지사. (원저는 2023년에 출판).

코칭
실행

제2부 '코칭 실행'에서는 코칭을 어떻게 진행하고 실행하여 적용할지에 대하여 이론 및 적용에 대하여 살펴보고자 한다.

우선 제6장 '코칭 지능, 코칭 역량 및 코칭 실행'은 코치 또는 코칭에서 필요한 코칭 역량을 살펴보고 실질적으로 어떻게 코칭을 실행할지에 대하여 구체적으로 살펴보고자 한다.

제7장 '코칭 형태에 따른 코칭 방법'은 1:1 코칭, 그룹코칭, 팀코칭, 피어코칭 등 코칭 형태에 따른 코칭 방법을 살펴보고자 한다.

제6장

코칭 지능, 코칭 역량 및 코칭 실행

"우리는 경험에서 배우는 것이 아니라 경험에 대한 성찰을 통해 배운다."

존 듀이(John Dewey)

1. 코칭 지능

1) 지능이론

지능 관련한 연구를 살펴보면 다음과 같다. 현대적 지능검사는 Alfred Binet(1858~1911)에 의해서 이루어졌다. 그는 1890년대에 연구를 시작하여 1904년에 프랑스 정부의 의뢰를 받아 학교에서 어린이들이 학습에서 어려움을 겪는지 여부를 평가하기 위한 검사를 개발하였다. 이것은 처음으로 지능검사를 제작한 것으로 그는 아동발달에 관심을 가지고 있었다. 이후 그의 동료 Simon과 함께 비네–시몬 지능검사(Binet & Simon, 1905)를 개발하였다. 지능검사 내용으로는 판단능력, 실용적인 감각, 주도력, 환경에 적응하는 능력을 검사하였다. 비네는 지능이 단순히 고정된 특성이 아니라 교육과 훈련을 통해 발전할 수 있는 능력이라고 믿었으며, 이는 환경과 교육의 중요성을 강조한 점에서 의미가 있다.

성인용 지능검사는 David Wechsler(1896~1981)에 의해서 개발되었으며, 그는 루마니아 태생의 미국 심리학자이다. 그의 지능검사는 웩슬러 지능검사(1939)로 알려졌으며, 지능을 개인이 자기주변 세계를 이해하고 적응할 수 있는 전반적인 능력이라고 하였다. 웩슬러 지능검사는 현재까지도 널리 사용되며, 정규 분포를 기반으로 한 IQ 점수를 도입하여 개인의 지능을 비교할 수 있는 표준화된 방법을 제시하였다.

Howard Gardner(1943~현재)는 미국의 심리학자이자 교육학자로 전통적인 지능 개념에 도전하는 다중지능 이론(1983)을 제안하였다. 인간의 지적능력은 서로 독립적이고 상이한 여러 유형의 능력으로 구성되어 있으며, 상대적 중요성이 동일한 여러 하위능력이 서로 유기적으로 작용한다고 한다. 일반적 지능이 문제를 해결하는 능력, 문제를 발견하거나 창출해 내는 능력이라면, 다중지능은 언어, 음악, 논리/수학, 공간, 신체운동, 인간친화, 자기성찰, 자연 지능을 포함한다. 그의 다중지능의 특징은 모든 개인은 이들 지능을 모두 가지고 있으며, 각각의 지능을 적절한 수준까지 개발할 수 있으며, 모든 지능은 여러 가지 다양한 방식으로 작용하며, 각 지능영역 내에서도 그 지능을 향상시킬 수 있는 방법이 있다는 것이다.

Alfred Binet, David Wechsler, Howard Gardner는 각기 다른 시대와 관점에서 지능을 연구하고 측정하였다. Binet는 현대 지능검사의 기초를 닦았고, Wechsler는 이를 성인과 아동에게 적합한 검사로 발전시켰으며, Gardner는 지능의 다면성을 강조하여 지능에 대한 전통적인 관점을 혁신적으로 확장하였다. 이들의 연구는 오늘날 지능 이해와 평가에 큰 영향을 미치고 있다.

2) 감성지능

감성지능(emotional intelligence)은 코칭 기술과 밀접한 관련이 있으며 목표 중심의 코칭 주기를 의도적으로 진행하려면 개인이 자신의 생각, 감정, 행동을 조절할 수 있어야 목표를 가장 잘 달성할 수 있다(Grant, 2007). 이러한 지능적인 감정 사용은 코치와 코치 대상자 모두에게 중요하다(David, 2005).

감성 지능은 크게 네 가지로 구분할 수 있다(Mayer & Salovey, 1997). 첫째, 자신과 타인의 감정을 정확하게 인식하는 능력, 둘째, 생각을 촉진하기 위해 감정을 사용하는 능력, 셋째, 시간이 지남에 따라 다양한 감정이 어떻게 발생하고 변화하는지 이해하는 능력, 넷째, 처음 세 가지 분야의 지식을 사용하여 감정을 관리하고 건설적인 행동으로 전환하는 능력이다.

Daniel Goleman(1998)의 감성지능은 개인적 역량과 사회적 역량 두 가지 모두를 포함하고 있다. 개인적 역량에는 정서적 자기인식, 정확한 자기평가, 자신감, 공감, 조직 인식, 서비스 지향성 등이 포함된다. 사회적 역량에는 자제력, 신뢰성, 성실성, 적응력, 성취 지향성, 주도성, 타인 개발, 영감을 주는 리더십, 영향력, 의사소통, 변화 촉진, 유대감 형성, 팀워크, 협업 등이 있다. Daniel Goleman의 감성지능을 살펴보면 다음과 같다. 첫째, 자기인식은 자신의 감정, 강점, 약점, 충동, 가치관과 목표를 아는 것과 직감을 이용해 결정을 할 때 타인에게 미치는 영향을 인식하는 것이다. 둘째, 자기조절은 자신의 파괴적 감정과 충동을 조절하고 가라앉히는 것과 변화하는 상황에 적응하는 것이다. 셋째, 사회적 대인관계 기술은 사람을 올바른 방향으로 이끌어 관계를 유지하는 것이다. 넷째, 감정이입은 결정을 할 때 타인의 감정을 고려하는 것이다. 다섯째, 동기화는 성과를 위해 성취하도록 이끄는 것이다.

3) 코칭 지능 정의

　지능은 한 개인이 문제에 대해 합리적으로 사고하고 해결하는 인지적인 능력과 학습 능력을 포함하는 총체적인 능력이라고 할 수 있다. 지능은 관찰 가능한 행동이나 반응으로부터 추론된 지적능력을 의미하는 심리학적 구성개념(construct)이다(서혜석 외, 2017). 코칭 지능 관련하여, 지능은 한 개인이 문제에 대해 합리적으로 사고하고 해결하는 인지적인 능력과 학습 능력을 포함하는 총체적인 능력이라고 할 수 있다. 따라서 **코칭 지능**(coaching intelligence)은 개인이 코칭 관련 문제에 대해 합리적으로 사고하고 해결하는 인지적인 능력과 학습 능력을 포함하는 '코칭 관련한 총체적인 능력'이라고 할 수 있다(김유천, 2019).

　코칭 지능은 효과적으로 코칭을 할 수 있는 능력 또는 지능을 의미한다. 이는 상대방의 잠재력을 최대한 이끌어 내기 위해 필요한 다양한 능력과 자질을 포함한다. 어떤 사람은 코칭 교육 및 코치 자격증이 없는데도 불구하고 코칭 역량을 보이는 사람들이 가끔 있다. 이러한 사람들은 코칭 교육 및 코치 자격증에 상관없이 '코칭 지능'이 높다고 할 수 있다.

4) 코칭 지능 핵심요소

　코칭 지능[1]을 높이기 위해서는 다음과 같은 핵심 요소들을 이해하고 개발하는 것이 중요하다. 코칭 지능은 코칭 역량과 연결되어 있다.

(1) 프레즌스(presence)
　자신을 기반으로 다른 사람들에게 스스로를 개방하고 마음으로 삶에 온

1　이 책에서 제시하고 코칭 지능은 그동안의 코칭 이론 및 코칭 경험을 바탕으로 선정하였다. 향후 이에 대한 추가적인 연구가 필요함을 밝힌다.

전히 참여하는 방식(Sigel, 2010)으로 코칭에서 마력을 발휘하는 핵심요소이다(Hall, 2013). 코칭에서 프레즌스는 '마음챙김'(Cuddy, 2015; Hall, 2013; Silsbee, 2010) 혹은 '자기인식'(Helminski, 1992)과 연결되어 사용되고 있다(원경림, 권은경, 2019).

(2) 마인드셋(mindset)

코치의 마인드셋이 어떠한가 중요하다. 코치가 고정된 마인드셋을 가지고 있다면, 코치는 타고난 재능을 무엇보다 중요하게 여기고, 재능이 부족하다고 생각되는 사람과는 시간을 거의 보내지 않으며, 다른 사람의 피드백에 대해 편협할 수 있다. 그러나 성장 마인드를 가르치는 워크숍을 받은 후 이러한 관리자들은 직원들의 발전을 돕고 다른 사람의 피드백을 더 잘 수용하게 된다고 한다. 성장 마인드셋을 가지고 있는 코치는 팀워크와 팀 정신을 육성할 가능성이 더 높다(Dweck, 2009).

(3) 신뢰(trust)

고객의 감정, 필요, 동기를 깊이 이해하고 공감하는 능력이다. 신뢰는 고객과 코치와의 개방적이고 수용적인 관계 발전과 관련되어 있다. Gyllensten과 Palmer(2007)는 코칭 관계에 관한 해석현상학적 분석 연구에서 코칭 관계가 중요한 것으로 나타났으며, 신뢰와 투명성이 이러한 관계의 발전에 중심적인 역할을 하는 것을 보여 주었다.

(4) 경청(listening)

코칭 고객의 말을 주의 깊게 듣고, 그 속에 담긴 진정한 의미와 감정을 파악하는 능력이다. 상대방이 공감적 경청을 해 줄 때 사람들은 자기 스스로를 수용하게 되고 자기 안의 감정에도 개방적이게 함으로써 보다 더 자기를 표현할 수 있게 된다(Rogers, 2009). 진정한 경청은 고객이 존중받고 있다고 느끼게 하며, 보다 개방적이고 솔직한 대화를 촉진하게 된다.

(5) 알아차림(awareness)

자신에 대하여 잘 인식하는 것이다. 개인이 자신의 강점, 약점, 발달적 요구, 사람과 상황에 미치는 영향과 영향에 대한 이해와 그 지식을 사용하여 사람을 이해하고 영향력을 행사하는 것을 포함하는 자기 및 상황에 대하여 인식하는 것이다(Lawrence, Dunn, & Weisfeld-Spolter, 2018). 자신의 코칭 스타일이나 접근 방식이 코칭을 받는 사람에게 어떤 영향을 미치는지 이해하는 것이 중요하다.

(6) 파트너십(partnership)

고객이 목표를 향해 지속적으로 노력할 수 있도록 동기를 부여하는 능력이다. 이는 고객의 가치관과 열망을 이해하고, 그에 맞게 목표를 설정하며, 그 과정에서 지속적인 지지를 제공하는 것을 의미한다. 협력적 코칭은 사람들이 다른 사람들과 상호작용하는 방식에 초점을 맞춘 모델이다. Knight(2011)는 코칭 파트너십의 성공에 필수적인 일곱 가지 코칭 원칙을 제시하고 있다. 즉, 형평성, 선택, 목소리, 성찰, 대화, 실천, 호혜성 등 이러한 원칙은 코치와 함께 일하는 사람들이 함께 일하는 방식을 설명할 수 있는 맥락적 언어를 제공한다(Kirkpatrick et al., 2020).

(7) 성장(growth)

성장은 자신의 능력을 지속적으로 발전시키고 배우는 것이다. 이는 새로운 코칭 기법을 배우고, 다양한 경험을 통해 자신의 코칭 접근 방식을 개선하는 것을 포함한다. 모든 코칭은 학습의 기회를 제공한다. 교육 연구에 따르면 성인은 경험적 학습, 성찰, 이론화를 통해 행동을 개선하는 주기를 통해 학습하는 것으로 밝혀졌다. 즉, 코칭 지능을 갖춘 성인은 학습할 준비가 되어 있고, 스스로 동기를 부여하고 자기주도적으로 학습하며, 이전 경험을 바탕으로 활동을 하고, 새로운 학습을 지식과 기술 기반에 통합할 수 있다. 성인 학습 원칙이 학습 과정에 영향을 준다(Knowles & Knowles, 2021).

5) 코칭 지능 진단

코칭 지능을 개발하는 것은 단순한 스킬 습득을 넘어서, 사람에 대한 깊은 이해와 존중을 바탕으로 한 지속적인 자기 개발과 타인에 대한 긍정적인 영향을 목표로 한다. 코칭 지능을 간단히 진단할 수 있는 〈표 6-1〉의 '코칭 지능 진단지'를 참조할 수 있다. 코칭 지능 영역은 '프레즌스' '마인드셋' '신뢰' '경청' '알아차림' '파트너십' '성장' 등 7개로 구성되어 있으며, 각 영역별 3개의 코칭 지능 진단 항목을 만들었다. 각 코칭 지능 진단 항목은 매우 그렇다 5점, 그렇다 4점, 보통이다 3점, 그렇지 않다 2점, 매우 그렇지 않다 1점으로 점수를 표기한다. 예를 들어, 평균 4.5 이상이면 코칭 지능이 높다고 할 수 있다.

코칭 지능이 높은 사람이 코칭을 하는 경우에 프레즌스에 기반하여, 코칭 마인드셋을 갖추고, 고객과 신뢰관계 형성을 통하여 고객의 이야기에 귀를 기울이고 경청을 하며, 코칭 관계 및 고객과의 알아차림 및 파트너십을 통하여, 고객의 성장과 발전을 효과적으로 지원하며, 이러한 코칭 과정에서 서로에게 긍정적인 변화를 이끌어 낼 수 있다.

코칭 지능을 진단 확인할 수 있는 질문 예시는 〈표 6-1〉과 같다.

〈표 6-1〉 코칭 지능 진단

1. 프레즌스
- 코칭 세션 동안 코칭 순간순간에 몰입하고 있다.
- 고객과 대화 중 코치의 생각이나 판단 없이 고객에게 온전히 집중하고 있다.
- 코칭 과정에서 개방적이고 진정성 있게 고객과 소통하고 있다.

2. 마인드셋
- 코칭 과정에서 고객의 현재 성과보다 고객의 성장 및 발전 가능성에 집중하고 있다.
- 새로운 도전이나 실패를 마주했을 때, 이를 학습 기회로 여긴다.
- 타인의 피드백을 받아들이고 이를 발전의 기회로 삼으려고 한다.

3. 신뢰
- 고객의 감정과 필요를 깊이 이해하고 이를 공감한다.
- 코칭 관계에서 고객이 편안하고 안전하다고 느낄 수 있도록 한다.
- 고객이 자신의 감정과 생각을 솔직하게 표현할 수 있도록 신뢰관계를 구축한다.

4. 경청
- 코칭 세션에서 고객의 말을 들을 때 그 의미와 감정을 잘 이해한다.
- 코칭 중 상대방의 말에 집중하고, 중간에 판단하거나 끼어들지 않고 경청한다.
- 고객이 스스로 더 많이 이야기할 수 있도록 열린 질문을 사용한다.

5. 알아차림
- 코칭 세션에서 자신의 강점과 약점을 인식하고 이를 코칭 과정에 활용한다.
- 자신의 코칭 접근 방식이 고객에게 어떤 영향을 미치는지 성찰한다.
- 코칭 상황에서 고객의 반응이나 감정을 민감하게 알아차리고 있다.

6. 파트너십
- 고객의 목표를 설정할 때, 고객의 가치관과 열망을 충분히 고려한다.
- 고객이 목표를 달성할 수 있도록 지속적인 지원과 동기부여를 제공한다.
- 코칭 관계에서 고객과 협력적이고 평등한 관계를 형성한다.

7. 성장
- 고객의 발전을 위해 새로운 것을 제안하고 지원한다.
- 자신의 코칭 스킬을 발전시키기 위해 새로운 기법이나 방법을 배우고 적용한다.
- 코칭을 통해 자신 및 고객이 얻는 학습 기회를 활용하고 있다.

2. 코칭 역량

1) 역량의 정의

역량(competence) 관련하여 White(1959)는 우수한 성과 및 높은 동기 부여와 관련된 성격 특성을 설명하기 위해 역량이라는 용어를 처음 도입한 것으로 알려졌다. White는 인지적 능력과 동기적 행동경향 사이의 관계를 상정하면서 역량(competence)을 '(개인과) 환경과의 효과적인 상호작용'으로 정의하고 '달성된 능력(capacity)'으로서의 능력 외에 '능력 동기(competence motivation)'가 있다고 한다.

이후 '역량'은 심리학자 David McClelland(1973)가 기존의 지능검사와 구분하여 그의 논문에서 소개하였다. 역량은 고성과자의 행동들을 설명해 주는 내적 특성이며, 직무수행에 있어 지능 검사보다 역량이 실제 성과에서 더 큰 영향을 미치는 것이라고 하였다.

이러한 역량(competence)²의 개념은 1990년대 경영 전략 관련하여 주 관심사였으며, 경쟁 우위를 확보하기 위해 활용할 수 있는 핵심 조직 자원으로서 '핵심 역량'을 강조하기에 이르렀다(예: Campbell & Luchs, 1997; Mitrani et al., 1992; Nadler & Tushman, 1999).

McClelland(1973)의 역량 개념을 소개하면, 그는 역량을 특정한 상황이나 직무에서 우수한 직무수행을 가능하게 하는 개인의 내재적 특성으로 우수 성과자의 지식, 기술 및 태도 특성으로 정의하였다. 이러한 지식, 기술 및 태도를 포함하는 포괄적 의미의 개념은 역량과 관련하여 강조되었다(Stern & Wagner, 1999; Holzer, 1996). 지식은 학문적 능력으로서 의사소통 능력, 전공 분야에 대한 지식, 분석력과 문제 해결력, 비판적 사고력, 문장구성능

---

2 '역량(competence)'은 일반적으로 기능 영역을 의미하고, '역량(competency)'은 행동 영역을 의미하기도 하지만 꼭 이렇게 구분되지 않기도 한다.

력, 정보처리 능력, 기술 활용능력, 지속적인 학습 동기 등이며, 기술은 전
문직업적 능력으로는 서로 다른 문화적 배경을 가진 사람들과 협력하는 능
력, 다른 가치관을 가진 사람과 우호적 관계를 유지하고 타인을 인정하는
능력, 변화를 수용하는 능력, 경쟁력, 창의력, 리더십 등이다(김유천, 이송
이, 2023). 또한 태도는 개인적/사회적 능력으로 협력을 형성하고 유지하는
능력, 휴식을 취하고 여가 생활을 즐기는 능력, 지역사회 봉사 활동에 대한
능동적 관심과 참여, 종교적 가치 등이 포함된다(Kim & Rhee, 2003).

역량의 개념에 관한 혼란과 논쟁으로 역량에 관한 일관된 이론을 식별하
거나 용어가 사용되는 모든 다른 방식을 수용하고 조정할 수 있는 정의에
도달하는 것은 쉽지 않다(Le Deist & Winterton, 2005).

2) 코칭 역량 정의

코칭 역량은 코칭 상호작용 및 코칭 몰입 과정(coaching engagement)에서
코치가 사용하는 기술과 행동이라고 할 수 있다(Barry, Gloeckner, & Kaiser,
2021).

Le Deist와 Winterton(2005)은 역량에 대하여 전체적인 관점을 역량의 전
체적 모델(Holistic model of competence)이라고 하였다.

코칭 역량은 코치가 우선적으로 살펴봐야 할 부분으로 코칭에서 필요한
지식, 기술 및 행동에 대하여 준비하고 경험하여 코칭 역량을 높일 필요가
있다. 코칭 역량 관련하여 코칭 지식, 코칭 기술 또는 코칭 행동 등 코칭
역량을 전체적으로 보지 않고 일부만을 보려는 것을 경계하고 전체적으로
살펴보아야 한다.

코칭 역량 관련하여 통일된 정의는 없다. 다만 국제코칭연맹(ICF) 및 한
국코치협회가 코칭 역량에 대하여 정의하고 있다.

3) 코칭 역량 및 코치 역량

코칭 역량에 맞추어 코치의 역량을 개발하기 위해 스스로 목표를 세우고 앞으로 나아갈 수 있도록 코칭적 접근(coaching approach)을 활용하는 것이 필요하다. 다양한 교육을 통하여 역량을 개발하려는 시도를 하고 있다. 그러나 이러한 교육 역시도 교육을 받을 당시에는 효과적일 수 있지만, 교육을 받은 후 업무 현장에서 활용되기는 쉽지 않다. 따라서 교육과 더불어 코칭적 접근이 필요하다. 개인이 스스로 필요역량을 파악하고 자신의 역량 개발 로드맵을 만들고 실천할 수 있도록 하는 것이 필요하다.

관리자가 코칭 역량(coaching competence) 또는 코칭 지능(coaching intelligence)을 가지고 있다면, 조직에서 성과관리 및 인력개발에 있어서 더욱 효과적일 수 있을 것이다. 관리자는 부하 직원의 성장 및 발전에 관심은 있으나 현실적으로 이를 실행하지 못하고 있다. 당장의 업무 목표를 달성해야 하는 책임도 있으며, 스스로의 업무 목표도 있기 때문에 부하 직원에 많은 시간과 노력을 들이기가 어려운 형편이기도 하다. 그럼에도 불구하고 부하 직원이 역량을 개발하여 업무 성과가 올라가면, 그것은 관리자의 성과도 올라가는 것이기 때문에 궁극적으로는 관리자가 부하 직원의 역량을 어떻게 개발하느냐가 중요하다고 할 수 있다.

전문코치라면 자신의 코칭 역량을 주기적으로 살펴보고, 자신의 역량을 개발하기 위한 지속적인 과정을 마련해야 할 것이다. 이와 관련해서는 제14장 '코칭 슈퍼비전'에서 추가 논의할 것이다.

3. 코칭 핵심 역량과 실행

코칭 역량을 다음의 세 가지로 구분하여 살펴보고자 한다. 세 가지 코칭 핵심 역량은 코칭 기초 역량, 코칭 실행 역량, 코칭 발전 역량이다. **코칭 기초 역량**은 코칭 프레즌스 갖추기, 코칭 마인드셋 유지하기, 코칭 신뢰관계 구축하기이며, **코칭 실행 역량**은 코칭 경청하기, 코칭 알아차림 질문하기, 코칭 합의 및 실행하기이며, **코칭 발전 역량**은 고객 성장 및 발전 지원하기, 코치 전문성 개발하기이다.

〈표 6-2〉 코칭 핵심 역량

코칭 기초 역량	코칭 프레즌스 갖추기
	코칭 마인드셋 유지하기
	코칭 신뢰관계 구축하기
코칭 실행 역량	코칭 경청하기
	코칭 알아차림 질문하기
	코칭 합의 및 실행하기
코칭 발전 역량	고객 성장 및 발전 지원하기
	코치 전문성 개발하기

1) 코칭 기초 역량

(1) 코칭 프레즌스 갖추기

코칭에서 **프레즌스**(presence)를 갖추는 것은 코치가 코칭을 하기 전에 우선적으로 갖추어야 할 태도이다. 프레즌스는 코칭 과정에 몰입하는 것이다. 즉, 지금-여기에 몰입하는 것이다. 코칭을 진행하다 보면 고객이 이야기하는 동안에 고객의 이야기를 듣기보다는 다음에 무엇을 질문할지 생각하거나 코칭하는 것과 전혀 관련이 없는 것에 대하여 생각할 수도 있다. 이러한 것이 프레즌스를 갖추지 못한 사례이다. 프레즌스를 유지한다는 것은 마음을 가라앉히고 오로지 고객에게 집중하고 고객을 관찰하며 고객의 이야기에 공감하고 적절하게 반응하는 것을 유지하는 것이다. 국제코칭연맹(ICF, 2019)[3]에 따르면 프레즌스는 코치가 개방적인 태도를 유지하며, 상황에 유연하게 대응하고 중심 잡힌 자신감 있는 태도와 온전히 깨어 있는 자세로 고객과 함께하는 것이다. 코칭 상대를 위해 온전히 집중하는 것으로 코칭 과정 내내 고객에게 호기심을 보여 주는 것이다. 때로는 코칭 과정에서 침묵, 멈춤, 성찰을 위한 공간을 만들거나 허용하기도 한다.

(2) 코칭 마인드셋 유지하기

마인드셋(mind-set)은 고정화된 사고방식, 습성이 된 심리적 태도 및 경향이다. **코칭 마인드셋**(coaching mind-set)은 코칭에서의 사고방식, 심리적 태도 및 경향이라고 할 수 있다. 코칭에서 코칭 마인드셋을 갖는다는 것은 고객 중심적인 태도를 유지하는 것이다. 국제코칭연맹(ICF, 2019)에 따르면 코칭 마인드셋은 개방적이고 호기심이 많으며, 유연하고 고객 중심적인 사고방식(마인드셋)을 개발하고 유지하는 것이라고 한다. 코치는 선택에 대한 책임이 고객 자신에게 있음을 인정하며 코치로서 자기 자신과 다른 사람들이 상황과 문화에 의해 영향받을 수 있음을 인지하고 개방적 태도를 취한다.

마인드셋 관련하여 이미 제5장 '코칭학 이론적 근거'에서 **성장 마인드셋**에 관하여 논의하였다. Dweck과 Leggett(1988)은 동기와 성격에 대한 사회인지적 접근에 있어서 고정 마인드셋과 성장 마인드셋이 있음을 제시하였다. 고정 마인드셋은 지능이나 능력이 고정적이어서 노력해도 향상되지 않는다고 하는 입장이며, 성장 마인드셋은 지능과 능력은 가변적이어서 개인의 노력에 따라 향상될 수 있다는 입장이다. 코칭은 성장 마인드셋을 기본으로 하고 있다. 코칭은 누구나 자신의 변화의지 및 노력 여하에 따라 자신의 역량을 향상시킬 수 있다고 보기 때문이다. 따라서 코칭 마인드셋은 성장 마인드셋을 갖는 것이라 할 수 있다.

---

3 국제코칭연맹(ICF)은 코칭 추세와 현장 실무를 분석하여 업데이트된 ICF 코칭핵심역량 모델을 2019년 11월에 발표하였다.

(3) 코칭 신뢰관계 구축하기

신뢰(trust)란 굳게 믿고 의지하는 것으로 신뢰관계는 서로 굳게 믿고 의지하는 관계라 할 수 있다. 코칭에서 코치는 고객과 신뢰관계를 구축하여, 고객이 안전하고 자유롭게 이야기 나눌 수 있도록 해야 한다. 코치는 코칭 과정을 고객이 안전한 환경으로 느낄 수 있도록 해야 한다. 국제코칭연맹(ICF)에 따르면 신뢰와 안전감을 조성하는 것은 고객과 함께, 고객이 자유롭게 나눌 수 있는 안전하고 지지적인 환경을 만드는 것이라고 한다. 고객의 고유한 특성을 이해하고, 고객에 대한 지지, 공감을 보여 주는 것은 코칭에서 신뢰관계를 증진시키는 데 기여한다. 코치는 필요한 경우에는 코치 자신의 취약성을 드러내어 코치 자신의 개방성과 투명성을 보여 주어야 한다. 이와 관련하여 한국코치협회(Korea Coach Association: KCA, 2024)[4]는 코칭 관계 구축에 대하여, 관계 구축은 고객과의 수평적 파트너십을 기반으로 신뢰감과 안전감을 형성하며 고객의 존재를 인정하고 진술함과 호기심을 유지하는 것이라고 한다.

2) 코칭 실행 역량

(1) 코칭 경청하기

경청(listening)은 상대방의 말을 단순히 듣는 것에 그치지 않고 적극적으로 상대방이 전달하고자 하는 말의 내용뿐만 아니라 내면에 있는 동기, 정서 등에 귀 기울여 듣는 것이다. 코칭에서의 경청은 코칭을 실행하기 위해 가장 우선적으로 살펴봐야 할 역량이라 할 수 있다.

국제코칭연맹(ICF)에 따르면 코칭에서 경청하기를 적극적 경청이라고 한다. 적극적 경청은 고객의 시스템 맥락에서 전달하는 것을 충분히 이해하

---

4 한국코치협회 홈페이지의 KCA코칭역량모델 및 해설집을 참조하여 작성하였다.

고, 고객의 자기표현을 돕기 위하여 고객이 말한 것과 말하지 않은 것에 초점을 맞추는 것이다. 적극적 경청은 고객이 전달하는 것에 대한 이해를 높이기 위해 고객의 상황, 정체성, 환경, 경험, 가치 및 신념을 고려하는 것이라 한다. 고객이 전하고자 하는 것을 명확히 하고 이해하기 위해 코치는 이를 반영하거나 요약하며, 고객이 소통한 것 이면에 무언가 더 있다고 생각될 때에는 이를 인식하고 질문할 수 있다. 이와 관련하여 한국코치협회 (Korea Coach Association: KCA, 2024) 역시 적극 경청을 핵심 역량으로 보고 적극 경청은 고객이 말한 것과 말하지 않은 것을 맥락적으로 이해하고 반영 및 공감하며, 고객 스스로 자신의 생각, 감정, 욕구, 의도를 표현하도록 코치가 돕는 것이라고 한다.

(2) 코칭 알아차림 질문하기

알아차림(awareness)은 철학과 심리학에서 사건을 알거나, 인식하거나, 인지하는 것에 대한 개념이다. 알아차림에 대한 또 다른 정의는 주체가 일부 정보를 알고 있는 상태라고 설명할 수 있다. 알아차림에 대한 개념은 종종 의식과 동의어로 사용되기도 하며 의식 자체로도 이해되고 있다. 알아차림 상태는 경험 상태와도 연관되어 인식으로 표현된 구조가 경험 구조에 반영되기도 한다(위키백과 정의 참조). 알아차림 관련하여 국제코칭연맹 (ICF)은 알아차림을 불러일으키기 위해 강력한 질문, 침묵, 은유(metaphor) 또는 비유(analogy)와 같은 도구와 기술을 사용하여 고객의 통찰과 학습을 촉진할 수 있으며, 가장 유용한 것이 무엇인지 결정할 때 고객의 경험을 고려한다고 한다. 또한 알아차림이나 고객의 통찰을 불러일으키기 위한 방법으로 고객에게 도전하기 위해 고객의 사고방식, 가치, 욕구 및 원함 그리고 신념 등 고객에 대하여 질문하기도 한다고 한다.

한국코치협회(2024)는 코치의 자기인식 및 고객의 의식 확장을 핵심 역량으로 강조하고 있는데, 코치의 자기인식은 현재 상황에 대한 민감성을 유지하고 직관 및 성찰, 자기평가를 통해 코치 자신의 존재감을 인식하는 것이라고 한다. 고객의 의식 확장은 질문, 기법 및 도구를 활용하여 고객의 의미 확장과 구체화, 통찰, 관점 전환과 재구성, 가능성 확대를 돕는 것이라고 한다.

(3) 코칭 합의 및 실행하기

합의(agreement)란 서로 의견이 일치하는 것이다. 코칭 합의란 코치와 고객이 코칭 진행에 대하여 서로 의견이 일치되어 합의를 하는 것으로 일반적으로 코칭 계약서를 작성하게 되며, 이 코칭 계약서를 기반으로 하여 코칭을 진행하고 실행하게 된다. 국제코칭연맹(ICF)에 따르면 코치와 고객은 합의를 도출하고 유지하게 되며 고객 및 이해 관계자와 협력하여 코칭 관계, 프로세스, 계획 및 목표에 대한 명확한 합의를 한다고 한다. 대부분 일대일 코칭의 경우에는 고객과 직접 코칭 합의를 하지만, 기업 및 조직에서 코칭을 하는 경우에는 코칭 관련된 이해 관계자라 할 수 있는 인사팀 등과 코치와 코칭 계약을 하고 추가적으로 고객과 코칭 진행 과정에 대한 합의를 하기도 한다. 코칭 합의에서는 국제코칭연맹(ICF)에 따르면 개별 코칭 세션과 더불어 전체 코칭 과정에 대한 합의를 도출하며, 코칭인 것과 코칭이 아닌 것에 대해 설명하고 고객 및 이해 관계자에게 프로세스를 설명한다고 한다. 코칭 계약서에 코칭진행방법, 비용, 일정, 기간, 종결, 비밀 보장, 다른 사람의 포함 등과 같은 코칭 관계의 지침 및 특이사항에 대해 합의한다.

3) 코칭 발전 역량

(1) 고객 성장 및 발전 지원하기

코칭을 더 발전시키기 위해서는 코치가 고객의 성장 및 발전을 적극적으

로 지원하는 역량이 필요하다. '고객 성장 및 발전 지원하기'는 코치가 고
객의 성장 및 발전을 위해 지속적으로 지원하는 역량을 의미한다. 국제코
칭연맹(ICF)에 따르면 고객의 성장을 촉진하는 역량에 대하여 고객이 학습
과 통찰을 행동으로 전환할 수 있도록 협력하는 것으로 코칭 과정에서 고
객의 자율성을 촉진하며 새로운 알아차림, 통찰, 학습을 세계관 및 행동에
통합하기 위해 고객과 협력하는 것이라고 한다. 한국코치협회(2024) 역시
고객의 성장지원 역량 관련하여 성장지원은 고객의 학습과 통찰을 정체성
과 통합하고, 자율성과 책임을 고취하며 고객의 행동 전환을 지원하고, 실
행 결과를 피드백하며 변화와 성장을 축하하는 것이라고 한다.

(2) 코치 전문성 개발하기

코칭을 지속적으로 발전시키기 위해서는 코치 자신의 전문성을 지속적
으로 개발하는 것이 우선적으로 중요하다. 이와 관련해서는 한국코치협회
(2024)는 코치의 자기관리 역량이라고 하며, 자기관리는 코치가 신체적·
정신적·정서적 안정 및 개방적·긍정적·중립적 태도를 유지하며 언행을
일치시키는 것이라고 한다. 또한 한국코치협회(2024)는 전문 계발 역량을
언급하고 있는데, 전문 개발은 코칭 합의와 과정 관리 및 성과 관리를 하
고 코칭에 필요한 관련 지식, 기술, 태도 등의 전문 역량을 계발하는 것이
라고 한다.

4. 코칭 윤리

어떤 직업 및 직무에서도 윤리적 기준은 중요한 문제이다. 사회가 다원
화, 정보화, 전문화되고 코칭이 활성화되고 다양한 코칭 현장에 적용되고
있어 이와 관련된 윤리적 기준은 더욱 관심이 증대되고 있다. 코칭에서도

윤리적 기준은 중요한 문제이다. 코칭 윤리 관련하여 Lowman(2013)은 다른 전문 분야나 직업에 대한 사전 교육이나 경험의 수준에 관계없이 코칭을 하는 모든 사람들은 코칭 실무에 윤리를 통합하는 방법을 배워야 하며, 여기에는 사전 전문 교육의 혜택 없이 코칭을 시작하는 사람들도 포함된다고 한다. 즉, 모든 코치는 코칭 윤리에 대하여 스스로 잘 파악하고 있고 이를 실무에 적용해야 한다고 한다. 코칭 직업에 대한 윤리적 기준을 잘 갖추는 것은 코칭이 전문직업으로서 인정되는 데 필요한 조건이다.

따라서 코칭 전문 조직은 코칭 윤리 관련하여 코칭 윤리 기준을 제시하고 있다. 예를 들어, (사)한국코치협회 및 국제코칭연맹(ICF)은 각각의 코칭 윤리를 구체적으로 제시하고 있다. (사)한국코치협회는 윤리 실천을 기본 윤리로 코칭에 대한 윤리, 직무에 대한 윤리, 고객에 대한 윤리를 준수하고 실천하는 것이라고 한다.

한국코치협회 윤리규정[5]의 내용을 살펴보면 다음과 같다. 코치는 고객에게 코칭을 소개할 때, 코칭을 통해 얻을 수 있는 성과를 과장 등의 부당하거나 근거 없는 주장으로 하지 않아야 한다. 코치는 고객이 자신 이외의 다른 코치 또는 다른 심리치료 등의 접근 방법이 더 유효하다고 판단될 때 고객과 상의하고 변경하도록 하며, 코칭에 도움이 되는 다양한 접근법을 존중하고 수용하며 이를 인정한다. 코치는 법이 요구하는 경우를 제외하고 고객의 정보에 대한 비밀을 지켜야 하며, 고객의 특정 정보를 공개하려면 미리 고객의 동의를 얻어야 하며, 기업의 코칭 담당자나 대표자가 고객 정보를 원할 때 반드시 고객의 동의를 얻어야 한다고 한다.

국제코칭연맹(ICF)은 윤리 관련한 핵심 역량으로 윤리적 실천을 보여 주는 것이라고 한다. 윤리적 실천은 코칭 윤리와 코칭 표준을 이해하고 지속적으로 적용하며 고객, 스폰서 및 이해 관계자와의 상호작용에서 코치의

---

5 한국코치협회 홈페이지 윤리규정을 참조하여 작성하였다.

진실성과 정직성을 보여 주고, 고객의 정체성, 환경, 경험, 가치 및 신념에 민감하게 대한다. ICF 윤리 강령[6]을 준수하고 핵심 가치를 지지하며, 이해 관계자 합의 및 관련 법률에 따라 고객 정보에 대해 비밀을 유지한다. 코칭, 컨설팅, 심리치료 및 다른 지원 전문직과의 차별성을 유지한다. 필요한 경우 고객을 다른 지원 전문가에게 추천한다. 윤리 기준으로는 고객에 대한 책임, 실습 및 수행에 대한 책임, 전문성에 대한 책임, 사회에 대한 책임 등을 정하고 있다.

이와 같이 코칭 윤리는 전문직업으로 코칭의 중요한 부분이다. 각 기관의 특정 윤리 강령이 무엇이든 간에 윤리 기준과 원칙은 공통적이다. 코치는 코칭 업무 수행 시 윤리적 문제를 심각하게 받아들이고 윤리 기준과 원칙에 의해 수행해야 할 것이다. 코칭을 시작하기에 앞서서 코치는 코칭 윤리를 숙지하고 이를 코칭 과정에 적용하고, 고객에게도 필요한 경우에는 코칭 윤리 규정 내용을 공유하여야 한다. 향후 코칭 윤리에 대한 이론 및 실제 적용에 관하여 추가적인 연구 및 실제 적용에 관한 사례 연구가 필요하다.

5. 코칭 계약

코칭에서 코칭 계약은 코치가 고객과의 관계에 있어서 출발이 되며 필수적인 단계이다. 코칭 계약을 통하여 코칭 비용, 코칭 기간, 코칭 형식 및 비밀 유지 등에 대하여 코치와 고객 간의 이해와 합의를 하게 된다. 서면 계약을 통한 코칭 제반 요소에 대한 합의는 안정적이고 성공적인 코칭을 위해 필수 요소라고 할 수 있다. 다음 내용은 코칭 계약에 포함될 내용이다.

---

6 ICF 윤리강령의 한글 번역본은 ICF Korea Charter Chapter에서 마련하였으며 2021년 8월 4일에 게재하였다.

- **코칭 목적:** 코칭 목적은 코칭 계약을 체결하고자 하는 목적을 기술한다. 예를 들어, 본 코칭 계약은 코칭을 진행함에 필요한 제반사항 및 권리와 의무를 명확히 하는 데 있다. 고객과 코치는 상호 발전적이고 신뢰하는 파트너로서 코칭을 진행하며 이를 위해 다음과 같은 계약을 체결한다.

- **코칭 형태:** 코칭의 형식은 대면 코칭, 전화 코칭 및 혼합형 코칭이 있다. 대면 코칭은 60분에서 120분 정도로 6개월 동안에 월 1회나 2회 할 수 있다. 전화 코칭 역시 60분에서 120분 정도로 6개월 동안에 월 1회나 2회 할 수 있다. 혼합형 코칭은 대면 코칭과 전화 코칭을 혼합하여 첫 1회 코칭 및 마지막 코칭을 대면으로 하고 나머지는 전화 코칭으로 진행할 수 있다.

- **코칭 기간:** 공식 코칭 기간은 6개월 동안 실시하는 것이 가장 효과적인 코칭이 된다고 한다. 코칭은 변화에 대한 마인드 셋 및 행동 변화에 초점을 두기 때문에 어느 정도 시간이 필요하기 때문이다. 코치는 고객과 코칭 기간에 대하여 합의를 하게 된다. 물론 고객의 사정에 따라 코칭 기간은 달라질 수 있다.

- **코칭 비용:** 코칭 비용 관련하여 코칭 고객이 부담하지만, 기업 코칭 또는 비즈니스 코칭에서는 회사 또는 HR 부서가 코칭 비용을 부담하게 되며, 이와 관련하여 코칭 스폰서(코칭을 의뢰하고 실질적으로 비용 부담하는 주체)가 누구인지를 명확히 할 필요가 있다. 코칭 비용은 코칭 스폰서, 코칭 평판에 따라서 상당한 차이가 있고 코칭 고객이 누구인가에 따라서도 다양하다.

- **고객의 의무:** 고객의 의무사항을 기술한다. 예를 들어, 고객은 신실성의의 원칙을 지킨다.

- **코치의 의무:** 코치의 의무사항을 기술한다. 예를 들어, 코치는 고객에게 코칭 서비스를 제공한다.

- **비밀유지:** 코치와 고객이 코칭 과정을 진행하기로 결정하였다면 비밀
  유지 사항을 설정하는 것이 중요하다. 비밀유지는 코칭 관계에서 핵심
  으로 코칭 과정을 진행하기 전에 그 범위를 정해야 한다.

  코칭 계약서 형태는 매우 다양하나 다음 코칭 계약서(예시)를 참조할 수
있을 것이다.

〈표 6-3〉 코칭 계약서 예시

> ### 코칭 계약서
>
> 고객 ○○○과 코치 ○○○은 다음과 같은 코칭 계약을 체결한다.
>
> ### 코칭 목적
> 본 코칭 계약은 코칭을 진행함에 필요한 제반사항 및 권리와 의무를 명확히 하는 데 있다. 고객
> 과 코치는 상호 발전적이고 신뢰하는 파트너로서 코칭을 진행하며 이를 위해 다음과 같은 계약
> 을 체결한다.
>
> ### 코칭 형태 및 기간
> 1. 코칭의 방법은 '1:1 전화 코칭'으로 실시하며, 코치와 고객의 사정에 따라 코칭의 방법은 변
>   경될 수도 있다.
> 2. 코칭 기간은 ○○○○년 ○○월 ○○일부터 ○○○○년 ○○월 ○○일까지이며, 총 ○회
>   의 코칭 세션을 진행한다. 코칭 횟수를 더하고자 하는 경우에는 고객과 코치의 협의하에 조
>   정할 수 있다.
> 3. 고객의 부득이한 사정으로 코칭을 연기할 수 있으나 연기하는 시기를 전체 기간 내에 완료
>   하도록 한다.
> 4. 온라인 코칭의 경우는 고객과의 협의하에 핸드폰 전화로 진행하며 고객이 코치에게 전화한
>   다. 단, 줌 또는 웹엑스(Zoom/Webex)로 진행되는 경우에는 코치의 줌 또는 웹엑스로 진행
>   할 수 있다.
> 5. 코칭은 1회당 60분 기준으로 진행되며, 시각은 고객과 협의하에 결정한다.

〈표 6-3〉 코칭 계약서 예시 (계속)

코칭 비용

코칭비용은 1회당 60분 기준으로 000,000원으로 하며, 상기 코칭 기간 및 횟수를 기준으로 총 코칭 비용 000,000원을 첫 코칭 1주일 전에 코치에게 선지급한다.

고객의 의무

1. 고객은 신실성의의 원칙을 지킨다.
2. 고객은 코칭 세션시간에 맞추어 코칭 장소에 도착 또는 전화하여야 한다. 코칭 시간에 변경 이 있을 경우, 24시간 전에 알리고 다음 세션 시간을 정하는 것을 원칙으로 한다.

코치의 의무

1. 코치는 고객에게 코칭 서비스를 제공한다.
2. 코치는 코칭 과정에서 이루어지는 모든 대화에 대해 대한민국 법의 테두리 안에서 비밀을 보장하며 외부에 실명 사례를 공개할 경우, 사전에 고객의 동의를 얻는다. 단, 전문코치자격 취득을 위해 관련 코칭인증기관에 고객명, 코칭시간 리스트만을 제출할 수 있다.

기타사항

이 외 기타사항은 고객과 코치 간의 상호 협의하에 결정할 수 있다.

위 사항에 대해서 고객과 코치가 상호 날인하면 효력이 발생하는 것으로 한다.

고객명:　　　　　(인)　　　　　코치명:　　　　　(인)

6. 코칭 과정

1) 코칭 프로세스 7단계 모형

코칭 과정을 어떻게 할 것인가와 관련하여 일반적으로 GROW 모형을 제 시하고 있다. GROW 모형은 다음에 논의하고 우선 이 장에서는 저자가 고

안한 **코칭 프로세스**(coaching PROCESS)[7] **7단계 모형**을 제시하여 설명하고자
한다.

- P: Pre-Goal(사전 목표 설정하기)
- R: Reality(현실 파악하기)
- O: Option(대안 만들기)
- C: Capable(할 수 있도록 하기)
- E: Encourage(용기를 불러일으키기)
- S: Solution(해결하기)
- S: Synthesize(통합하기)

(1) 1단계 P: Pre-Goal(사전 목표 설정하기)

첫 단계인 사전 목표 설정하기는 코칭을 시작하면서 고객의 코칭 주제가
무엇인지 살펴보고 고객이 드러내지 못한 심층적인 주제일 수도 있는 고
객의 목표를 살펴보는 과정이다. 코치는 고객이 말하지 않는 것까지도 경
청하여, 고객이 가져온 코칭 주제의 근저에 있는 주제를 살펴볼 수 있도록
하는 것이다. 코칭 목표를 설정하는 것은 코칭을 통하여 고객이 얻고자 하
는 목표를 정하는 것으로 중요하다.

코칭의 첫 단계에서 사전 목표 설정은 매우 중요하다. 이 과정에서 고객
이 명확한 목표를 설정하도록 도와주는 질문은 고객이 자신이 진정으로 원
하는 것이 무엇인지, 어떤 변화를 추구하는지 깊이 탐색하게 한다. 다음은
고객이 목표를 설정할 수 있도록 도와주는 질문들이다.

---

7 코칭 프로세스(coaching PROCESS)는 일반적인 코칭 과정을 고려하여 각 단계를
PROCESS 관점에서 고안하였다. 7단계로 하였지만 실제 적용하는 경우에는 선형적인 접
근과 더불어 나선형적인 접근을 권한다. 필요하다면 상황에 맞게 각 단계를 유연하게 적
용하기를 바란다.

• 코칭의 기대와 목표 설정

　－이번 코칭 세션을 통해 얻고 싶은 것은 무엇인가?

　－코칭이 끝났을 때, 어떤 변화를 경험하고 싶은가?

　－이 코칭 과정에서 가장 중요하게 생각하는 목표는 무엇인가?

• 목표의 구체화

　－당신에게 성공적인 결과는 어떤 모습인가?

　－구체적으로 어떤 문제를 해결하고 싶은가?

　－어떤 변화를 원하며, 그 변화가 이루어진다면 어떤 느낌인가?

• 현재 상황과 목표의 연결

　－현재 상황과 비교했을 때, 당신이 도달하고 싶은 지점은 어디인가?

　－지금 이 순간 가장 중요하게 다루고 싶은 문제나 기회는 무엇인가?

　－현재 상황에서 무엇이 당신을 가장 어렵게 하고 있는가?

• 숨겨진 동기와 깊은 욕구 탐색

　－이 목표를 달성함으로써 당신에게 어떤 의미가 있는가?

　－당신이 말하지 않은, 내면 깊숙이 원하는 것이 있다면 무엇인가?

　－이 목표가 왜 중요한가? 그리고 그 목표가 달성되었을 때, 당신의 삶
　　에 어떤 영향을 미치는가?

• 장기적 관점에서의 목표

　－이 목표를 달성함으로써 당신의 인생에 어떤 변화를 기대하고 있는가?

　－당신이 이 목표를 성취했을 때, 그다음 단계로 무엇을 하고 싶은가?

　이러한 코칭 질문은 고객의 겉으로 드러나는 문제뿐만 아니라 내면의 진정한 욕구와 동기를 탐구하도록 돕는다. 목표 설정 과정에서 중요한 것은 고객이 자신의 목표에 대해 깊이 생각하고, 그 목표가 자신에게 얼마나 중요한지를 인식하는 것이다. 이를 통해 고객은 더욱 명확하고 의미 있는 목표를 설정하게 된다.

(2) 2단계 R: Reality(현실 파악하기)

현재 상황을 있는 그대로 파악하는 단계이다. 여기서는 개인이 직면한 문제, 목표, 장애물 등을 이해하는 것이 중요하다. 이 단계에서 필요한 것은 자신의 상황을 있는 그대로 받아들이고, 감정적이거나 주관적인 판단을 최대한 배제하는 것이다. 다음과 같은 질문을 할 수 있다.

- 지금 상황에서 가장 큰 도전 과제는 무엇인가?
- 현재의 문제나 상황에 대해 통제할 수 있는 부분과 통제할 수 없는 부분은 무엇인가?
- 나의 행동이나 생각이 현재 상황에 어떻게 기여하고 있는가?

상황을 명확히 이해하려면 충분한 정보가 필요하다. 데이터를 수집하여 현재 상황의 전반적인 맥락을 이해하는 것이 중요하다. SWOT(강점, 약점, 기회, 위협)을 분석하여 현재 상황을 이해할 수 있다.

(3) 3단계 O: Option(대안 만들기)

이번 단계는 해결책을 찾기 위해 다양한 아이디어를 내는 단계이다. 이 과정에서는 비판을 배제하고 가능한 한 많은 대안을 생성하는 것이 중요하다. 이와 관련된 질문은 다음과 같다.

- 이 문제를 해결할 수 있는 방법은 무엇이 있을까?
- 기존의 방식을 벗어나서 다른 방법을 시도해 본다면 어떤 결과가 나올까?
- 어떤 자원이나 도구를 활용할 수 있을까?

이 단계는 코칭에서 문제 해결의 핵심이다. 대안 만들기는 창의적 사고와 실행력을 요구한다.

(4) 4단계 C: Capable(할 수 있도록 하기)

코치는 고객이 만든 대안 중에서 실행할 수 있는 대안을 선택하도록 하고, 고객이 실행할 수 있도록 지지하고 실행할 수 있는 실행계획을 만들도록 한다. 도출된 여러 대안을 현실적으로 평가하여 실행 가능한 선택지를 좁혀 가도록 한다. 이 과정에서 각 대안의 장단점, 실행 가능성, 리스크 등을 고려하도록 한다.

선택한 대안을 바탕으로 구체적인 실행 계획을 세우도록 한다. 이 단계에서는 목표, 전략, 실행 일정, 필요한 자원 등을 명확히 정리하고, 실행 과정에서의 모니터링 방법도 설정하도록 한다. 실행 계획 예시, SMART 목표 설정, 구체적이고, 측정 가능하며, 달성 가능하고, 관련성이 있으며, 시간 기반의 목표를 설정한다. 이 단계에서는 고객이 여러 대안 중에서 실행 가능한 것을 선택하고, 실행 계획을 구체화하도록 도와야 한다. 이와 관련된 질문은 다음과 같다.

- 이 대안들이 실행 가능하기 위해서 고객의 강점을 활용한다면 무엇을 하겠는가?
- 현재 가장 마음에 드는 대안은 무엇인가?
- 그 대안을 선택했을 때 어떤 장애물이 있을 수 있는가?
- 이 대안을 실행하기 위해 어떤 자원이나 지원이 필요한가?
- 이 목표를 구체적이고 측정 가능하며, 달성 가능하게 만들기 위해 어떻게 설정하면 좋은가?

(5) 5단계 E: Encourage(용기를 불러일으키기)

실행계획을 세웠더라도 실행하는 데 있어서는 어려움도 있고, 장애물도 있을 수 있다. 이러한 장애물을 이겨 낸다면 분명히 목표에 다가갈 수 있다. 따라서 코치는 고객에게 용기를 갖도록 해야 한다. 이 단계에서는 고객이 직면할 수 있는 어려움과 장애물을 극복하도록 용기를 북돋아 주어야 한다. 고객의 강점 및 가능성을 더 살펴볼 수 있도록 해야 한다. 이와 관련된 질문은 다음과 같다.

- 이 계획을 실행하는 데 어떤 강점을 활용할 수 있는가?
- 목적을 이루기 위해 어떻게 대처할 수 있는가?
- 과거에 비슷한 도전 과제를 극복한 경험이 있는가?
- 그때의 경험이 이번에 어떻게 도움이 될 수 있는가?
- 이 목표를 달성했을 때 어떤 기분이 들 것 같은가?
- 그 목표를 이루었을 때 당신에게 어떤 의미가 있는가?

(6) 6단계 S: Solution(해결하기)

이 단계는 1단계에서 세운 목표와 3단계에서 만들어진 대안을 통하여 고객의 목표를 해결하는 단계이다. 이 단계에서는 앞서 설정한 목표와 대안을 바탕으로 실제 문제를 해결하는 단계이다. 이와 관련된 질문은 다음과 같다.

- 지금 바로 시작할 수 있는 첫 번째 행동은 무엇인가?
- 예상치 못한 어려움이 발생했다면, 어떻게 대처할 수 있는가?
- 실행 계획 구체화
  - 실행 계획의 각 단계에서 가장 중요한 것은 무엇인가?
  - 이 계획을 실천하기 위해 매일/매주 어떤 행동을 할 수 있는가?
- 장애물 극복
  - 지금까지 어떤 장애물이 나타났는가?

－그 장애물을 어떻게 해결하겠는가?

－앞으로 예상되는 어려움에 대해 미리 어떻게 대비할 수 있는가?

• 지원 요청 및 자원 활용

－이 목표를 달성하는 데 도움이 될 수 있는 사람이나 자원이 있는가?

－필요한 지원을 받을 수 있는 방법은 무엇이 있는가?

• 동기 부여와 재점검

－이 목표를 이루었을 때 얻을 수 있는 가장 큰 보상은 무엇인가?

－이 과정에서 지금까지 배운 것은 무엇인가?

－이것이 당신에게 어떤 의미가 있는가?

• 계획의 유연성

－만약 계획이 잘 진행되지 않는다면, 어떤 방식으로 계획을 조정할 수 있는가?

• 성과 측정

－진행 상황을 어떻게 측정하고 평가할 수 있는가?

－어떤 지표를 통해 목표 달성 여부를 확인할 수 있는가?

• 미래 지향적인 질문

－이 목표를 달성하면 다음 단계로 어떤 목표를 설정할 계획인가?

－이 경험을 바탕으로 다음 목표를 설정하는 데 어떤 점을 반영할 수 있는가?

(7) 7단계 S: Synthesize(통합하기)

최종 단계로 고객이 코칭 과정을 통하여 해결한 목표를 자신과 통합하여 향후 새로운 문제에도 적용하고 해결할 수 있도록 하게 한다. 이 단계에서는 고객이 코칭을 통해 배운 것들을 통합하고, 새로운 문제에도 적용할 수 있도록 지원한다. 이와 관련된 질문은 다음과 같다.

- 이 코칭 과정에서 얻은 가장 큰 교훈은 무엇인가?
- 앞으로 비슷한 도전 과제에 직면했을 때, 이번 경험을 어떻게 활용하 겠는가?
- 이번 과정을 통해 자신이 어떤 점에서 성장했다고 생각하는가?
- 그 성장의 가치를 어떻게 지속할 수 있는가?

2) 다른 코칭 과정 모형

코칭 과정 모형으로 일반적으로 사용되고 있는 모형은 **GROW 모형**(Whitmore, 1994)이 있다.

- 1단계 G: Goal(목표 설정)
- 2단계 R: Reality(현실 탐색)
- 3단계 O: Options(대안 탐색)
- 4단계 W: Will(실행 의지)

GROW 모형은 간단한 코칭 과정 모형을 주고 있으면서도, 용이하게 코칭 과정을 진행할 수 있다는 것이다. 이 유형의 특징은 고객의 현재 상태를 살펴보는 '현실 탐색' 단계 이전에 '목표 설정'을 먼저 살펴보는 데 있다. 고객이 현실을 먼저 보기 전에 고객이 갖고 있는 목표에 초점을 먼저 맞추는 것이다. 고객의 목표에 집중하는 것은 고객의 존재(being)에 집중하는 것이기도 하다.

추가적인 코칭 과정에 관한 모형으로 Palmer(2007)가 제시한 **문제 해결 중심 모델로 제시한 PRACTICE 모델**이 있다. 이 모형은 목표 및 해결을 중심으로 한 인지행동 코칭을 기반으로 하여 만들어졌다. 이 모델은 해결 중심 모델이며, 심리적인 것과 실제적인 것을 둘 다 다루면서 목표를 성취하

도록 돕는다(Palmer, 2007a). 이와 관련하여 세부적인 내용은 제8장 '인지행
동 코칭'에서 구체적으로 살펴보고자 한다.

　다음은 각자의 상황에 가장 적합한 코칭기관에 대해 자세히 알아볼 수
있는 주요 코칭기관 웹사이트이다. 여기에서 코칭 기술과 역량, 직업윤리
에 대해 알아볼 수 있다.

- 국제코칭연맹: https://www.CoachingFederation.org
- 유럽 멘토링 및 코칭 위원회: https://www.EMCCGlobal.org
- 코칭협회: https://www.AssociationforCoaching.com
- 국제코칭협회: https://certifiedcoach.org
- 자격 인증 및 교육 센터(보드 인증코치): https://www.CCE-Global.org

성찰(insight)을 더하기 위한 질문 ───────────────── ● ● ● ●

1. 코칭 역량의 정의에 있어 전체적인 관점을 유지해야 하는 이유는 무엇이며, 코칭 지식, 기술, 행동을 개별적으로만 다룰 때 발생할 수 있는 문제점은 무엇인가?

2. 코칭 실행 역량 중에서 '코칭 경청하기'와 '코칭 알아차림 질문하기'는 어떤 면에서 중요한 역할을 하며, 효과적인 코칭을 위해 두 가지 역량을 어떻게 통합할 수 있을까?

3. 코칭에서 '상호작용성'이 중요시되는 이유는 무엇이며, 코치와 고객 간의 효과적인 상호작용을 촉진하기 위해 필요한 핵심 요소들은 무엇일까?

4. 코칭 상황에서 윤리적 딜레마가 발생할 경우, 이를 해결하기 위한 접근 방식에는 어떤 것이 있으며, 이런 상황에서 코치가 갖추어야 할 중요한 역량은 무엇인가?

5. 코칭 역량 모델이 문화적 차이에 따라 어떻게 달라질 수 있으며, 글로벌 코치로서 다양한 문화적 배경을 가진 고객과 효과적으로 소통하기 위해 필요한 역량은 무엇인가?

참고문헌

김유천(2019). 관리자 코칭에 대한 지속가능성 연구, 아상담코칭학회 ACCR, 1(1).
김유천, 이송이(2023). 관리자 코칭 행동 관련변인 메타분석. 코칭연구, 16(1), 49-73.
서혜석, 강희양, 이승혜, 이난, 윤영진(2017). 심리학개론. 정민사.
원경림, 권은경(2019). ICF 핵심역량 중 코칭프레즌스 역량 및 코치의 존재방식 연구. *Journal of Korean Coaching Research, 12*(1), 87-112.
한국코치협회 홈페이지(2024). KCA코칭역량모델 및 해설집.

Barry, K. D., Gloeckner, G., & Kaiser, L. M. (2021). Managerial coaching competencies used by managers for performance improvement. *Performance Improvement Quarterly, 34*(2), 195-217.
Binet, A., & Simon, T. (1905). Application of the new methods to the diagnosis of the intellectual level among normal and subnormal children in institutions and in the primary schools. *L'Année Psychologique, 12*, 245-336.
Campbell, A., & Luchs, K. S. (1997). *Core competency-based strategy*. Thomson.
Cuddy, A. (2015). *Presence: Bringing your boldest self to your biggest challenges*. Little, Brown.
David, S. A. (2005). Integrating an emotional intelligence framework into evidence-based coaching. *Evidence-based Coaching, 1*, 57-67.
Dingman, M. E. (2004). *The effects of executive coaching on job-related attitudes*. Regent University.
Dweck, C. S. (2009). Mindsets: Developing talent through a growth mindset. *Olympic Coach, 21*(1), 4-7.
Dweck, C. S., & Leggett, E. L. (1988). A social-cognitive approach to motivation and personality. *Psychological Review, 95*(2), 256.
Goleman, D. (1998). The emotional intelligence of leaders. *Leader to Leader, 1998*(10), 20-26.
Grant, A. M. (2007). Enhancing coaching skills and emotional intelligence through training. *Industrial and Commercial Training, 39*(5), 257-266.
Gyllensten, K., & Palmer, S. (2007). The coaching relationship: An interpretative

phenomenological analysis. *International Coaching Psychology Review,* 2(2), 168-177.

Hall, L. (2013). *Mindful coaching.* Kogan Page.

Helminski, K. E. (1992). *Living presence: A Sufi way to mindfulness and the essential self.* Tarcher/Putnam.

Holzer, H. (1996). *What employers want: Job prospects for less educated worker.* Russell Sage Foundation.

Kim, A., & Rhee, B. S. (2003). An analytic study of identifying personal and institutional influences on the perceived development of core competencies of college students. *The Journal of Korean Education, 30*(1), 367-392.

Kirkpatrick, L., Searle, M., Smyth, R. E., & Specht, J. (2020). A coaching partnership: Resource teachers and classroom teachers teaching collaboratively in regular classrooms. *British Journal of Special Education, 47*(1), 24-47.

Knight, J. (2011). What good coaches do. *Educational Leadership, 69*(2), 18-22.

Knowles, S., & Knowles, S. (2021). Coaching for career development. *Positive Psychology Coaching*, 181-199.

Lawrence, E., Dunn, M. W., & Weisfeld-Spolter, S. (2018). Developing leadership potential in graduate students with assessment, self-awareness, reflection and coaching. *Journal of Management Development, 37*(8), 634-651.

Le Deist, F. D., & Winterton, J. (2005). What is competence? *Human Resource Development International, 8*(1), 27-46.

Lowman, R. L. (2013). Coaching ethics. *The Wiley-Blackwell handbook of the psychology of coaching and mentoring* (pp. 68-88). Wiley-Blackwell.

Mayer, J. D., & Salovey, P. (1997). What is emotional intelligence? In D. J. S. P. Salovey (Ed.), *Emotional development and emotional intelligence: Educational implications* (pp. 3-34). Basic Books.

Mayer, J. D., & Salovey, P. (2007). *Mayer-Salovery-Caruso emotional intelligence test.* Multi-Health Systems Incorporated.

McClelland, D. (1973). Testing for competence rather than for 'intelligence', *American Psychologist, 28*(1), 1-14.

McClelland, D. (1976). *A guide to job competency assessment.* McBer.

McClelland, D. (1998). Identifying competencies with behavioural-event interviews, *Psychological Science, 9*(5), 331-339.

Mitrani, A., Dalziel, M., & Fitt, D. (1992). *Competency based human resource management.* Kogan Page.

Nadler, D. A., & Tushman, M. (1999) The organisation of the future: Strategic imperatives and core competencies for the 21st century. *Organisational Dynamics, 27*(1), 45-58.

Palmer, S. (2007). PRACTICE: A model suitable for coaching, counselling, psychotherapy and stress management. *The Coaching Psychologist, 3*(2), 71-77.

Rogers, C. (2009). 진정한 사람되기: 칼 로저스 상담의 원리와 실제. 주은선 역. 학지사. (원저는 1961년에 출판).

Sigel, D. J. (2010). *Mindsight. The new science of personal transformations.* Bantam.

Silsbee, D. (2010). *The mindful coach: Seven roles for facilitating leader development.* John Wiley & Sons.

Stern, D., & Wagner, D. A. (1999). *International perspectives on the school-to-work transition. Series on literacy: Research, policy and practice.* Hampton Press.

White, R. (1959) Motivation reconsidered: The concept of competence. *Psychological Review, 66*, 279-333.

Whitmore, J. (1994). *Coaching for performance: A practical guide to growing your own skills.* Pfeiffer & Company.

한국코치협회 홈페이지 https://www.kcoach.or.kr/

국제코칭연맹(ICF) 홈페이지 http://www.icfkorea.or.kr/

제7장

코칭 형태에 따른 코칭 방법

"코칭은 사람들의 잠재력을 발견하고, 이를 현실로 이끌어 내는 예술이다."

존 휘트모어(John Whitmore)

1. 일대일 코칭

1) 일대일 코칭 개념

일대일 코칭은 가장 일반적인 코칭 형태이다. 코칭 과정이 코치와 고객의 일대일로 이루어진다. 코칭 형태에 따라서 대면코칭, 비대면 코칭, 온라인 코칭 등으로 나누어질 수 있다.

2) 일대일 코칭 유형

(1) 대면코칭

대면코칭은 코치와 고객이 직접 얼굴을 마주하고 이루어지는 코칭이다. 대면코칭의 시간은 보통 1시간 또는 2시간 정도 진행된다. 코칭 기간은 코칭 계약에 따라 달라지게 되는데, Whitmore는 6개월 동안 실시하는 것이 가장 효과적이라고 한다. 코칭이 개인의 발전과 지속가능한 행동 변화에 초점을 맞추기 때문에 시간이 필요하다고 한다. 이에 반하여 '레이저 코칭'이라는 단기 코칭도 있는데, 3회에 걸쳐 60분 코칭 세션을 하는 것으로 고객이 직면한 구체적인 도전 과제가 있는 경우에 시행된다(Whitmore, 2017).

(2) 비대면 코칭

비대면 코칭은 E-coaching이라고 하기도 하는데, 코치가 직접 고객을 만나지 않고 코칭하는 것으로, distance coaching, 전화 코칭, online coaching, remote coaching, virtual coaching, digital coaching 등을 의미한다. 또한 비대면 코칭은 전화 및 이메일, 시청각 회의 또는 화상 회의와 같은 기타 전자적 수단을 통한 고객과의 미팅이 포함된다(Geissler et al., 2014). 비대면 코칭은 다양한 용어로 불리지만, 전자 매체를 활용하여 시간과 장소의 제약 없이 고객을 코칭하는 것이라고 할 수 있다(Geißler, 2022). 즉, 코치와 고객이 직접 만나지 않고 전화, 비디오, 채팅, 문자 채팅 및 전자메일 등 다양한 형태의 매체를 통하여 코칭이 가능한 비대면 코칭은 시간과 장소에 제한받지 않기 때문에 고객에게 장점이 된다(Mathieu & Boutin 2019). 이러한 비대면 코칭은 인터넷의 발전으로 대면코칭을 대신하면서 점차 진화하고 있다(Drake, 2015).

Kim과 Lee(2023)는 한국의 비대면 코칭 관련된 국내 연구를 수집하여 체계적인 문헌 고찰 및 메타분석 방법을 통하여 분석하였다. 데이터베이스를 통하여 검색된 논문 1,081개 중에서 최종적으로 메타분석 연구 대상 논문 10개를 선정하였다. 비대면 코칭의 전체 효과크기는 0.77로 나타났으며, 비대면 코칭의 심리적 효과, 인지적 효과 및 신체적 효과로 구분하여 살펴보면, 인지적 효과가 가장 큰 것으로 나타났다. 비대면 코칭의 형태별 효과크기를 살펴보면 web-based 온라인 코칭이 전화코칭보다 효과크기가 더 높게 나타났으며, 비대면 코칭의 대상별 효과크기는 취약성 높은 사람이 가장 높게 나타났다. 본 연구는 비대면의 효과를 메타분석을 통해 비대면 코칭의 효과크기가 높다는 것을 보여 주었으며, 비대면 코칭에서 인지적 및 심리적 효과가 상대적으로 높다는 것을 보여 주었다(Kim & Lee, 2023). 코칭은 개인 및 관계의 복잡성을 해결하기 위해 기본에 충실하면서 변화에 맞게 혁신성 역시 추구할 수 있도록 지속적으로 연구 발전되어야 한다.

3) 온라인 코칭

온라인 코칭에서는 코치와 고객이 직접 대면하지 않고 전적으로 디지털 커뮤니케이션 채널에만 의존한다(Poepsel, 2011). **혼합형**(blended) **코칭**에서는 코치가 전화나 화상 채팅을 사용하는 등 코칭 과정에 디지털 채널을 부분적으로 통합한다(Geissler et al., 2014; Jones et al., 2016). 온라인 및 혼합 코칭의 디지털 시스템은 커뮤니케이션을 가능하게 하는 기능만을 수행하지만, **AI 코칭**은 주로 사람의 안내 없이 작동한다. **셀프 코칭**에서는 고객이 비디오 테이프나 자가 진단 도구를 사용하는 등 스스로 자신의 전문성 개발을 위해 노력한다(Sue-Chan & Latham, 2004). AI 코칭과 셀프 코칭은 그 과정에서 인간 코치가 개입하지 않는다는 점에서 개념적으로 겹치는 부분이 있다. 셀프 코칭은 한 고객에서 다음 고객으로 또는 동일한 코칭 프로세스 중간에 진화하지 않기 때문에 AI 코칭과 다르다. 또한 디지털 시스템을 사용하여 운영되지 않는다. 셀프 코칭은 표준화된 디지털 개입을 제공하기 위해 전산화될 수 있지만(Fleming et al., 2018), AI는 과거의 코칭 과정을 학습함으로써 적응성, 효과성, 효율성을 추가할 수 있다. 추가로 AI 코칭 관련해서는 제15장 '코칭학의 지속가능성과 미래'에서 논의하고자 한다. 관련하여, 김광용과 김종완(2023)은 셀프 라이프 코칭 앱의 웰니스 증진 효과에 대한 예비 연구를 진행하였고, 이를 위해 총 36명의 참여자를 실험집단과 통제집단에 무선배정하고, 실험집단에는 연구용 앱을 활용해 4주간 셀프 라이프 코칭을 수행하도록 하였다. 실험처치 중 주간 피드백을 실험집단에는 제공하고, 실험집단 2에는 제공하지 않았다. 종속변인으로 노동자를 위한 웰니스 지수(WIW)와 한국형 웰니스 척도(KWS)를 사용하였고 셀프 라이프 코칭 앱의 웰니스 증진 효과를 검증하였다.

2. 그룹코칭

1) 그룹코칭 개념

그룹코칭(group coaching)은 1인 이상을 대상으로 하여 공통된 관심을 가지고 있는 사람들을 대상으로 공통의 주제를 가지고 코칭을 하는 것이다. 물론 그룹 공통의 주제 내에서 개개인의 목표를 다르게 할 수 있다. 그룹코칭은 그룹 내 상호 학습의 효과를 증진시킬 수 있다. Ginger Cockerham(Britton, 2010)은 그룹코칭을 조직의 목표 또는 개인적 목표를 달성하기 위해 함께하는 사람들의 에너지, 경험, 지혜를 극대화하고자 하는 것으로 전문코치가 촉진적으로 그룹을 이끄는 그룹 프로세스라고 한다. 그룹코칭은 일대일 코칭과는 달리 여러 사람이 함께 코칭에 참여하는 것으로, 조직에서 개인이 자신의 목표를 이루기 위해 필요한 역량과 자신의 가치를 인식하게 하고, 이를 바탕으로 자신의 능력을 발휘할 수 있도록 도와

줄 수 있어 유용하다(구자호, 2015). 박정영(2010)은 그룹코칭을 전문직업인들이 그들의 일을 보다 효과적으로 하기 위해서 전문 직업인들을 한데 묶어서 코칭을 하는 것이라고 하였다.

그룹코칭은 한 조직 내에 있으나 지역적으로 분산되어 있는 직원들, 지리적으로 서로 경쟁에 있지 않으면서 유사하거나 연관된 분야에 있는 개인들의 그룹이 그룹코칭의 대상이 되기도 한다(https://www.coachingsuccess.com).

그룹코칭은 공식적 혹은 비공식적으로 진행될 수 있으며 공통의 관심사 및 흥미가 있는 경우 동료들과 함께할 수도 있으며 효과성을 증진시키는 데 있어 함께하고자 하는 사람들이 여러 조직으로부터 모일 수도 있다. 예를 들면, 한 팀에서 일을 하고 있지는 않지만 다른 비즈니스 라인의 매니저 그룹이 서로의 배움과 사례를 공유하고 공유된 내용을 통해 상호 효과성을 만들어 내고자 그룹코칭을 받을 수도 있다.

한편 그룹코칭과 팀코칭을 구분하여 살펴볼 필요가 있는데, 그룹코칭은 업무 현장에서의 독립성이 강한 반면에 팀코칭은 업무 수행에 있어 상호 이해가 얽혀 있을 수 있다. 따라서 그룹코칭에 비해 팀코칭은 이해당사자들 간의 갈등에 대한 조율이 더욱 필요할 수 있다. 팀코칭 관련하여 추가로 논의하고자 한다.

그룹코칭은 참가자 개인의 목적을 달성하기 위한 것뿐만 아니라, 개인이 속한 조직의 목표달성을 위해서 진행된다. 한편 팀코칭은 참가자들이 모두 한 팀에 속해 있어서 서로가 평소에 잘 아는 구성원으로 진행된다(Thornton, 2010).

2) 그룹코칭 운영

그룹코칭은 여러 개인이 함께 참여하여 공통의 목표나 주제에 대해 서로 학습하고 성장하는 과정을 포함한다. 이 과정에서 참가자 개개인의 아젠더를 중심으로 코칭을 진행하며, 개인 및 집단의 목표 달성을 지원하는 구조적인 대화와 활동을 중요하게 다룬다. 그에 반해 팀코칭은 특정 팀이 공통의 목표를 달성하기 위해 진행되는 코칭으로, 팀원 각자의 역할과 기여를 최적화하면서 전체 팀 성과를 향상시키는 데 중점을 둔다(Jones, Napiersky, & Lyubovnikova, 2019).

그룹코칭 참여과정에서 구성원들은 개방적이고 솔직한 의사소통을 촉진할 수 있으며, 이는 조직 내의 의사소통 장애를 줄이고, 효과적인 협업을 가능하게 한다(박수정, 2012). 또한 일대일 코칭보다는 조직의 구성원들의 시간을 더 잘 활용할 수 있고 코칭비용을 절감할 수 있어서 조직에서 활발히 적용되고 있다(Flückiger, Aas, Nicolaidou, Johnson, & Lovett, 2016).

3) 그룹코칭 효과

그룹코칭은 다양한 조직에서 활발히 활용되고 있다. 그룹코칭은 지속적인 피드백과 반영의 과정을 통해 개인과 조직의 성과를 지속적으로 개선하는 데 기여할 수 있으며, 변화하는 환경에서 적응하고 대응하는 데 중요한 역할을 한다(Joh & Jung, 2018). 또한, 그룹코칭 프로그램은 조직 내에서의 성과 향상과 개인의 성장 및 개발을 촉진하는 데 중요한 역할을 한다(조성진, 2017).

Kets de Vries(2005)는 임원을 대상으로 한 리더십 그룹코칭 연구를 하였으며, 8명의 임원들이 리더십에 대한 360도 피드백 결과를 가지고 코칭을 받음으로써 직접적으로 공통의 업무 수행을 위한 코칭이 아닌 그룹코칭의 형태로 진행하였다. 조직 구성상 임원들이 그룹코칭을 통해 상호 커뮤니케이션과 경청능력을 향상시키고 상호 역할과 장단점을 이해하는 결과를 창출함으로써 결과적으로 임원 팀의 성과 향상을 이루게 되었다.

그룹코칭은 그룹의 참여자들이 서로의 생각을 나누면서 그룹의 다이나 믹스를 통해서 다양한 관점에서 생각하게 되는 계기가 되고, 타인을 이해하고 그 속에서 자신만의 인사이트를 발견하게 된다(박정영, 2010).

3. 팀코칭

1) 팀코칭의 개념

팀코칭(team coaching)의 필요성을 우선 살펴보면 다음과 같다. 인간은 사회적 존재로 오래전부터 협력을 통하여 과업을 이루어 왔다. 급변하는 사회에서 개인이 홀로 성과를 내는 데 한계가 있으며, 팀을 통하여 성과를 내는 것이 필요하다. 조직이 팀으로 활동하는 이유는 복잡한 업무를 구조화하고 조직화하는 데 있다. 아직까지는 그 어떠한 것보다 팀이 효과적이기 때문이다. 그러나 팀이 언제나 좋은 결과를 내는 것은 아니다. 이는 조직 내 많은 팀이 집단적 역량을 최대로 활용하지 못하고 있는 실정이다. 이러한 측면에서 팀코칭이 필요하다.

팀코칭은 팀 전체와 지속적인 관계 속에서 집단적으로 인식을 제고하고, 팀의 내외부 시스템과 연결을 더 강화하여, 현재와 미래의 도전에 대처할 수 있는 팀 역량을 끌어올리고자 하는 목적으로 파트너십을 유지하는 것이다(Clutterbuck, 2020). 팀코칭은 팀이 성과를 검토하고, 성과를 높이고, 의사소통을 개선하고, 친밀감을 형성하는 데 도움이 된다(Clutterbuck, 2020).

팀코칭에 대한 정의 역시 다양하다. Hackman과 Wageman(2005)은 '팀의 작업을 달성하는 데 있어 팀 구성원들이 역할을 상호 조정하고 집합적인 자원을 과업에 적절한 방식으로 활용하는 데 도움이 되기 위한 의도로 이루어지는 팀에 대한 직접적인 개입'이라고 하였다. David Clutterbuck(1996, 2000, 2020)은 '도움을 받아 이루어지는 성찰, 분석, 그리고 변화를 위한 동기 부여라는 코칭 원칙을 적용하여 그룹 또는 팀의 집합적인 가용능력과 성과를 중대시키기 위한 목적으로 계획된 학습 개입'이라고 하였다. Hawkins와 Smith(2010)는 팀코칭을 '팀이 사명을 명료화하고 내부 및 외부적인 관계를 개선함으로써, 부분들의 총합보다 더 기능하게 하는 것으로 자신들의 팀을 방법에 대하여 팀 리더를 코칭하는 것'이라고 한다. 국내에서는 박정영(2010)이 팀코칭은 '공동의 임무를 수행하는 팀이 팀의 성과를 향상시키기 위해서 팀원이 모두 함께 코칭을 받는 것'으로 결과에 대하여 상호 책임을 지는 것이라고 하였다.

상기의 팀코칭 정의를 종합하여 정리한다면, 팀코칭은 '팀의 목적을 달성하기 위해, 팀 구성원들의 역할과 책임을 조율하여, 개인과 더불어 전체적인 차원에서 자원과 시스템을 사용하여, 팀의 현재와 미래의 도전 과제에 대처할 수 있는 팀 역량을 강화하는 것'이라고 할 수 있다.

2) 팀코칭의 특징

팀을 코칭할 때는 개개인을 개발하는 관점보다는 그 팀 자체를 하나의 유기체로 인식하고 팀 전체가 발전하고 진화할 수 있도록 코칭하는 것이 중요하다. 팀코칭에 시스템적 사고(Systemic thinking)를 적용하였던 초기의 사례는 Tavistock 연구소에 개발한 조직 역할 자문 방법론이 있다(Krantz & Maltz, 1997). 이것은 관리자 및 경영자들이 개인이라기보다는 시스템의 일부라는 부분을 강조한 것이다. 개인이 조직에서 그의 역할을 효과적으로 수행하려면 시스템에서의 심리사회적 본질을 이해하는 것이 필요하다. 조직 시스템의 역동성을 이해하는 것이 중요하다. 팀코칭에서 조직에 대한 이해 및 적용을 제대로 하기 위해서 학습조직이론(Senge, 1990)에 대한 적용이 필요하다.

그룹코칭과 팀코칭은 여러 사람이 모여서 코칭을 받는다는 점에서는 공통점이 있으나 팀코칭이 되기 위해서는 반드시 공통의 업무 및 임무업무를 수행하는 팀 구성원들로 구성되어야 한다. 팀은 상시 구성되어 있는 팀일 수도 있고 프로젝트를 수행하기 위해 임시로 구성될 수도 있다. 조직의 임원의 경우에는 공통의 관심사 내에서 개별적인 이슈를 다룰 경우 그룹코칭의 성향이 더 강할 수도 있으나, 임원의 특성상 한 조직의 상위계층으로서 조직의 성과달성을 목적으로 한 하나의 팀으로 간주될 수 있다(Mondejar–Dy, 2004).

3) 팀코칭 프로세스

팀코칭을 위한 체계적인 접근 방식으로 Clutterbuck(2020)이 제시하고 있는 팀코칭 프로세스를 살펴보면 다음과 같다.

(1) 준비 단계

팀이 코칭을 받을 준비가 되어 있는지 확인하는 첫 단계이다. 팀코칭을 실행하기 전에 팀을 이해하는 단계로 '사전 인터뷰, 관찰, 진단 및 통합 피드백'을 한다. 우선 사전 인터뷰를 통하여 팀의 목적, 팀의 프로세스 및 시스템, 팀 내외 관계, 팀의 학습 방식 및 팀의 리더십을 살펴본다. 준비 단계와 관련된 질문은 다음과 같다.

- 팀이 스스로를 팀이라고 생각하고 있는가?
- 팀 구성원들이 열린 대화를 통해 문제를 해결하기 위해 시도할 준비가 되어 있는가?
- 팀이 코칭 프로세스를 어느 정도 이해하고 있는가?

(2) 계획 수립 단계

팀의 목표와 코칭 방향을 설정한다. 팀과 협력하여 현실적이고 달성 가능한 목표를 수립하며, 이를 바탕으로 코칭 계획을 세운다. 계약에는 코치와 리더 사이의 계약, 코치와 팀 사이의 계약, 팀원 사이의 계약, 후원자와의 계약 및 협력 팀 사이의 계약이 포함된다. 계약과 관련된 질문은 다음과 같다.

- 팀의 목적을 달성하는 데 훨씬 더 효과적으로 되려면 무엇이 변화되어야 하는가?
- 팀 내에서 변화해야 할 것은 무엇이며, 외부 자원을 활용하여 해결할 수 있는 것은 무엇인가?
- 팀 내에 어느 정도의 코칭 전문 지식이 필요한가?

(3) 팀코칭 프로세스 스킬 개발 단계

팀이 코칭 프로세스에 온전히 참여하려면 구성원들이 코칭 프로세스를 이해하고 이를 적용할 수 있는 스킬을 갖추어야 한다. 팀코칭 프로세스 스킬 개발과 관련된 질문은 다음과 같다.

- 경청과 관련하여 대화에서 누가 소외되고 있는가?
- 질문하기 관련하여 질문의 목적은 무엇인가?
- 질문이 팀의 목적과 어떻게 연결되어 있는가?
- 요약 관련하여 서로 다른 견해를 제대로 파악하고 있는가?
- 팀으로 일하는 데 어떤 의미가 있는가?
- 팀으로 함께 무엇을 하고 싶은가?

(4) 팀코칭 대화 단계

효과적인 팀코칭 대화는 필요한 장면에서 진행되어야 한다. 팀코칭 프로세스 스킬 개발과 관련된 질문은 다음과 같다.

- 세션에 대한 계약 관련하여 코칭 당사자 간에 책임이 무엇이며 어떻게 책임을 다할 수 있는가?
- 목표 관련하여 당면하고 있는 이슈가 팀의 사명이나 목표와 어떻게 부합하는가?
- 문제 정의 관련하여 당면하고 있는 문제의 구체적인 초점은 무엇이며, 왜 지금 중요한가?
- 상황 맥락 관련하여 현재 위험과 기회는 무엇인가? 알고 있는 것과 모르는 것은 무엇인가?
- 사고 전환 관련하여 무엇을 버리고 무엇을 포용해야 하는가?
- 대안적 방법 관련하여 추가적인 어떤 대안이 있는가? 어떤 결과를 감당할 준비가 되어 있는가?
- 결과 관련하여 앞으로 나아가기 위한 용기 있는 방법은 무엇인가?

(5) 팀코칭 프로세스 검토 및 이관 단계

이 단계는 팀이 스스로 팀코칭 프로세스를 할 수 있는 스킬과 규범을 습득하는 데 있어서의 스스로의 인식을 돕고, 점차로 팀 코치의 필요성이 줄어들면서 코치가 물러나도록 하는 것이다. 팀코칭 프로세스 검토 및 이관 관련된 질문은 다음과 같다.

- 팀코칭을 통하여 어떤 공동 학습 및 협업 행동을 배웠는가?
- 팀코칭을 통하여 어떤 중요한 프로세스를 개선하였는가?
- 팀코치가 수행했던 역할 중에서 팀이 직접 수행할 수 있는 역할은 무엇인가?

(6) 결과 검토 단계

팀의 성과를 정기적으로 평가하고, 피드백을 통해 지속적인 개선을 도모한다. 이를 통해 팀은 스스로의 발전을 명확히 인식할 수 있다. 팀코칭 결과로 계약 단계와 다시 연관되어야 하며, 성과 및 역량 강화에도 관련이 있어야 한다. 팀코칭 결과 검토 관련된 질문은 다음과 같다.

- 지금 더 잘하는 것은 무엇인가?
- 앞으로의 성과와 변화에 도움이 될 만한 배움은 무엇인가?

4) 팀코칭 효과

팀코칭은 복합적인 활동이다. 코치는 팀이 복잡한 시스템의 몇 가지 영역을 인식하고 이해하도록 돕고, 이해한 바에 따라 어떻게 대응할지 합의하도록 돕는다(Clutterbuck, 2020). 팀코칭은 팀 전체의 역동성을 이해하고, 팀원들 간의 상호작용 개선을 통해 팀은 더 나은 의사소통, 협력, 혁신을 이루어 낼 수 있다. 팀코칭은 팀이 달성해야 할 목표가 있다는 점에서 성과 코칭과 관련이 있다.

팀코칭은 팀 외부 주요 이해 관계자, 특히 최고 경영진 등과의 팀 커뮤니케이션에 효과가 있다. 사람들이 팀코칭을 통하여 새로운 기술을 배울 수 있다고 느낌으로서 핵심 인재 유지에 효과가 있다. 팀장 및 팀원의 경력 및 역량을 강화하여 조직 내 승진 가능성을 높여 조직 내 커리어 개발에 도움이 되고, 팀코칭을 통하여 일반적인 경영 관련 지식을 학습하게 된다.

4. 피어코칭

1) 피어코칭 개념

피어코칭(peer coaching) 또는 동료코칭은 코치와 코칭을 받는 이가 비교적 동등한 입장에서 코칭을 하고 근무지 현황에서 새로운 기술과 역량을 발전시키고, 정교화하여 온전히 자기 것으로 익히게 하는 과정이다(Ladyshewsky & Varey, 2005). 피어코칭에서 동료들은 일반적으로 교육 정도나 관련 지식이 유사함으로 상호 지지가 효과적으로 이루어질 수 있다. 피어코칭은 교사를 위한 개발의 일부로서 1980년대 초반 개발되었다. 이는 학교에서 교사들이 커리큘럼 운영과 교수법의 효과성에 관해 동료 교사들로부터 비평적인 피드백을 받기 위한 효과적인 방법의 일부분으로 여겨졌다. 비즈니스 또는 조직 맥락에서 피어코칭 접근 방식은 기술을 습득하고 리더십과 관리 개발 프로그램에 참여하는 사람들을 지원하고 훈련하는 바를 전파할 수 있도록 독려하는 데 활용되었다(Ladyshewsky, 2007).

피어코칭은 상호 개인적이고 직업적인 개발 목표를 지원하는 동등한 지위의 개인 간에 이루어지는 집중된 관계이다(Polly Parker et al., 2020). 피어코칭은 일에 대한 구체적인 성취나 개발 목표 달성을 위해 생활과 경력 수준이 비슷한 개인들 사이에 이루어지는 돕는 관계이다. 여기에서 도움은 안전한 환경에서 문제를 심층적으로 탐구하기 위해 각각의 동료 부분에 대한 준비 상태를 나타내는 태도이며, '도움'이라는 용어는 해결 방안에 관한 전문가가 되거나 해결 방안에 관한 지식이 아니라 프로세스 모델, 역동과 관련된 것이다.

2) 피어코칭 모델

Polly Parker, Tim Hall, Kathy Kram은 그들의 저서 『Peer Coaching: A Relational Process for Accelerating Career Learning』에서 피어코칭 모델을 제시하고 있는데, 그들의 피어코칭 모델은 발전적 관계, 개발 이론, 돕는 관계, 그리고 소통과 관련된 관점에 관한 이론과 연구 결과를 보여 주고 있다(Parker et al., 2008).

이들이 제시한 피어코칭 모델은 다음과 같다. 첫 번째 단계는 발전적 관계 구축이다. 효과적인 피어코칭 관계를 구축하는 핵심적인 기초로 신뢰, 공감, 상호성, 호혜성 등을 포함한다,

두 번째 단계는 성공을 위한 관계적 실천이다. 자기 개방과 피드백을 통한 자기인식을 높이고, 참가자들이 자기 조절, 깊은 경청, 공감대 구축, 피드백 주고받기 등을 포함하는 더욱 복잡해지는 관계적 의사소통과 코칭 기술을 개발하고 적용하도록 한다.

세 번째 단계는 피어코칭의 습관화이다. 이 단계에서는 동료들이 관계 코칭과 성찰 기술을 다른 환경과 협력 상황에서도 적용하여 피어코칭을 반복적이고 의도적으로 실행할 수 있도록 한다. 피어코칭이 습관화되고 내재화되어, 학습하고 성과를 향상하고 웰빙을 증진시키도록 한다.

3) 피어코칭 유형

피어코칭은 다양한 그룹에서 효과적인데 피어의 유형을 살펴보면 다음과 같다(Parker et al., 2020).

첫 번째, 교실에서의 작은 그룹으로 특정한 교육과정에서 만들어진 그룹이다. 이러한 그룹에서 상대의 이야기에 경청하고, 학습과 통찰을 불러올 수 있는 질문을 통하여 함께 배우게 된다.

두 번째, 개인 변화와 심화 학습을 위한 그룹이다. 이러한 그룹에서 개인적인 변화가 학습의 목표일 때, 그룹의 소속원들은 어디에 집중하고 어떤 지원을 얻는지에 대한 강력한 맥락을 제공한다. 이러한 그룹의 예를 들면, 다이어트 그룹, 알코올 중독자를 위한 그룹, 신입을 위한 오리엔테이션 프로그램 등이 있을 수 있다.

세 번째, 촉진그룹으로 내부나 외부의 퍼실리테이터가 피어코칭 과정을 이끄는 경우이다. 퍼실리테이터들은 상당한 경험과 그룹의 역동성을 관리하는 데 있어서 성공한 경험이 있을 수 있다. 마지막으로 공식적으로 만들어진 피어코칭 그룹이다.

4) 피어코칭 특징

피어코칭은 비슷한 경험과 지식을 가진 2명 이상의 사람들이 서로의 성장을 지원하고 학습을 촉진하기 위해 함께 일하는 과정이라고 할 수 있다. 피어코칭의 중요한 특징은 다음과 같다.

첫째, 피어코칭은 상호작용을 기반으로 한다. 즉, 피어코칭은 단방향이 아닌 쌍방향으로 진행되며 양쪽 모두가 코치이자 고객이 된다.

둘째, 동료코칭에서는 상하관계가 없으며 동등한 관계이다. 동등한 입장에서 서로를 지원하고 피드백을 주고받는다. 피드백이 평가가 되면 코치와 코칭을 받는 사람들 사이의 관계 상태와 연대의식이 변하고 형평성 또한 사라져 버리게 된다(Baker, Jensen, & Kolb, 2005).

셋째, 피어코칭의 성공을 위해서는 서로에 대한 신뢰와 존중이 중요하다. 이를 통해 개방적이고 솔직한 대화가 가능하다.

넷째, 특정 목표를 설정하고, 그 목표를 달성하기 위해 협력한다. 목표는 개인적일 수도 있고, 조직적일 수도 있다.

다섯째, 정기적인 피드백을 통해 지속적으로 개선점을 찾고, 이를 바탕으로 행동을 수정한다.

5) 피어코칭 과정

피어코칭 과정에서 참가자들이 의도적으로 서로 지원하고 경험하는 것을 공유할 때 가장 효과적이며, 동료는 신뢰와 개방적 소통을 특징으로 하는 고품질 관계를 함께 구축하고 노력하게 된다고 한다. 피어코칭의 과정을 구체적으로 살펴보면 다음과 같다.

첫째, 피어코칭의 파트너를 선정한다. 비슷한 직무를 수행하거나 유사한 경험을 가진 동료를 피어코칭의 파트너로 정한다. 신뢰할 수 있고, 열린 마음으로 소통할 수 있는 사람이 좋다.

둘째, 피어코칭의 목표를 설정하고 서로의 목표를 명확히 한다. 피어코칭의 목표는 개인의 직무 능력 향상, 특정 프로젝트의 성공 또는 개인적 성장 등 다양한 형태일 수 있다.

셋째, 피어코칭의 규칙과 일정 등을 설정한다. 피어코칭 세션의 빈도와 지속 시간, 피드백 방식 등 기본적인 규칙을 정한다. 피어코칭에서는 정기적인 만남을 통해 지속적으로 소통하는 것이 중요하다.

넷째, 피어코칭 세션을 진행하며, 다음과 같은 활동을 수행한다. 현재 직면한 문제나 도전에 대해 논의하고, 서로의 경험을 공유한다. 이후 서로의 행동이나 성과에 대해 솔직하고 건설적인 피드백을 제공한다. 논의된 문제에 대한 해결책을 함께 모색하기 위해 성찰적인 질문을 한다. 브레인스토밍이나 롤플레잉 같은 기법을 활용할 수 있다. 다음 세션까지 실행할 구체적인 행동 계획을 세운다.

다섯째, 정기적으로 피어코칭의 효과를 평가하고, 필요한 경우 개선점을 찾도록 평가와 피드백을 한다. 이 과정을 통해 동료코칭의 효과를 지속적으로 향상시킬 수 있다.

6) 피어코칭 효과

피어코칭의 효과는 다음과 같다. 정기적인 만남을 통해 지속적으로 학습하고 성장할 수 있고, 즉각적이고 실질적인 피드백을 받을 수 있어 빠르게 행동을 수정하고 개선할 수 있다. 또한 동료 간의 유대감이 강화되어 팀워크가 향상되며, 스스로 목표를 설정하고 달성하기 위해 노력하는 과정에서 자기주도성이 향상된다. 그리고 외부 코치나 컨설턴트를 고용하는 것보다 비용이 적게 들어 비용 측면에서 효율적이다. 이러한 피어코칭은 개인과 조직 모두에게 많은 이점을 제공하는 강력한 코칭 방법이다.

신뢰와 존중을 바탕으로 한 상호작용을 통해 상호 간 지속적인 성장과 발전을 도모할 수 있으며, 조직 내의 협력과 팀워크를 강화하는 데 도움이 된다. 피어코칭을 효과적으로 활용하면, 개인의 역량 개발과 더불어 조직의 성과도 크게 향상시킬 수 있을 것이다.

성찰(insight)을 더하기 위한 질문 ─────────────────────── ○○○●

1. 일대일 코칭의 대면 코칭과 비대면 코칭의 장단점은 무엇이며, 각각의 상황에서 효과적인 적용 방법은 무엇인가?

2. 그룹코칭과 팀코칭의 차이점은 무엇이며, 두 코칭 방식이 조직에서 각각 어떤 상황에 적합할까?

3. AI 코칭과 셀프 코칭의 공통점과 차이점은 무엇이며, 이 두 가지 코칭 방식이 실제 코칭 환경에서 어떻게 활용될 수 있을까?

4. 팀코칭에서 팀의 목표 달성을 위해 코치가 해야 할 핵심적인 개입은 무엇이며, 팀코칭 과정에서 팀 구성원 간의 신뢰를 구축하는 방법은 무엇인가?

5. 피어코칭에서 상호 피드백을 효과적으로 제공하고 수용하기 위해 필요한 기술과 태도는 무엇이며, 피어코칭이 성공적으로 이루어지기 위해 코칭 파트너 간의 신뢰와 심리적 안전감은 어떻게 형성될 수 있는가?

참고문헌

구자호(2015). **그룹코칭 워크북**. 올림.

김광용, 김종완(2023). 셀프 라이프코칭 앱(App) 개발을 위한 앱의 웰니스 증진 효과에 대한 예비 연구. 감성과학. 26(4), 15-28.

박수정(2012). 대학생의 대인관계능력 및 의사소통능력 증진을 위한 그룹코칭 프로그램의 효과. 광운대학교 교육대학원 석사학위논문.

박정영(2010). 효과적인 그룹코칭 프로세스 개발에 관한 연구. **코칭연구**, 3(1), 41-64.

조성진(2017). 코칭이 자기효능감, 진로결정 자기효능감 및 진로준비행동에 미치는 효과에 관한 연구. **코칭능력개발지**, 19(3), 51-60.

Baker, A. C., Jensen, P. J., & Kolb, D. A. (2005). Conversation as experiential learning. *Management Learning, 36*(4), 411-427.

Britton, J. (2010). *Effective group coaching*. John Wiley & Sons Canada, Ltd.

Clutterbuck, D. (1996). *Developing learning teams*. Trainging Officer, July/August.

Clutterbuck, D. (2000). *Learnign teams report*. Exemplas.

Clutterbuck, D. (2024). **팀 코치 되기**. 동국대학교 동국상담코칭연구소 역. 코칭북스. (원저는 2020년에 출판).

Cox, E., Clutterbuck, D. A., Bachkirova, T. (2019). **코칭 실천의 모든 것**. 장환영, 연경심, 백평구 역. 교육과학사. (원저는 2018년에 출판).

Drake, L. M. (2015). Two kinds of presence: A comparative analysis of face-to-face and technology based mediated communication methods and the executive coaching experience. Fielding Graduate University unpublished doctoral dissertation.

Fleming T., Bavin L., Lucassen M., Stasiak K., Hopkins S., Merry S. (2018). Beyond the trial: Systematic review of real-world uptake and engagement with digital self-help interventions for depression, low mood, or anxiety. *Journal of Medical Internet Research, 20*, e199. Crossref.PubMed.

Flückiger, B., Aas, M., Nicolaidou, M., Johnson, G., & Lovett, S. (2016). The potential of group coaching for leadership learning. *Professional Development in Education, 43*(4), 612-629.

Geißler, H. (2022). *E-coaching: An overview. International handbook of evidence-based coaching: Theory, research and practice* (pp. 269-280). Springer.

Geissler, H., Hasenbein, M., Kanatouri, S., & Wegener, R. (2014). E-coaching: Conceptual and empirical findings of a virtual coaching programme. *International Journal of Evidence Based Coaching and Mentoring, 12*(2), 165-187.

Hawkins, P., & Smith, N. (2010). **Transformational coaching.** *The complete handbook of coaching* (pp. 231-244). SAGE Publications Ltd.

Joh, S. J., & Jung, Y. S. (2018). Review of research trends on coaching studies and recommendations for future research direction in Korea-progress from 1995 to 2017 and challenges. *Korean Journal of Resources Development, 21*(3), 249-313.

Jones R. J., Woods S. A., Guillaume Y. R. (2016). The effectiveness of workplace coaching: A meta-analysis of learning and performance outcomes from coaching. *Journal of Occupational and Organizational Psychology, 89,* 249-277. Crossref.

Jones, R. J., Napiersky, U., & Lyubovnikova, J. (2019). Conceptualizing the distinctiveness of team coaching. *Journal of Managerial Psychology, 34*(2), 62-78.

Kets de Vries, M. F. R. (2005). Leadership group coaching in action: The Zen of creating high performance teams. *Academy of Management Executive, 19*(1), 61-76.

Kim, Y., & Lee, S. (2023). A systematic review and meta-analysis of the effectiveness of non-face-to-face coaching. *Sustainability, 15*(12), 9727.

Krantz, J., & Maltz, M. (1997). A framework for consulting to organizational role. *Consulting Psychology Journal: Practice and Research, 49*(2), 137.

Ladyshewsky, R. K. (2007). A strategic approach for integrating theory to practice in leadership development. *Leadership & Organization Development Journal, 28*(5), 426-443.

Ladyshewsky, R., & Varey, W. (2005). Peer coaching: A practical model to support constructivist learning methods in the development of managerial competency. *Evidence-Based Coaching, 1*, 171-182.

Mathieu, E., Barré, P., & Boutin, M. (2019). E-coaching efficacy: A systematic review. *International Journal of Evidence Based Coaching and Mentoring, 17*(1), 35-54.

Mondejar-Dy, J. (2004). Effectiveness of a group executive coaching intervention on burnoutand commitment of Filipino top executives. *Proceedings of the second ICF coaching research symposium: Qeubec City, Quebec, Canada*, 60-68.

Parker, P., Hall, D. T., & Kram, K. E. (2008). Peer coaching: A relational process for accelerating career learning. *Academy of Management Learning and Education, 7*(4), 487-503.

Parker, P., Hall, D. T., Kram, K. E., & Wasserman, I. C. (2020). VUCA 시대의 조직문화와 피어코칭. 최동하, 윤경희, 이현정 역. 한국코칭슈퍼비전아카데미. (원저는 2018년에 출판).

Poepsel M. A. (2011). The impact of an online evidence-based coaching program on goal striving, subjective well-being, and level of hope. Doctoral dissertation. https://search.proquest.com/openview/e9515c2e0b45d5044d30d ccd4352fef1/1?pq-origsite=gscholar&cbl=18750&diss=y

Senge, P. (1990). *The fifth discipline*. Doubleday.

Sue-Chan C., & Latham G. P. (2004). The relative effectiveness of external, peer, and self-coaches. *Applied Psychology, 53*, 260-278.

Thornton, C. (2010). Group and team coaching: The essential guide. Routledge.

Wageman, R., Hackman, J. R., & Lehman, E. (2005). Team diagnostic survey: Development of an instrument. *The Journal of Applied Behavioral Science, 41*(4), 373-398.

Whitmore, J. (2021). 코칭리더십. 김영순 역. 박영사. (원저는 2017년에 출판).

Coaching Success TeleForums http://www.coachingsuccess.com/

제3부

코칭
적용

제3부 '코칭 적용'에서는 코칭을 심리학 이론을 바탕으로 코칭 과정에 어떻게 적용할 수 있는지 살펴보고자 한다.

우선 제8장 '인지행동 코칭'은 인지행동 심리학적 이론과 인지행동 코칭을 살펴보고자 한다.

제9장 '긍정심리 코칭'은 긍정심리학 이론에 바탕을 둔 긍정심리 코칭을 어떻게 적용할지에 대하여 살펴보고자 한다.

제10장 '게슈탈트 코칭'은 게슈탈트 심리학 이론과 게슈탈트 코칭을 살펴보고자 한다.

제11장 '마음챙김 코칭'도 마음챙김과 마음챙김 코칭을 살펴보고자 한다.

상기 이외에도 더 다양한 심리학 등을 기반한 코칭 적용 이론이 있을 수 있다. 이 책에서는 다른 코칭 적용 방안을 살펴보지 않았음을 염두에 두고 살펴보길 바란다.

제8장
인지행동 코칭

"살아남는 자는 가장 강하거나 가장 똑똑한 사람이 아니라 변화에 적응하는 자이다."

찰스 다윈(Charles Dawin)

1. 인지행동 코칭 의미

인지행동 코칭(Cognitive Behavior Coaching: CBC)은 1990년대 초에 인지행동, 합리적–정서적 행동, 문제 중심 및 해결 중심 접근과 기법에서 적용된 이론적 개념과 전략을 통합하면서 발전하였다(Cox, Clutterbuck, & Bachkirova, 2024).

인지행동 코칭은 고객이 설정한 현실적인 목표를 성취하도록 돕기 위해서 인지행동적 모델에서 인지적·행동적·상상적 문제 해결 기법 및 전략을 결합한 통합적 접근(Palmer & Szymanska, 2007) 방법의 코칭 방법이다. 인지행동 코칭 접근은 문제 해결 접근과 인지행동 방법론을 사용하는 이중

체계로, 수행과 목표를 성취하는 데 있어서 장애가 되는 정서적·심리적·
행동적 장애를 다루고 실제적인 문제를 극복하도록 돕는 것이다. 인지행동
코칭은 개인이 갖고 있는 비합리적 신념을 변경하여 합리적인 행동 변화를
할 수 있도록 코칭과 코칭 고객 간의 코칭 대화 프로세스를 통한 협력적
코칭 방법이다.

인지행동 코칭 관련하여 Neenan(2008)은 인지행동이론을 코칭에 접목하
여 인지행동 코칭이라 하였다. 인지행동 코칭은 피코치가 자신의 사고와
믿음을 파악하고 이를 변화시켜서 생산적인 행동을 할 수 있는 스킬을 개
발하도록 돕는 코칭 과정을 의미한다. 인지행동 코칭은 고객이 그들의 현
실적 목표를 이룰 수 있도록 하는 데 초점을 맞추는 것이다. 인지행동 코
칭은 인지행동 기법을 적용하여 고객의 성과를 향상시키며, 심리적 탄력성
및 웰빙을 증진시키는 코칭의 접근법으로, 코칭 고객이 그들의 목표를 이
룰 수 있도록 돕는 코칭 방법이다. 인지행동 코칭은 [그림 8-1]과 같이 감
정, 사고 및 행동이 서로 연결되어 있으며, 하나의 변화가 다른 두 변화에
영향을 미친다는 것이다. 행동 변화는 감정과 사고의 유연성이 필요함을
보여 주고 있다.

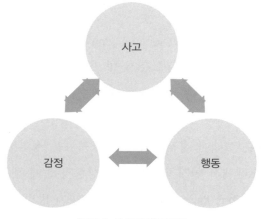

[그림 8-1] 인지행동 코칭

인지행동 코칭은 '시간이 제한되어 있고 목표지향적이며 현재에 초점을 맞춘' 코칭이다(Neenan & Palmer, 2001). 이는 한 사람이 어떤 사건에 대해 생각하는 방식이 그 사람이 그 사건에 반응하여 느끼고 행동하는 방식에 직접적이고 중요한 영향을 미치며, 이는 다시 스트레스와 성과에 영향을 미친다는 전제를 기반으로 한다(Palmer & Szymanska, 2007).

2. 인지행동 코칭의 배경

인지행동 코칭의 발달은 인지행동치료 및 해결 중심 치료에서 발달한 것으로 주로 미국과 영국에서 발달되었다. 역사적으로 인지 치료와 인지적 코칭은 B.C. 1세기 철학자 Epictetus로 거슬러 올라가는데, Epictetus는 '인간은 사물에 의한 것이 아니라, 그들이 선택한 관점에 의해 혼란을 경험한다'고 하며 개인들은 사건에서 영향을 받는 것이 아니라 자신이 취하는 관점에서 영향을 받는다고 했다. 우리를 힘들게 하는 것은 사건 자체가 아닌 그에 대한 우리의 반응이다.

『햄릿』의 대사 중에 "좋은 일과 나쁜 일은 없다. 다만 생각이 그렇게 만들 뿐이다."가 있는데, 이 역시 우리는 발생하는 사건에 대해서 감정, 생각, 행동으로 반응한다는 것을 보여 주고 있다. 사물을 다른 시각으로 보게 하여 심리적, 정서적, 기능적으로 변화하도록 하는 시도가 있어 왔다.

20세기 초기에 번 대학교의 교수인 Paul Dubois 박사는 『마음이 신체에 미치는 영향』에서 **합리적 치료**(rational therapy)를 제시했다. 행동주의 심리학자 John B. Watson에 이어 Hans Eysenck, Arnold Lazarus, Jack Rachman, John Teasdale, Issac Marks와 같은 연구자와 실행가들이 나왔고, 이들은 치료 맥락에서 행동주의 이론이 사용되는 데 많은 역할을 하였다. 정신과 의사 Adler는 그의 책『인생이 당신에게 어떤 의미가 되어야 하는가?(What Life Should Mean to You?)』(1931/1958)에서 인지의 중요성을 다시 한 번 소개했다. Adler(1958, p. 14)는 "상황보다는 우리가 그 상황에 주는 의미에 의해 우리 자신을 결정한다."라고 했다.

인지행동이론은 개인의 감정과 행동은 인지과정으로부터 영향을 받고 있어서 인지과정을 수정할 경우 감정과 행동을 변화시킬 수 있다는 이론이다. Beck(1979)과 Ellis(1962)는 **인지행동치료**(cognitive behavior therapy)를 통하여 인지행동이론의 효과를 입증하였다. 1950년대에 Albert Ellis는 **합리적 정서 치료**(RET)를 개발하고 후에 합리적-정서적 행동 치료(REBT)로 수정했다. 또한 Aaron Beck(1967, 1976)은 인지 치료를 개발하고, Donald Meichenbaum(1977)의 인지행동치료와 스트레스 대처 훈련은 자기 대화의 적절성을 강조했다. 1980년대와 1990년대에 영국에서 인지 치료는 행동 치료와 결합하여 인지행동치료(Cognitive Behavior Therapy: CBT)로 발전했다

영국과 미국에서 인지행동 코칭의 발달을 비교하면 영국에서는 개인적일, 생활, 비즈니스, 임원의 스트레스 관리, 건강 코칭 영역 등에서 활용되었고, 미국에서는 1985년 Costa와 Garmston이 개발하여 교육 현장에서 수월성을 추구하는 데 초점을 두었다. 인지행동 코칭에는 두 가지 기본 전제가 있는데, 사람에게는 문제 해결 기술이 덜 개발되어 있고, 스트레스나 압박하에서는 과거에 성공적으로 대처했던 기술을 적용하지 못한다는 것이다.

Palmer와 Whybrow(2006)는 코칭 심리학 모델의 인기도를 조사한 결과, 주로 영국 코칭 심리학자들의 표본을 바탕으로 인지행동 코칭이 가장 자주 사용되는 모델 중 하나라는 사실을 발견했다.

인지행동 코칭은 인지행동치료와 동일한 이론적 토대를 기반으로 하지만, 주요 차이점은 인지행동치료는 고객이 해결해야 하는 문제의 심각성(Neenan, 2008; Palmer & Szymanska, 2007)에 초점을 두지만 인지행동 코칭은 개인의 성장, 리더십의 유연성, 새로운 사고 기술의 습득에 초점을 맞춘다는 것이다(Good et al., 2009). 인지행동 코칭은 행동적 개입과 심리적 개

입 모두 원하는 변화를 달성하는 데 중요하고 유용한 수단으로 간주된다는 점에서 이중 시스템 접근법을 채택한다(Neenan & Dryden, 2002; Palmer & Szymanska, 2007).

인지행동이론 관련하여 Dweck와 Leggett(1988)은 내재이론(implicit theory)을 토대로 자신의 지능 또는 능력의 변화에 대한 믿음에 따라 각각 다른 목표지향성과 행동변화를 가져온다고 한다. 이들은 자신의 지능 또는 능력이 고정되어 변화되지 않는다는 고정 마인드셋을 가진 사람과 자신의 지능 또는 능력이 개인의 노력 여하에 따라 변화될 수 있다고 믿는 성장 마인드셋을 가진 사람으로 구분된다고 보았다. 성장 마인드셋을 가진 사람은 학습 목표지향적 태도를 가지고 있으며 도전적 행동을 보인다고 한다. 따라서 코칭을 통하여 성장 마인드셋을 강화하거나 갖도록 하는 것이 필요하다.

완벽주의는 자신과 타인에 만족하지 못하며, 성과에도 절대 만족하지 못하여 개인에게 스트레스를 주고 지치게 할 뿐 아니라, 주위 사람들도 힘들게 한다고 한다. Whitten(2011)는 인지행동 코치로 경험한 바에 따르면, 완벽주의는 비스니스 상황에 있는 고객들 중 일부에게 발생하는 이슈라고 한다. 완벽주의는 높은 기준 설정과 자기평가에 대한 비판적 입장으로 낮은 자존감과 실패감으로 연결될 수 있으며, 완벽주의자는 외부의 인정에 의존하기 때문에 완벽한 결과를 성취하려고 과도하게 노력하는 경향이 있다. 이와 관련하여 **자기 수용 개념**은 완벽주의자 성향이나 자기 비판적인 내적 대화 습관을 가진 사람들에게 위안과 자신감을 준다. 완벽주의가 주관적이라는 것을 이해하면, 고객은 삶에서 자기인식은 유용하지만, 자기비판은 비생산적임을 배워 가는 과정이라고 인식할 준비가 된다. 고객인 자신과 다른 사람들이 모두 실수한다는 것을 인정할 때 자신과 다른 사람들을 동등하게 볼 수 있다(Passmore, 2014). 이와 같이 인지행동 코칭을 통하여 왜곡된 인지에 대하여 스스로 이의를 제기하고, 기준 설정과 관련하여 더 합리적이고 균형된 시각을 갖도록 할 수 있다.

3. 인지행동 코칭 모델

1) SPACE 모델

SPACE 모델은 사람이 느끼고 행동하는 방식이 특정 상황이나 문제에 대한 평가와 자신이 갖고 있는 신념에 의해 결정된다고 본다. 사람은 신체(physiology), 행동(action), 인지(cognition), 정서(emotion)의 네 가지 양상이 상호작용한다. 인지행동 코칭은 피코치자가 목표를 성취하도록 사회적 맥락(society)을 포함한 다섯 가지 영역에서의 변화를 돕는 데 활용된다(Edgerton & Palmer, 2005).

- S(society, 사회적 맥락)
- P(physiology, 신체)
- A(action, 행동)
- C(cognition, 인지)
- E(emotion, 정서)

SPACE 모델의 장점은 다중적 측면에서 개입전략을 취할 수 있다는 것이다. SPACE 모델은 진단이나 코칭 프로그램 개발을 위해 모델들을 연결하는 교육 도구로 사용되었다. 고객은 상기 다섯 가지 측면을 각각 검토하고 각 영역에서 무엇을 어떻게 다르게 행동하도록 선택하는지를 판단하도록 요구받는다.

예컨대, 직무 인터뷰(사회적 맥락)를 하는 사람이 그 상황이 어렵다고 지각(인지/평가)할 것이다. 이러한 부정적인 평가는 불안(정서)을 일으키고 불안에 대한 신체적 반응으로 땀이 흐르고 긴장한다(행위/행동). 그리고 그는 대기실로 들어가 페이스를 조절하기 시작한다(행동 지향).

SPACE 모델을 사용하여 칠판 또는 종이에 진단용 형식에 기록할 수 있다. 인지행동 코칭에서 중요한 특징은 첫 회기에 실시하는 진단과 사례 개념화이고, 코칭 과정을 통해 수정될 수 있다.

2) PRACTICE 모델

PRACTICE 모델은 문제 해결 중심 모델이라고 할 수 있다. 이는 목표 및 해결을 중심으로 한 인지행동 코칭으로 심도 있는 인지 진단과 개입을 하지 않는다. PRACTICE 모델은 해결 중심 모델이며, 심리적인 것과 실제적인 것을 둘 다 다루면서 목표를 성취하도록 돕는다(Palmer, 2007). PRACTICE 모델의 각 단계들은 코칭 대화를 촉진하고 고객이 문제를 이해하도록 도우며, 현실적인 목표를 설정하고, 실현가능한 대안을 탐색하여 최종적으로 해결책을 선택하여 실천하도록 하고 끝으로 실행정도를 평가하도록 하고 있다. PRACTICE 모델의 내용 및 관련된 질문은 다음과 같이 할 수 있다.

- P(problem identification, 문제 확인)
  - 문제가 무엇인가?
  - 이슈는 무엇인가?
  - 어떤 변화를 원하는가?
- R(realistic relevant goal, 현실적이고 관련된 목표 설정)
  - 당신은 무엇을 원하는가?
  - 무엇을 얻기를 원하는가?

- A(alternative solution, 대안 탐색)

  —대안은 무엇인가?

  —선택안은 무엇인가?

- C(consideration of consequence, 결과 고려)

  —어떤 일이 일어날 것인가?

  —각 대안에 대한 해결책은 얼마나 유용한가?

- T(target most feasible solution, 가장 좋은 해결책)

  —가장 현실 가능한 해결책은 무엇인가?

  —가장 실행 가능한 해결책은 무엇인가?

- I(implementation of chosen solution, 선택된 해결책 실행)

  —바로 실행하기

- E(evaluation, 평가)

  —그것이 어떻게 성공했다고 보는가?

  —무엇을 배울 수 있었는가?

3) ABCDEF 모델

Albert Ellis(1962)는 정서의 ABC 모델을 개발하고, 추가적으로 두 단계(D 와 E)를 추가하였다. 이 모델은 스트레스, 성과 탄력성과 웰빙 모형으로 사용되고 있다. Palmer(2002)는 코칭 영역에서 미래에 초점을 둔 F를 하나 더 추가했다. 개인적 또는 일의 목표에 초점을 두고, ABCDE 과정에서 학습한 결과이다.

세부 내용은 다음과 같다. A는 사건, B는 신념, C는 정서적 · 신체적 · 행동적 결과를 나타낸다. 특히 B의 비합리적 신념은 결과인 C에 결정적인 영향을 미친다. D는 도움이 되지 않는 신념에 대해 논박하고 수정하는 것이며, E는 사건을 다루는 데 새로운 효과적인 방법이 된다. F는 미래에 초점을 둔 것이다.

- A(activating event, 선행 사건)
- B(beliefs about A, 사건에 대한 신념)
- C(consequence, 결과)
- D(disputation, 논쟁)
- E(effective new approach, 효과적인 새로운 접근)
- F(future focus, 미래 집중)

ABCDEF 사례를 살펴보면 다음과 같다(Yates, 2024).

- **A(선행 사건)**
  - 나는 내가 가고자 했던 그 자리에 오르는 것에 실패했다.
- **B(사건에 대한 신념)**
  - 나는 이 직업 분야에서만 잘린 것이 아니다. 나는 결코 커리어 사다리에서 더 높이 올라갈 수 없다.
- **C(결과)**
  - 정서적: 나는 실패자처럼 느낀다. 나는 창피하다.
  - 행동적: 나는 커리어의 방향에서 완전히 새로운 변화를 찾고 있다.
- **D(논쟁)**
  - 실제로 많은 사람이 승진을 하기 전에 여러 차례의 면접을 경험한다. 아마도 나는 실패한 것이 아니다. 즉, 나는 그때 그 역할에 정확하게 맞지 않았던 것이다. 나는 아주 오랫동안 이런 지위에서 일해 왔던 것은 아니다. 그리고 실제로 그 일을 하는 사람들은 나보다 의미 있는 경험을 더 많이 가지고 있다.
- **E(효과적인 새로운 접근)**

−아마도 내가 다시 시도해 보기 전에 유익한 경험에 관해서 생각해
볼 필요가 있다. 폭넓은 관점을 얻기 위해 어느 정도 다른 종류의 현
장에서 일해 보는 것도 도움이 될 수 있다.
- F(미래 집중)
−나는 그 당시와 똑같은 지위의 직업을 찾겠지만 다른 조직에서 찾을
것이다. 그런 방식으로 나는 내 경험을 넓힐 수 있고, 새로운 기술을
얻을 수 있고, 1년쯤 지났을 때 더 높은 지위에 지원할 수 있는 보다
나은 위치에 있을 것이다.

4) G-ABCDEF 모델

이 모델은 ABCDEF에 구체적인 목표를 처음부터 설정하는 G(목표)를 첨
가한 G-ABCDEF이다. G-ABCDEF 모델은 스트레스, 수행, 회복, 안녕 등
을 코칭하는 모델로 활용된다(Palmer & Szymanska, 2007).

4. 인지행동적 접근법

1) 행동적 접근법

행동적 접근법은 엄격한 과학에 근거한 행동주의 심리학의 이론 체계에
바탕을 두고 있는 접근법이다. 이는 인간의 부적응 문제를 추상적인 모호
한 개념으로 설명하기보다는 관찰 가능하고 측정 가능한 드러난 행동에 초
첨을 맞춘 실증적인 연구 결과에 근거한 방법을 제시한다.
우선 부적응행동을 감소시키는 방법으로는 부적응적 행동이 반복되어
나타나도록 하는 강화 요인을 제거하는 것이다. 다음으로는 바람직한 적응

행동을 학습하도록 하거나 증가시키는 접근 방법이다. 활동계획 세우기를 통하여 무기력하거나 무계획적인 생활을 하는 고객에서 도움을 줄 수 있다. 코칭에서 목표를 달성하기 위한 대안을 선택한 후 이를 실행할 수 있도록 구체적 계획을 세우게 하는 것도 이와 관련되어 있다. 행동적 접근법 관련된 학자는 Burrhus Skinner(1904~1990), Joseph Wolpe(1915~1997), Albert Bandura(1925~현재) 등이 있다.

2) 합리적 정서행동적 접근법

합리적 정서행동 접근법은 인지적 요인의 중요성을 강조한 최초의 접근법이다. 합리적 정서행동 접근법은 인지, 정서, 행동이 상호작용하는 과정에서 인지가 핵심이 되어 정서와 행동에 영향을 준다는 점을 강조한다. 합리적 정서행동적 접근법은 인지적 정서행동적 접근법이다.

합리적 정서행동 접근법은 인간의 고통은 외부사건 자체가 아니라 그에 대한 생각 또는 신념으로 인해 발생한다는 기본 가정에 근거하여, 자극과 반응을 매개하는 인지적 요인의 중요성 강조한다. ABC 기법을 통하여 비합리적 신념을 확인하고, 비합리적 신념에 대한 논박 및 효과적인 접근을 하도록 한다. 합리적 정서행동적 접근법 관련된 학자는 Albert Ellis(1913~2007)이다.

3) 인지적 접근법

고객의 문제를 인지적 모델에 근거하여 파악한 후에 인지의 변화를 시도하고자 한다. 이를 위해 고객의 자동적 사고를 파악하고 이에 관련된 인지의 변화를 하도록 한다.

고객이 자신의 문제를 구체적이고 명확하게 이해할 수 있도록 질문을 한다. 고객에게 자신의 생각, 신념을 파악하도록 하며, 고객이 어떤 사건에 대하여 부여한 자신만의 의미를 재검토하고, 자동적 사고 또는 부적응적 사고와 행동의 결과를 스스로 평가하도록 한다. 이를 소크라테스적 질문이라고도 한다. 인지적 접근법 관련된 학자는 Aaron Beck(1921~현재)이다.

5. 인지행동 코칭의 적용 및 효과

1) 인지행동 코칭의 적용

인지행동 코칭은 고객으로 하여금 자신감을 갖게 할 수 있다. 고객이 현실적인 목표를 갖도록 할 수 있다. 고객이 생각하고 있는 장애물을 알아차리고 이와 관련하여 고객이 겪고 있는 문제들을 탐색하도록 하여 새로운 대안적 시각을 갖도록 할 수 있다. 고객의 선택에 대한 행동을 강화하기 위해서 내적 자원, 안정감, 자기 수용 등을 높이도록 할 수 있다. 이러한 인지행동 코칭은 라이프/커리어 코칭 및 비즈니스 코칭 등에 적용될 수 있다.

인지행동 코칭은 행동변화 이외의 추가적인 변화가 필요할 때, 잠재성을 갖고 목표를 달성하는 데 있어서 인지적 어려움이 존재할 때, 고객의 현재 자신감 부족 및 현실을 회피하려는 생각으로 목표 달성에 어려움이 존재할 때, 스트레스 수준이 정서적·신체적으로 영향을 미칠 때 좀 더 효과적인 코칭 방법이 될 수 있다.

2) 인지행동 코칭의 효과성

인지행동 코칭을 통하여 고객이 자기중심적이거나 자기의 한계에 지나치게 집중할 때 고객의 사고 또는 행동을 알아차릴 수 있도록 하는 데 도움을 줄 수 있다. 인지행동 코칭은 고객은 자신의 삶의 목표를 성취할 수 있도록 자신감 있게 행동하고 자기효능감을 갖고 판단하고 행동하게 할 수 있다. 인지행동 코칭은 고객이 자신의 한계를 정하거나 나아가 부정적 사고를 가진 경우에 효과가 있다.

그럼에도 불구하고 인지행동치료의 효과성은 우울과 불안과 같은 임상적 장애에 확고하게 입증되었다. Grant(2001)의 연구도 인지행동 코칭이 정신 건강, 자기 조절, 자기 개념을 개선하며, 학업 수행을 개선한다고 했다. 하지만 Grant는 인지행동 코칭 하나만으로는 바람직한 행동 결과를 도출하지 못한다고 하며 해결 중심 인지행동 코칭을 주장하기도 하였다. 이와 관련하여 해결 중심 인지행동 코칭의 효과성에 대한 증거는 최근에 증가하고 있기는 하지만, 아직은 새로운 분야라고 한다(Palmer & Szymanska, 2007).

고객이 의미와 목적에 관심을 갖고 초점을 두고자 하는 경우에는 다른 접근법, 즉 존재론적 접근법이 더 적합할 수 있으며, 부정적 인지와 정서 탐색보다는 긍정심리 관련된 코칭에 관심을 갖고 있는 경우에는 다음 장의 긍정심리 코칭이 더 적합할 수 있다.

성찰(insight)을 더하기 위한 질문 ────────────────── ●●●●

1. 완벽주의는 자신과 타인 또는 성과에 대하여 절대 만족하지 못한다. 이러한 완벽주의는 개인에게 스트레스를 주고 힘들게 할 뿐만 아니라 주변 사람들을 힘들게 하기도 한다. 완벽주의는 부과된 업무에 결점이 있을 것을 대비해서 일을 시작하기도 꺼리고, 일을 끝내지도 못하여 일을 지연하게 하는 결과를 가져오기도 한다. 완벽주의는 높은 기준 설정을 하며, 자신에 대하여 비판적 태도를 유지하며, 낮은 자존감과 지나친 실패감을 갖기도 한다. 완벽주의자는 타인의 인정에 의존하기 때문에 완벽한 결과를 성취하려고 지나치게 노력하는 경향이 있다. 고객이 완벽주의자인 경우에 어떻게 코칭을 하겠는가?

2. SPACE 모델 적용: 당신이 직장에서 어려움을 겪었던 상황을 SPACE 모델 (Society, Physiology, Action, Cognition, Emotion)에 따라 분석하라. 각 요소가 당신의 경험에 어떻게 기여했는지 생각해 보라.

3. PRACTICE 모델 활용: 현재 직면한 문제를 PRACTICE 모델(Problem identification, Realistic relevant goal, Alternative solution, Consideration of consequence, Target most feasible solution, Implementation of chosen solution, Evaluation)을 사용해 해결해 보라. 각 단계에서 어떤 것을 배우고 느꼈는가?

4. ABCDEF 모델 적용: 최근에 부정적인 감정을 느꼈던 사건을 ABCDEF 모델 (Activating event, Beliefs about A, Consequence, Disputation, Effective new approach, Future focus)에 따라 분석해 보라. 어떤 신념이 당신의 감정에 영향을 미쳤는가? 이 신념을 바꾸는 방법은 무엇인가?

참고문헌

Adler, A. (1958). *The education of the individual*. Philosophical Library.

Beck, A. T. (1967). *Depression: Clinical experimental and theoretical aspects*. Harper & Row.

Beck, A. T. (1976). *Cognitive therapy and the emotional disorders*. International Universities Press.

Beck, A. T. (Ed.). (1979). *Cognitive therapy of depression*. Guilford press.

Bluckert, P. (2020). 게슈탈트 코칭: 바로 지금 여기. 엄기용, 이종광, 고나영 역. 한국코칭슈퍼비전아카데미. (원저는 2016년에 출판).

Cox, E., Clutterbuck, D. A., & Bachkirova, T. (2024). 코칭 핸드북(3판). 박준성, 강윤희, 김덕용, 문광수, 소용준, 윤상연, 이재희, 이홍주, 조유용, 허성호 역. 학지사. (원저는 2023년에 출판).

Dweck, C. S., & Leggett, E. L. (1988). A social-cognitive approach to motivation and personality. *Psychological Review, 95*(2), 256.

Edgerton, N., & Palmer, S. (2005). SPACE: A psychological model for use within cognitive behavioural coaching, therapy and stress management. *The Coaching Psychologist, 1*(2), 25-31.

Ellis, A. (1962). *Reason and emotion in psychotherapy*. Lyle Stuart.

Good, D., Yeganeh, R., & Yeganeh, B. (2009). *Cognitive behavioral executive coaching: A generative merging of practices*. Academy of Management Annual Meeting.

Grant, A. M. (2001). *Towards a psychology of coaching*. Unpublished manuscript.

Meichenbaum, D. (1977). Cognitive behaviour modification. *Cognitive Behaviour Therapy, 6*(4), 185-192.

Neenan, M. (2008). From cognitive behaviour therapy(CBT) to cognitive behaviour coaching(CBC). *Journal of Rational-Emotive & Cognitive-Behavior Therapy, 26*(1), 3-15.

Neenan, M., & Dryden, W. (2002). *Life coaching: A cognitive behavioral perspective*. Routledge.

Neenan, M., & Palmer, S. (2001). Cognitive behavioral coaching. *Stress News, 13(3)*, 15-18.

Palmer, S. (2007). PRACTICE: A model suitable for coaching, counselling, psychotherapy and stress management. *The Coaching Psychologist, 3*(2), 71-77.

Palmer, S. & Whybrow, A. (2006) The coaching psychology movement and its development within the British Psychological Society. *International Coaching Psychology Review, 1*(1), 5-11.

Palmer, S. (2002). Cognitive and organisational models of stress that are suitable for use within workplace stress management/prevention coaching, training and counselling settings. *The Rational Emotive Behaviour Therapist, 10*(1), 15-21.

Palmer, S., & Szymanska, K. (2007). Cognitive behavioral coaching: An integrative approach. In S. Palmer & A. Whybrow (Eds.), *Handbook of coaching psychology: A guide for practitioners* (pp. 86-117). Routledge.

Palmer, S., & Szymanska, K. (2016). 코칭심리학. 정석환 역. 코쿱북스. (원저는 2008년에 출판).

Passmore, J. (Ed.). (2019). 마스터 코치의 10가지 중심이론. 김선숙, 김윤하, 박지홍, 송화재, 윤지영, 이민경, 이신애, 이윤주, 이은자, 정유리, 정윤숙, 최희승 역. 한국코칭슈퍼비전아카데미. (원저는 2014년에 출판).

Skiffington, S., & Zeus, P. (2003). B*ehavioral coaching: How to build sustainable personal and organizational strength.* McGraw-Hill.

Whitten, H. (2011). *Cognitive behavioural coaching techniques for dummies.* John Wiley & Sons.

Yates, J. (2024). 커리어 코칭의 이론과 실제(2판). 전주성, 오승국, 하선영 역. 학지사. (원저 2022년에 출판).

제9장
긍정심리 코칭

"인생을 살아가는 데는 오직 두 가지 방법밖에 없다. 하나는 아무것도 기적이 아닌 것처럼, 다른 하나는 모든 것이 기적인 것처럼 살아가는 것이다."

아인슈타인(Einstein)

1. 긍정심리학과 코칭 관계

1) 긍정심리학 기반 코칭

코칭은 2000년 이후 조직 및 개인에게 적용되면서 이제는 코칭의 필요성에 대한 논의보다는 코칭을 어떻게 하면 더 효과적으로 할 것인가에 관한 논의 및 실행이 증가하고 있다. 코칭에 대한 다양한 접근 방법 중에서 긍정심리를 기반으로 한 다양한 코칭 프로그램 개발 및 적용한 연구가 다양하게 진행되었다. 긍정심리는 코칭의 발전에 중요한 역할을 하였으며, 코칭의 실제적 근거를 제시할 잠재력을 가지고 있다(Brock, 2012). 모든 사람들은 자신이 행복해지기를 원한다. 구체적이고 실질적인 방법으로 행복에 대한 연구를 하는 것이 긍정심리학이다.

기존의 임상적 · 심리치료적 접근이 병리적이고 심각한 정신과적 문제를 가지고 있는 사람들을 대상으로 하며, 상담 역시 이보다 정도는 덜하지만 심리적인 문제나 성격적인 특성 등에 초점을 맞추는 것과는 달리, 코칭에서는 이상(abnormal)의 정상화를 위한 측면보다는 이미 건강한 개인이 더욱 성장하고 긍정적인 변화를 경험할 수 있도록 하는 데 주안점을 둔다.

이런 점에서 코칭은 미국의 심리학자 Martin Seligman이 제안한 긍정심리학과 접목되어 많이 활용되고 있다. 코칭에서는 '해답은 고객의 내면에 있으며, 고객 스스로 답하고 해결할 수 있는 능력을 가지고 있다'는 전제로 코치와 고객 사이의 관계가 수평적인 파트너 관계로 형성되도록 한다.

긍정심리학과 코칭은 부정성에 편향된 기존의 심리학에 대한 문제의식을 강조하며 정체성을 확립해 왔다는 점에서 이론적 영향 관계가 있으며, 인간의 강점에 대한 긍정심리학의 과학적 연구 성과가 코칭 프로그램을 설계하거나 효과성을 검증하는 데 적극적으로 활용되고 있다(유영훈, 김유천, 2024).

이처럼 코칭은 건강한 고객이 성장, 발전할 수 있도록 하며, 상담과 달리 과거의 문제보다 현재에 초점을 맞추고, 행동적인 변화를 추구함으로써 보다 즉각적이고 직접적인 효과를 볼 수 있다는 점에서 의미가 있다.

2) 긍정심리학 출현 배경

심리학은 개인의 부정적인 심리를 다루는 것으로 우울, 스트레스 등 개인의 불행한 상태를 벗어나기 위한 치료 목적으로 간주되었다. 그러나 이러한 치료 목적적 심리학에서 개인의 행복에 영향을 미치는 심리적 요인에 대한 연구가 활발하게 진행되고 있다(권석만, 2022). 긍정심리학은 행복에 대한 외적인 조건보다는 사람들의 행복한 마음에 집중하는 것이다. 긍정심리학은 기존의 심리학이 주로 부정성에 초점을 맞추었으나 이제라도 긍정성에 초점을 맞추어 보자는 것이다. 즉, 기존의 심리학은 전통적으로 정상적인 사람보다는 정신적으로 문제가 있고 스트레스가 심한 사람들의 기능을 돕는 데 집중해 왔다. 이에 보통 사람들이 일상적인 생활에서 심리학을 긍정적으로 이용할 수 있게 도울 수 있도록 하고자 하는 시도와 움직임이 있어 왔다(Miller, 1969).

긍정심리학은 Maslow에 의해 유래되었지만 Seligman에 의하여 제창되어 발전되었다(Brock, 2012). 긍정심리학은 미국 펜실베이니아 대학교의 Seligman이 2000년 1월 피터 드러커 대학원의 Csikszentmihalyi와 함께 긍정심리학을 주제로 한 '미국의 심리학자'의 특별판에서 심리학이 '삶을 가치 있게 만드는 것'을 말해야 한다면서 긍정심리학의 필요성에 대해 역설하면서 만들어졌다.

Seligman

우리가 보다 궁극적으로 바라는 것은 사는 동안 진정으로 의미 있고, 충만한 삶을 사는 것이다. 즉, 행복해지는 것이라 할 수 있다. 긍정심리학에서 Seligman은 '진정한 행복은 개인의 강점을 파악하고 계발하여 일, 사랑, 자녀 양육, 여가 활동이라는 삶의 현장에서 활용함으로써 실현된다'고 하였다. 따라서 행복한 삶을 살기 위해서는 우선 자신의 강점을 아는 것이 중요하다. 그리고 그것을 잘 활용하는 것이다.

긍정심리학은 사람들이 행복하고 성공하며, 자신의 능력을 최대한 발휘할 수 있는 조건과 과정을 연구하는 것이다. 따라서 감사와 용서, 경외심, 영감, 희망, 호기심, 웃음, 행복, 명상, 웰빙 등을 연구한다. 긍정심리학은 심리학에서 주요한 부분으로 자리 잡았으며, 개인이 행복을 추구하는 한 계속하여 연구 개발될 주제가 되었다.

긍정심리학을 제창한 Seligman(2009)은 진정한 행복은 개인의 강점을 파악하고 계발하여 개인과 관련된 부분에 활용됨으로써 실현된다고 한다. 행복은 코칭에서도 중요한 주제이다. 코칭은 개인의 잠재된 역량과 강점을 이끌어 내어 개인의 원하는 방향으로 나아갈 수 있도록 도와주는 것이다. 코칭은 개인이 더 행복해지도록 돕는 것이라 할 수 있다. 따라서 긍정심리를 바탕으로 한 긍정심리학과 코칭의 지향점은 사람들에게 행복한 삶을 영위하도록 돕는다는 측면에서 유사한 측면이 있다.

Seligman(2002)은 즐거운 기분을 느끼면서 자신의 일에 열정적으로 몰입하며 삶의 의미를 발견할 수 있을 진정한 행복을 누릴 수 있다고 보고, 과거, 현재, 미래에 대해 긍정적인 감정을 느끼면서 살아가는 즐거운 삶, 자신이 위치한 활동에 열정적으로 참여하고 몰입하여 자신의 잠재력을 최대로 효율적이고 자기를 실현해 나가는 적극적인 삶, 우리 생에서 소중한 의미를 발견하고 부여할 수 있는 의미 있는 삶이라는 측면에서 행복한 삶의 조건을 제시하고 있다.

개인과 관련된 심리학은 정신분석 심리학, 행동주의 심리학, 인지 심리학을 거쳐 **인본주의 심리학**(humanistic psychology)으로 발전하였으며, 이러한 경향은 **긍정심리학**(positive psychology)으로 발전하였으며, 2000년 이후 긍정심리학이 코칭의 중요한 기반이 되었다(Peterson & Seligman, 2004; Seligman, 2002; Seligman & Csikszentmihalyi, 2000, 김유천 2020). 긍정심리학은 긍정적 강점에 대한 광범위한 관련 지식을 제공해 주고 있다. 긍정심리는 코칭을 좀 더 효과적으로 할 수 있는 방안 중 하나이다. 긍정심리학의 태동은 코칭의 이론적 기반이 되었으며, 긍정심리학은 코칭에 매우 적합한 이론이다(Biswas-Diener & Dean, 2007).

Robert Hargrove(1995) 역시 '변혁적 리더를 위한 리더십 코칭'에서 긍정심리학을 강조하고 있다. 인본주의 심리학과 긍정심리학의 발전은 코칭학의 학제적 접근의 씨앗이 되었다(길영환, 2011). 코칭은 이와 같이 철학 및 심리학을 포함한 다양한 사회과학으로부터 도움을 받아 코칭학으로 발전하여 왔다.

2. 긍정심리 코칭

긍정심리 코칭(positive psychology coaching)은 잘못된 것에 초점을 맞추기보다는 강점에 초점을 맞추는 것이다(Seligman, 2009). 코칭은 개인의 인지적 · 정서적 · 행동적 변화를 가져오게 되는데, 긍정심리 코칭은 개인의 긍정적 정서에 초점을 두어 행복에 긍정적인 기여를 하게 된다. 코치로부터 지지, 격려를 받은 개인은 자기효능감을 갖게 되고 현재에 대한 긍정성 및 미래에 대한 낙관성을 갖게 된다. 긍정심리 코칭(Van Zyl et al., 2020)의 원리는 코치가 코칭을 받은 사람들이 앞으로 나가는 방법을 찾아내는 과정에서 잘 가도록 고객의 여정을 지원한다는 것이다.

Van Zyl 등(2020)은 긍정심리 코칭의 개념 및 모델 관련하여 체계적 문헌연구를 통하여 다음과 같이 긍정심리 코칭 개념을 정리하였다. 긍정심리 코칭은 '긍정적인 상태, 특성 및 행동을 향상시키기 위해 개인적/심리적 강점과 자원을 식별, 활용, 최적화 및 개발하는 것을 목표로 하는 고객과 코치 간의 단기 및 중기 전문적이고 협력적인 관계'라고 하였다. 또한 소크라테스적 목표 설정과 긍정적 심리학적 증거 기반 접근법을 활용하여 개인적/직업적 성장, 최적의 기능, 향상된 웰빙, 사람들의 잠재력 실현을 촉진하고 업무 요구에 대처하는 데 도움을 준다고 하였다.

코칭은 건강한 개인이 더욱 성장하고 긍정적인 변화를 할 수 있도록 만들어 주는 데 주안점을 둔다는 측면에서 긍정심리학과 접목된다. 긍정적 삶을 만들기 위해서는 자신의 의지가 훨씬 중요하다고 한다(Seligman, 2002).

인간의 긍정심리에 관심을 두고 행복한 삶을 영위하는 방법을 연구하는 긍정심리학(Seligman & Csiksznetmihalyi, 2000)에서는 개인의 부정적인 정서 또는 성격적인 약점을 제거하는 것보다 긍정적인 정서를 발생시키고 강점을 부각하며 살아가는 것이 행복에 더욱 중요하다고 강조한다(Seligman, Rashid, & Park, 2006). 우리는 과거, 현재, 미래에 대하여 긍정 정서를 가지고 이를 잘 활용할 때 행복해진다(Seligman, 2002). Wilson(1967)은 행복을 **주관적 안녕감**(Subjective Well-Being: SWB)이라 정의했고, SWB는 부정적 정서(negative affect)보다 긍정적 정서(positive affect)를 더 많이 경험할 때 발생된다(Diener, Suh, Lucas, & Smith, 1999).

3. 긍정심리 코칭 과정

긍정심리 코칭 과정에서 활용할 수 있는 몇 가지 증거 기반한 개입 방안은 세 가지 좋았던 일 적기, 질문하기, 감사하기 등이 있다. 다음과 같이 세부적으로 살펴보고자 한다.

1) 긍정심리학 기반한 접근

(1) 세 가지 좋았던 일 적기
긍정심리학 개입 방안 중 가장 효과적이고 많은 연구가 이루어진 것 중 하나이며 가장 단순한 것이기도 하다. 매일 오늘 있었던 일 가운데 좋았던 일을 세 가지 적게 한다. 이러한 간단한 방안이 행복을 증진시키고 우울 증상을 최소 6개월간 감소시키는 것으로 보고되었다(Seligman et al., 2005). 세 가지 좋았던 일은 코칭 대화를 하거나 긍정적 답변을 이끌어 내기를 원하는 좀 더 일반적인 대화 모두에서 사용될 수 있다. 예를 들어, 만약 코칭을 받는 사람이 하루가 끔찍했다고 한다면 코치는 고객에게 오늘 잘 진행된 것 세 가지를 말해 보라고 간단히 요청할 수 있다. 또는 여러 가지 이유로 힘들어하는 고객에게 오늘 하루 나의 최고의 모습은 언제였는지 물어볼 수 있다. 고객들은 이러한 질문을 통하여 긍정적 일들을 생각하게 된다고 한다(Sheldon & Lyubomirsky, 2004).

(2) 질문하기

세 가지 질문 과정, 이 연습은 Tal Ben-Shahar(2007)가 자신의 책 『Happier』에서 제안한 의미(meaning), 기쁨(pleasure), 강점(strength)이다. 간단히 말하자면 다음과 같은 세 가지 질문을 코칭을 받는 사람에게 하는 것이다.

- 무엇이 당신에게 의미를 주는가?
- 무엇이 당신에게 기쁨을 주는가?
- 무엇이 당신의 관심을 끌고 있는가?

이러한 질문들은 간단하지만 누구라도 자신에게 진지하게 해 본 적 없는 질문이다. 당신의 고객이 이러한 질문들을 성찰할 약간의 시간을 사용하도록 하고 너무 빨리 결론을 내리는 것을 피하는 것이 중요하다

(3) 감사하기

긍정 정서 중 하나인 감사는 삶의 만족과 아주 높은 상관이 있고(Park, Peterson, & Seligman, 2004), 주관적 안녕감(SWB)을 측정하는 중요한 요소이다(Adler & Fagley, 2005). 감사는 행복과 밀접한 관계를 지니는 성격적 강점으로 알려져 있으며, 감사의 특성을 지닌 사람들은 긍정 정서, 삶의 만족, 낙관주의에 더 높은 수준을 나타내고, 특히 감사는 부정 정서를 줄이는 효과보다 긍정 정서를 증진하는 효과가 더 크다고 한다(McCullough et al.,

2002). 인간은 긍정적 정서를 가지고 이를 활용할 때 행복해지며, 감사는 이러한 긍정적 정서를 유발하는 주요한 행위이다.

감사는 종교적 삶을 설명하는 데 공통적인 주제 중 하나이며 주요 종교에서 개인이 가져야 할 핵심 미덕으로 강조되었다(Emmons & Crumpler, 2000). 감사하기는 인류에게 삶의 지혜로 이어져 왔으며, 시대를 초월하여 인간의 성격과 삶의 바람직한 모습으로 여겨졌다(Emmons, McCullough, & Tsang, 2003). 감사 성향이 높은 사람들은 삶에 대한 만족 수준이 높고(McCullough, Emmons, & Tsang, 2002; Park, Peterson, & Seligman, 2004). 호의적이며 친사회적인 행동을 많이 한다(Bartlett & DeSteno, 2006). 또한 감사하기는 긍정 정서를 높여 주고 부정 정서를 낮추어 준다(Kashdan, Uswatte, & Julian, 2006).

Lee와 Kim(2024)은 한국의 대학생을 대상으로 한 감사증진 프로그램의 효과를 메타분석을 통하여 다음과 같은 결과를 도출하였다. 연구의 결과로 대학생 감사증진 프로그램이 여러 심리적 어려움과 진로문제 등으로 고민하는 대학생들에게 변화와 성장을 이끄는 효과적인 방법임을 확인할 수 있었다. 감사증진 프로그램의 정서영역에서 효과크기($d=0.60$)는 중간 이상의 효과크기를 나타내었고, 부정적 정서감소의 효과크기($d=0.90$)가 긍정적 정서증진의 효과크기($d=0.50$)보다 더 크게 나왔다. 감사증진 프로그램이 비난하거나 분노하는 부정적 행동 감소보다는 개선하고 관계 맺기 등의 긍정적 행동 증진에 보다 더 큰 효과를 보이는 것이다. 감사증진 프로그램의 유형별 효과크기를 분석한 결과 '감사기록과 감사실천을 동시에 수행하는 프로그램'의 효과크기($d=0.85$)가 '감사기록만을 수행하는 프로그램'의 효과크기($d=0.77$)보다 높게 나와 주위 사람들에게 감사함을 말하기, 편지 쓰기 등으로 직접 실천한 감사증진 프로그램이 효과가 더 높음을 알 수 있었다.

추가로 Lee와 Kim(2023)은 한국의 대학생들을 대상으로 감사에 대하여 어떤 인식을 가지고 생활하는지 알아보기 위하여 개인의 주관성을 살펴보았으며, 연구의 결과에 따르면 대학생들의 감사에 대한 인식유형은 총 다섯 가지로 구분되었다. 유형 1은 '표현을 통한 적극적 감사형', 유형 2는 '조건에 따른 소극적 감사형', 유형 3은 '관계를 통한 감사형', 유형 4는 '내적만족을 통한 감사형', 유형 5는 '물질을 통한 감사형'으로 구분되었다. 본 연구의 결과 각 유형별로 상황에 따라 감사함을 느끼는 정도의 차이를 확인하였다.

(4) 최고의 자아 그려 보기

이 방법은 코칭을 받는 사람들이 자신이 원하는 방식대로 모든 일이 진행되고 모든 목표가 실현되는 상황을 상상하도록 요청받는다. 코칭을 받는 사람들은 코칭 기간 동안에 이것을 하도록 요청받으며 매 코칭 세션에 그 결과를 가져오게 된다. 최고의 자아 그려 보기는 낙관주의를 증대시키고 우선순위와 목표를 설명하는 데 도움을 준다.

2) 강점 코칭: 자신의 강점 활용하기

강점 코칭 역시 긍정심리학을 기반으로 하고 있으나, 앞서 이야기한 긍정심리학을 기반으로 한 코칭 접근과 다른 부분은 오로지 강점에 관련된 코칭에만 집중한다는 것이다.

이 방법은 자신의 강점을 선택하고 일주일간 일상생활에서 자신의 강점을 새로운 방식으로 적용하도록 한다. 처음에 고객은 자신이 선택한 강점이 이미 삶에서 실행되고 있음을 보여 주면 된다. 이어서 고객은 현재 처해 있는 상황을 개선하거나 현재 상황에서 최대한으로 활용할 수 있는 방안을 탐색할 수 있다. 이러한 과정은 성찰을 통해 고객의 일을 실행할 수 있다. 자신의 강점을 평가하고 적용하는 것은 웰빙 증진뿐만 아니라 많은 목적들에 기여하게 된다. 자신의 강점 활용은 고객들이 바람직한 결과를 달성하기 위해 자신의 강점을 적용할 수 있는 방법을 찾도록 도와줄 수 있다.

개인 강점 진단 도구(Values in Action Inventory of Strengths: VIA–IS)를 통하여 확인할 수 있다(Peterson & Seligman, 2004).

Seligman과 Peterson은 전 세계에 걸쳐 지속적으로 중히 여기는 여섯 가지 덕목인 지혜, 용기, 자애, 정의, 절제, 초월의 하위 개념으로 24개의 강점 목록을 도출하였다. 이러한 강점을 활용하면 직장에서 생산성이 향상되고 직무 만족도가 높아지는 것으로 나타나 코치에게 유용한 접근법이 될 수 있다(Lavy et al., 2017).

3) 해결 중심 코칭

해결 중심 코칭(solution focused coaching)은 고객이 원하는 상태를 분명히 표현하도록 돕고, 원하는 미래 상태를 달성하거나 근접한 결과를 얻을 수 있도록 사고와 행동 경로를 개발하도록 돕는 것이다. 해결 중심 코칭은 내담자가 직면한 문제에 대한 인식변화에 이에 대한 해결에 중점을 두는 해결 중심 치료의 영향을 받았다. 해결 중심 코칭은 고객의 문제에 초점을 맞추기보다는 고객의 해결에 초점을 맞추는 것으로 긍정심리 관점이라 할 수 있다(Yates, 2013; Yates, 2022).

해결 중심 코칭의 주요 원칙은 다음과 같다(de Shazer, 1988). 코치는 문제의 병리학적 원인을 살펴보기보다는 해결 방안을 주로 모색한다. 코치는 기본적으로 긍정적인 변화가 발생할 것이라고 가정한다. 코치는 고객을 동등하게 대하고 고객이 자기 삶의 전문가라는 것을 인식하며 해결안 개발을 위해 고객과 협력적 동맹관계를 유지한다. 코치는 고객의 행동변화를 위한 관점변화를 하도록 한다.

4. 긍정심리 코칭 효과

긍정심리에 기반한 코칭 변인 관련하여 살펴보면 다음과 같다. Seligman 등(2005)은 긍정심리학에 대한 개입(intervention)의 실증적 검증을 실시하였다. 2개의 집단을 실험집단과 비교집단으로 나누어 진행하였으며, 긍정적 행복을 증가시키는 6개의 개입을 실시하여 감사방문하기, 좋은 것 세가지 적기, 대표 강점 사용하기가 긍정적 행복을 증가시킨다는 것을 검증하였다.

Lyubomirsky, Sheldon과 Schkade(2005)는 인간의 행복을 결정하는 중요한 요소로 유전적 요소, 환경적 요소, 의도적 활동 등을 제시하였다. 유전적 요소가 행복의 약 50%를 결정하며, 환경적 요인은 삶의 상황, 나이, 성별, 가족, 사회적 계층, 수입, 교육 수준 등 외부 환경으로 행복의 약 10%를 결정하며, 나머지 40%는 의도적 활동에 의해 결정되며, 의도적 활동은 개인의 동기와 노력에 의한 자발적인 행동을 말한다(Lykken & Tellegen, 1996; Lyubomirsky, Sheldon & Schkade, 2005에서 재인용). 이는 행복의 많은 부분이 유전과 환경에 의해 결정되지만, 행복 증진을 위한 개인의 의도적인 활동과 노력으로 행복의 범위를 넓힐 수 있다는 것을 보여 주는 것이다(황재원, 김계현, 2009).

긍정 코칭적 개입은 감정노동에 따른 부정경험에 대한 예방적 차원의 관리 효과와 함께 개인의 건강과 행복을 도모하고 최종적으로 업무의 효율성과 성과를 향상시켜 조직발전과 성장에 긍정적 가치를 가져오게 된다(홍민영, 2014). 자기효능감이 높은 사람들은 어떠한 과제 혹은 상황에서도 자신감 있게 행동하며, 자신이 관심을 갖고 노력하면 그 과제나 상황에서 훌륭한 성과를 낼 수 있다고 믿는다(백혜연, 2011). 긍정심리 코칭은 또한 낙관성을 높여 주는데, 낙관성은 긍정 정서(행복함, 차분함)를 높이고, 부정 정서(슬픔, 불안함, 화남)를 낮추는 것으로 나타났으며, 낙관적인 사람들은 실패

후에도 상대적으로 높은 긍정 정서 및 낮은 부정 정서를 경험하는 것으로 나타났으며, 낙관주의 사람들은 상대적으로 부정적인 정보를 더 무시하는 경향이 있다고 한다(안다휘, 이희승, 2017).

탁진국, 임그린, 정재희(2014)는 긍정심리기반 코칭 프로그램을 개발하고, 코칭 프로그램이 행복감에 미치는 영향을 검증하였다. 12명을 대상으로 실험집단과 통제집단으로 나누어 진행되었다. 사전, 사후, 추후 3번에 걸쳐 진행되었다. 행복감과 관련이 높은 생애만족, 정신건강, 희망, 낙관성, 주관적 행복감을 측정하여 분석하였다. 희망을 제외하고 프로그램의 행복증진효과가 검증되었다. 프로그램 효과의 지속성 검증 결과 낙관성을 제외하고 프로그램의 효과가 지속된 것으로 나타났다. 행복은 개인 삶의 주요한 부분이다. 행복은 무엇이며, 어떻게 행복에 도달할 수 있는가는 많은 학자들이 지속적으로 논의한 주제였다. 행복이란 외적인 조건 이외에 인간 심리적인 성장과 같은 내적 요인이 중요하다고 할 수 있으며 긍정심리기반 코칭을 통하여 행복을 증진할 수 있었다. 조지연, 탁진국(2016)은 서울 소재 대학교 대학생을 대상으로 일대일 긍정심리기반 코칭을 실시하였고 그 결과 대학생들의 자기효능감, 진로의사결정 및 진로결정 수준에 유의미하게 영향을 주었다고 한다.

긍정심리에 기반한 코칭은 상기와 같은 다양한 효과를 보여 주고 있다. 향후 긍정심리에 기반한 개별적 코칭 프로그램 효과를 통합하여 통계적인 효과를 보여 줄 수 있는 메타분석 연구가 필요하다.

성찰(insight)을 더하기 위한 질문

1. 내가 가지고 있는 강점은 무엇이고, 이를 일상생활이나 업무에서 어떻게 더 잘 활용할 수 있을까? 자신의 강점을 평가하고 이를 극대화하기 위한 구체적인 전략을 생각해 보자.

2. 내 삶에서 '세 가지 좋았던 일' 기법을 적용한다면 어떤 변화가 있을까? 이를 매일 실천할 경우 기대되는 긍정적인 영향을 상상해 보고, 현재의 생활과 비교해 보자.

3. 긍정심리 코칭의 원칙을 통해 내가 성취하고 싶은 목표는 무엇인가? 구체적인 목표를 설정하고, 긍정심리 코칭을 통해 그 목표를 달성하는 데 필요한 행동 계획을 세워 보자.

4. 긍정심리 코칭을 통해 내가 개선하고 싶은 부정적인 습관이나 사고방식은 무엇인가? 현재의 부정적인 패턴을 파악하고, 긍정적인 변화를 이끌어 내기 위한 구체적인 실행 계획을 수립해 보자.

5. 긍정심리 코칭을 조직 내에 도입하는 것의 장점은 무엇인가? 긍정심리 코칭이 직원들의 성과와 조직 문화에 어떤 영향을 미칠 수 있을지 논의해 보자..

참고문헌

권석만(2022). 긍정 심리학: 행복의 과학적 탐구. 학지사.

길영환(2011). 코칭의 학문적 근거를 위한 제안, 코칭연구 4(2), 43-66.

백혜연(2011). 긍정심리코칭이 대학생의 긍정성에 미치는 영향. 광운대학교 교육
대학원 석사학위논문.

안다휘, 이희승(2017). 반복된 실패 상황에서 끈기(Grit), 낙관성, 정서 및 인지 반응
간의 관계. 한국심리학회지: 사회 및 성격, 31(4), 79-102.

유영훈, 김유천(2024). 긍정심리학과 코칭의 연관성 및 적용에 대한 탐색적 연구.
아시아상담코칭연구, 6(2), 31-45.

조지연, 탁진국(2016). 긍정심리기반 강점 코칭 프로그램이 대학생들의 자기효능
감, 진로의사결정 및 진로결정수준에 미치는 영향. 청소년학연구, 23(1), 279-
304.

탁진국, 임그린, 정재희(2014). 행복증진을 위한 긍정심리기반 코칭프로그램 개발
및 효과성 검증. 한국심리학회지: 일반, 33(1), 139-166.

홍민영(2014). 긍정정서를 활용한 기업 코칭 전략 및 효과 탐색: 항공사 객실 승무
원의 행복 만들기: 항공사 객실 승무원의 행복 만들기. 연세상담코칭연구, 1, 183
-204.

황재원, 김계현(2009). 대학생의 행복추구경향과 주관적 안녕감과의 관계. 상담학
연구, 10(1), 57-71.

Adler, M. G., & Fagley, N. S. (2005). Appreciation: Individual differences in
finding value and meaning as a unique predictor of subjective well-being.
Journal of Personality, 73(1), 79-114.

Bartlett, M. Y., & DeSteno, D. (2006) Gratitude and prosocial behavior: Helping
when it costs you. *Psychological Science, 17*(4), 319-325.

Ben-Shahar, T. (2007). *Happier: Learn the secrets to daily joy and lasting
fulfillment* (Vol. 1). McGraw-Hill.

Biswas-Diener, R., & Dean, B. (2007). *Positive psychology coaching: Putting the
science of happiness to work for your clients*. John Wiley & Sons.

Brock, V. (2012). *The sourcebook of coaching history* (2nd ed.). Self published.

de Shazer, S. (1988). *Clues: Investigating solutions in brief therapy*. WW Norton & Co.

Diener, E., Suh, E., Lucas, R., & Smith, H. (1999). Subjective well being: Three decades of progress. *Psychological Bulletin, 125*(2), 276-302.

Emmons, R. A., & Crumpler, C. A. (2000). Gratitude as a human strength: Appraising the evidence. *Journal of Social and Clinical Psychology, 19*(1), 56-69.

Emmons, R. A., McCullough, M. E., & Tsang, J. A. (2003). The assessment of gratitude. In S. J. Lopez & C. R. Snyder (Eds.), *Positive psychological assessment: A handbook of models and measures* (pp. 327-341). American Psychological Association.

Hargrove, R. (1995). *Masterful coaching: Extraordinary results by impacting people and the way they think and work together*. Pfeiffer & Co

Kashdan, T. B., Uswatte, G., & Julian, T. (2006). Gratitude and hedonic and eudaimonic well-being in vietnam war veterans. *Behaviour Research and Therapy, 44*(2), 177-199.

Lavy, S., Littman-Ovadia, H., & Boiman-Meshita, M. (2017). The wind beneath my wings: Effects of social support on daily use of character strengths at work. *Journal of Career Assessment, 25*(4), 703-714.

Lee, N., & Kim, Y. (2024). A meta-analysis on the effectiveness of gratitude promotion programs for South Korean college students. *Behavioral Sciences, 14*(3), 240.

Lee, N., & Kim, Y. (2023). A study on south korean college students' perceptions of gratitude. *Behavioral Sciences, 13*(4), 281.

Lykken, D., & Tellegen, A. (1996). Happiness is a stochastic phenomenon. *Psychological Science, 7*(3), 186-189.

Lyubomirsky, S., Sheldon, K. M., & Schkade, D. (2005). Pursuing happiness: The architecture of sustainable change. *Review of General Psychology, 9*(2), 111-131.

McCullough, M. E., Emmons, R. A., & Tsang, J. (2002). The grateful dispositon: A conceptual and empirical topography. *Journal of Personality & Social*

Psychology, 82(1), 112-127.

Miller, G. A. (1969). Psychology as a means of promoting human welfare. *American Psychologist, 24*(12), 1063.

Park, N., Peterson, C., & Seligman, M. E. (2004). Strengths of character and well-being. *Journal of Social and Clinical Psychology, 23*(5), 603-619.

Passmore, J. (Ed.). (2014). *Mastery in coaching: A complete psychological toolkit for advanced coaching*. Kogan Page Publishers.

Peterson, C., & Seligman, M. E. (2004). *Character strengths and virtues: A handbook and classification* (Vol. 1). Oxford University Press.

Seligman, M. E. (2002). *Authentic happiness: Using the new positive psychology to realize your potential for lasting fulfillment*. Free Press.

Seligman, M. E. P. (2009). 마틴 셀리그만의 긍정심리학. 김인자 역. 도서출판 물푸레. (원저는 2004년에 출판).

Seligman, M. E., & Csikszentmihalyi, M. (2000). *Positive psychology: An introduction*. American Psychological Association.

Seligman, M. E., Rashid, T., & Park, A. C. (2006). Positive psychotherapy. *American Psychologist, 61*(8), 774-788.

Seligman, M. E., Steen, T. A., Park, N., & Peterson, C. (2005). Positive psychology progress: Empirical validation of interventions. *American Psychologist, 60*(5), 410.

Sheldon, K. M., & Lyubomirsky, S. (2004). Achieving sustainable new happiness: Prospects, practices, and prescriptions. *Positive Psychology in Practice* (pp. 127-145).

Van Zyl, L. E., Roll, L. C., Stander, M. W., & Richter, S. (2020). Positive psychological coaching definitions and models: A systematic literature review. *Frontiers in Psychology, 11*, 793.

Wilson, W. R. (1967). Correlates of avowed happiness. *Psychological Bulletin, 67*(4), 294-306.

Yates, J. (2013). A positive approach to career coaching. *Journal of the National Institute of Career Education and Counselling, 30*(1), 36-43.

Yates, J. (2024). 커리어 코칭의 이론과 실제(2판). 전주성, 오승국, 하선영 역. 학지사. (원저는 2022년에 출판).

제10장
게슈탈트 코칭

"인생에서 원하는 것을 얻기 위한 첫 번째 단계는 내가 무엇을 원하는지 결정하는 것이다."

벤 스타인(Ben Stein)

1. 게슈탈트 의미

1) 게슈탈트 개념

게슈탈트(Gestalt)는 '통합된 또는 의미 있는 전체'라는 뜻이다. 여러 부분이 하나의 전체로 지각된 형태나 구조를 의미한다. 게슈탈트는 독일어이며 다양한 의미를 가지고 있어서 한마디로 정의하기가 어렵다. 독일어인 게슈탈트는 '형태' '형상'을 의미하며, 영어로는 form, pattern으로 번역된다. Gestlten은 게슈탈트의 동사형으로 '구성하다, 형성하다. 창조하다, 개발하다, 조직하다'의 뜻을 가지고 있다.

게슈탈트 전문가들은 단 몇 개의 단어로 게슈탈트 심리치료 및 게슈탈트 코칭을 정의하는 것은 어렵다고 한다. 게슈탈트는 심리학, 실존철학, 현상학, 사이코드라마, 연극기법 등을 통합하고 있다. 게슈탈트는 인문학적이고 실존적이며 현상학적이라고 할 수 있다. 인간 유기체가 환경과의 접촉 속에서 통일된 전체로 기능하는 존재라는 점을 강조하고 있다. 개인의 의식에 떠오르는 게슈탈트를 중시하고 있다.

2) 게슈탈트 심리학

게슈탈트 접근은 지각 심리학에서 감각 자극으로 들어온 정보가 어떻게 처리되는지 그리고 정보를 어떻게 구조적으로 조직화하는지를 이해하기 위한 게슈탈트의 심리학적 접근에서 시작되었다(Passmore, 2014). 게슈탈트 접근법 또는 게슈탈트 심리학은 1912년 Max Wertheimer(1880~1943)에 의해 처음 제안되었다. 게슈탈트 심리학 이론은 개인이 환경과 어떻게 상호작용하는지를 설명한다. 전체는 부분의 합보다 크다.

게슈탈트 심리학 이론의 초점은 집단화(grouping)인데, 어떤 자극의 특징은 특정한 방식으로 시각적 장(visual field)이나 문제를 구조화하고 해석하도록 이끄는 것이다.

집단화를 결정짓는 주요 요인은 근접성, 유사성, 폐쇄성, 단순성이다. **근접성**은 가까이 있는 요소들은 서로 함께 묶이는 경향이 있다는 것이다. **유사성**은 어떤 면에서 유사한 요소들은 함께 묶이는 경향이 있다는 것이다. **폐쇄성**은 요소들이 어떤 완벽한 전체 모습을 이루는 경향이 있으면 함께 묶인다는 것이다. **단순성**은 각 요소들이 대칭성, 규칙성, 순조로운 정도에 따라 단순한 형태로 조직된다는 것이다.

우리가 어떤 물체를 보게 되면 먼저 **전경**(figure)과 **배경**(ground)을 분리하게 된다. 전경이란 주의(attention)가 주어지는 형상(image)을 말하며, 주의가 주어지지 않는 형상은 모두 배경에 속하게 된다(오경기 외, 2020). 이와 관련된 [그림 10-1]은 전경과 배경을 설명할 때 많이 인용되는 그림이다.

[그림 10-1] 루빈의 꽃병[1]

3) 게슈탈트 치료

게슈탈트 치료는 1940년대 형태주의 심리학 이론을 기반으로 Fritz Perls(1893~1970)와 그의 아내 Laura Perls에 의해 창시된 후 여러 사람들이 발전시킨 현상학적-실존적 치료 형태이다. Fritz Perls는 가치와 행동(욕구) 사이의 내적 갈등과 관련된 성격 문제를 다루었으며, 양극성(흑백 사고), 빈 의자 기법, 순간 인식과 같은 용어를 도입했다. 게슈탈트 이론은 또한 정신, 감정, 신체, 영성 등 고객의 전인적 경험을 중요하게 여겼다. Perls 는 Kurt Lewin의 변화 이론 연구에 영향을 받았다(Williams & Menendez,

---

1 루빈의 꽃병(Rubin vase, figure-ground vase), 루빈의 컵, 루빈의 얼굴(Rubin face)은 컵 과 사람의 옆모습을 이용한 루빈의 그림이다. 루빈의 컵은 전경(前景)과 배경(背景)이 뒤 바뀌는 현상을 보여 줄 때 이용한다. 이 그림을 볼 때 우리는 흰 부분이 검은 바탕 위에 있 는 것으로 지각해 흰 컵을 보기도 하고, 검은 부분이 흰 바탕 위에 있는 것으로 지각해 마 주 보고 있는 두 사람의 얼굴을 보기도 한다. 시간이 지나면 컵과 두 옆얼굴이 번갈아 가 며 전경과 배경으로 지각되는데, 이를 전경과 배경의 역전 현상이라 한다. 그러나 컵과 두 옆얼굴이 동시에 지각되지는 않는다(위키백과 참조).

2023).

설명과 해석보다는 내담자와 치료자 두 사람 모두의 즉각적인 경험을 더 신뢰하고 중요하게 취급하며, 자각을 증진시키는 데 초점을 둔다. 또한 상담 내용(무엇이 논의되고 있는가)보다는 과정(무엇이 일어나고 있는가)에 초점을 둔다. 지금-여기에서의 자각에 초점을 맞춰 치료자와 내담자의 상호작용이 '나-너' 관계라는 존재 방식 안에서 다루어진다. 상담자는 내담자를 고귀한 존재인 근원자(Thou, 당신)로 지각하고, 이때 내담자는 존중받는 느낌을 받으며 치유된다. 또한 내담자는 자신이 현재 하고 있는 행위와 작업에 책임을 지도록 격려를 받는다.

4) 게슈탈트와 현상학

게슈탈트는 지금-여기에서 당장 변화시킬 수 있는 것이 무엇일까 탐색한다. 현상학은 지금-여기에서 일어나는 현재 현상을 통해 상황을 이해하고 통찰하는 것이다. Yontef(1980)에 의하면 현상학은 게슈탈트의 중요한 부분 중 하나라고 한다. 게슈탈트의 유일한 목적중 하나는 알아차림(awareness)이며, 현상학 또한 알아차림이다. 또한 게슈탈트가 전체적으로 대화적 실존주의에 기초하는데, 코칭에서는 '지금-여기'에서 코치-고객 간의 대화를 의미한다. 대화는 그리스어 dia(편제하는)와 logos(이성, 로고스)로 이루어졌는데, '대화'는 흐르며 지나간다는 뜻이다. Perls(1969)는 현재의 자기에 대한 알아차림이 있어야 사람들이 건강해진다고 한다.

2. 게슈탈트 코칭

1) 게슈탈트 코칭 개념

게슈탈트 코칭은 게슈탈트 심리학의 원리를 바탕으로 한 코칭 방법론이다. 게슈탈트 코칭은 온전히 알아차린 것을 행동으로 바꾸는 과정이다. 게슈탈트 코칭은 일상 경험에 완벽하게 집중하게 하는 것을 방해하는 것이 무엇인지를 의식적으로 알아차릴 수 있도록 도와준다. 게슈탈트 코칭은 피코치자의 알아차림(자각)을 최우선적으로 다루며 코치와 피코치자의 관계에서 일어나는 지금-여기의 경험을 중심으로 피코치자의 변화를 이끌어 내는 코칭 접근이다(Palmer & Whybrow, 2018). 게슈탈트 코칭은 현재를 최우선으로 하고, 코치와 피코치자 간 상호작용에서 말보다는 행동을, 생각보다는 표현을 더 가치 있게 다룬다. 게슈탈트 코칭에서는 코치가 비판단적이어야 한다. 이것은 피코치자를 좋은 사람과 나쁜 사람으로 구분하지 않고 단지 이들의 행동과 반응, 수행만이 존재한다고 보는 관점이다.

2) 게슈탈트 코치

게슈탈트 접근은 최근에 심리 치료보다 코칭 장면과 더 중요한 관련성을 맺고 있다(Law et al., 2010). 게슈탈트 코칭은 코치와 피코치자의 상호작용 과정에서 코치의 경험을 피코치자에게 전달하는 것이라고 정의할 수 있다. 코치는 자기 스스로를 하나의 도구로 보고, 자신의 예술 작품을 변형시키고 변환하는 예술가와 비슷하다. 그러므로 코치와 피코치자의 상호작용에서 말보다는 행동을, 그리고 생각보다는 표현을 더 가치 있게 여긴다. 게슈탈트 코치들은 자신이 진행하는 코칭을 음과 같은 하나의 예술 형태로 보며 마음과 마음으로 소통이 이루어지고 있다는 점에서 자신들을 '벌거벗은 상태'로 간주한다.

게슈탈트 기법의 의미는 예술적 표현이자 이해한 바를 생생하게 몸으로 표현하는 것이다. 코치는 생생한 경험에 토대를 두면서 자신이 이해한 바를 행동을 통해 소통하려 한다. 게슈탈트 코치들은 현재를 가장 중요시한다. 이들은 바로 이 순간에 생생한 경험을 가지고 작업하고, 모든 이슈들에 대한 성찰은 현재에 초점을 맞추어 이루어진다. 게슈탈트 코치들은 '현재 중심성(present-centeredness)'을 하나의 기술로 여기고 있다. 게슈탈트 코칭에서 코치는 코칭 과정 중 자신의 사고, 느낌, 감각을 알아차리는 것에 특별히 중점을 두며, 코치이에게 도전의식을 주고 그를 돕기 위해 이를 과정에 활용하게 된다. 코치는 자신의 코칭을 굳이 게슈탈트라고 하지 않았으나 실제로는 게슈탈트 구조로 코칭을 할 수도 있다.

3) 게슈탈트 코칭 주요 원칙

게슈탈트 코칭의 주요 원칙들을 살펴보면 다음과 같다(Bluckert, 2016; Passmore, 2014).

(1) 지금-여기에 집중

게슈탈트 코칭은 현재의 순간에 집중하는 것을 중요시한다. 과거의 경험이나 미래의 걱정이 아닌, 현재의 감정, 생각, 행동에 집중하게 한다. 코치는 고객 현재 순간에 완전히 몰입하고, 자신의 감정과 생각을 명확히 인식하도록 도와준다. 이를 통해 고객은 자신의 현재 상태를 더 잘 이해하고, 이를 바탕으로 변화를 도모할 수 있게 된다.

(2) 저항의 이해와 수용

게슈탈트 코칭에서는 고객이 저항의 본질을 경험하고 이해하며 수용할 때까지 '저항'과 함께 지낼 수 있도록 도와준다. 저항은 변화 과정에서 자연스럽게 발생하는 현상으로, 이를 이해하고 수용하는 과정이 중요하다. 저항을 무조건 제거하려는 것이 아니라, 그 본질을 이해하고 이를 통해 성장할 수 있도록 도와준다.

(3) 자각과 책임

게슈탈트 코칭은 고객이 자신의 내적 상태와 외적 상황을 명확하게 인식하도록 돕는다. 자각을 통해 자신의 감정, 생각, 행동을 더 잘 이해하고 수용할 수 있도록 한다. 고객이 자신의 행동과 선택에 대한 책임을 인식하도록 돕는다. 이는 자기인식을 높이고, 자신의 행동에 대한 책임감을 가지게 하여, 보다 주체적인 삶을 살 수 있도록 해 준다.

(4) 관계적 관점

게슈탈트 코칭은 인간의 기능과 행동을 이해하는 데 있어 관계적 관점을 중요시한다. 이러한 것은 고객이 자신과 타인과의 관계를 통해 자신을 더 깊이 이해하고, 이를 바탕으로 변화를 이루도록 돕는다.

(5) 장(field) 사고방식

게슈탈트 코칭은 개인을 자신이 속한 환경과 분리된 존재로 보지 않고, 환경과의 상호작용 속에서 이해하도록 한다. 장 이론(field theory)은 레빈(Lewin)에 의해서 만들어졌는데, 이는 각 개인은 상호작용하는 하부구조를 구성하고 있으며, 각각의 구조는 다른 구조에 서로 의존하는 역동적인 장 안에 존재한다고 한다. 이러한 것은 고객이 자신의 환경을 더 잘 이해하고, 이를 바탕으로 고객 자신의 행동을 조정할 수 있도록 돕는다.

(6) 과정 지향

게슈탈트에서는 과정에 초점을 맞춘다. 따라서 게슈탈트 코칭은 결과보다는 과정에 집중하도록 한다. 이러한 것은 고객이 목표를 달성하는 과정에서 경험과 배움을 중시하며, 이를 통해 지속적인 성장을 도모할 수 있도록 한다.

(7) 변화를 위한 다각도적 접근

게슈탈트 코칭은 변화를 이루기 위해 다양한 접근 방식을 사용하도록 한다. 이는 고객이 다양한 방법을 통해 자신의 변화를 모색하고, 이를 통해 보다 효과적인 변화를 이끌어 낼 수 있도록 돕는다. 이러한 원칙들은 고객이 자신의 경험과 감정을 깊이 이해하고, 이를 통해 변화를 이루도록 돕는 데 중요한 역할을 한다.

3. 게슈탈트 코칭 과정

게슈탈트 코칭의 궁극적 목적은 코칭 고객이 자신의 경험을 긍정적으로 바라보고 만족스러운 방법으로 재생산하여 앞으로 나아갈 수 있도록 지원하는 것으로 고객의 알아차림이 중요하다. 게슈탈트 코칭에서는 신체적 움직임과 심지어 놀이까지도 코칭의 일부분이 될 수 있다.

게슈탈트에서의 변화 사이클

게슈탈트 이론에 따르면 변화는 지속적인 학습 과정이다. 어떤 순간에 일어나는 것을 깨달아 가는 과정을 게슈탈트 경험 사이클이라고 한다(Nevis, 1987). 변화에 대한 게슈탈트 접근은 지금-여기, 즉 지금 당신은 누구이며 어떤 모습인지에 초점을 맞추는 것이다. 변화는 자연스럽게 발생하

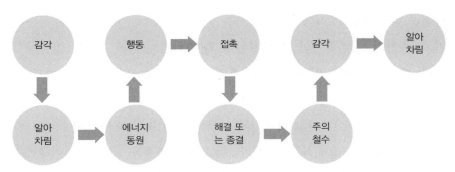

[그림 10-2] 연속적인 경험의 흐름에 대한 게슈탈트 경험 사이클

는 현상이다. 이것은 [그림 10-2]에 제시된 연속적인 흐름이라는 **게슈탈트 경험 사이클**이다(Allan & Whybrow, 2018).

게슈탈트 경험 사이클은 다음과 같다. 게슈탈트 경험 사이클에 따르면 **감각** 입력 정보를 통해 지각한다. 관심 있는 욕구나 지각은 우리의 의식 내에서 **배경**(ground)으로부터 두드러져 나오게 되는데, 이는 **전경**(figure)으로 구성된다. 우리는 관심 영역, 즉 접촉 지점에서 행동하기 위해 **에너지와 노력**을 동원한다. 관심이 사라지거나 쟁점이 해결될 때까지 **접촉 지점**에 주의를 지속적으로 집중시킨다. 그런 다음 우리의 노력을 철회하고 다른 관심 영역으로 에너지와 주의를 돌리게 된다. 이런 식으로 게슈탈트 경험 사이클은 반복된다. 게슈탈트 사이클에 따르면 **변화**는 자연스럽게 일어나는 것이다. 그러나 변화는 지금-여기에서만 일어날 수 있다. 지금 무엇이 존재하는가에 우리의 주의를 기울이면 우리의 생각, 정서 및 행동, 자신의 내부와 사람들 간의 갈등이나 충돌 등을 알아차리게 되고 이러한 것들의 의미와 방향을 알아내고 선택하는 데 도움을 얻게 된다.

게슈탈트 경험 사이클에서 어느 한 지점에서 차단되면 이때에는 **저항**이 일어나게 된다. 관심의 대상이 출현하고 사라지는 과정에서 차단되거나 저항이 일어나게 되면 사람들은 '더 이상 움직이지 못하고 갇혀 버리기' 때문에 학습이나 변화가 이루어질 수 없다. 즉, 저항으로 욕구의 자각 단계에서 방해를 받게 되는 것이다. 이러한 저항 및 차단은 에너지 동원하기, 행동하기, 접촉하기, 해결하기의 각 단계마다 일어난다. 자신의 욕구는 알아차렸는데, 에너지 동원이 어려우면 행동으로 나아가지 못하게 된다. 또한 행동하기가 제대로 안 되면 환경과의 접촉이 문제가 되기도 한다. 저항이나 차단은 그것이 무의식적이고 미해결된 문제를 남겨 놓기 때문에 불완전한 게슈탈트를 만들어 내게 되는 것이다. 이러한 불완전한 게슈탈트는 새로운 상황에서의 접촉과 성장을 제한하게 된다.

게슈탈트 코칭에서는 저항이나 방해물이 일어났을 때 오히려 피코치자가 저항이나 방해물과 함께 머물러 있어서 충분히 경험할 수 있도록 코치가 도와주는 것이 필요하다. 이렇게 되면 피코치가 스스로 **쟁점을 해결하거나 변형**하도록 하여 피코치자가 앞으로 나아갈 수 있다. 코치의 역할은 피코치자로 하여금 지금–여기에 초점을 두고 피코치자 자신이 심리적 방해물을 야기하고 있는 것은 아닌지 알아차리게 돕는 것이다. 게슈탈트 코치는 피코치자가 저항의 본질을 경험하고 이해하며 수용할 때까지 '저항'과 함께 지낼 수 있도록 피코치자에게 조언한다. 변화는 그다음에 일어나며 피코치자의 **개인적 성장**을 가져다준다.

4. 게슈탈트 코칭에서 유의해야 할 것

게슈탈트 코칭에서 해야 할 것과 하지 말아야 할 것을 살펴보면 게슈탈트 코칭을 좀 더 할 수 있을 것이다. 게슈탈트 코칭에서 해야 할 것과 하지 말아야 할 것은 다음과 같다(Law et al., 2010).

게슈탈트 코칭에서 해야 할 것
- 지금–여기에 초점을 맞추기

- 실제에 초점을 두기
- 감각에 초점을 두기
- 어떤 경험을 하는지에 초점을 두기
- 실제(real)를 경험하기
- 순간에 주의를 기울이기
- 현재 그리고 항상 자신의 주변에서 어떤 일이 돌아가고 있는지를 자각하기
- 자신과 환경에 대한 타고난 자각 능력을 재개발하기
- 감각에 대한 의식의 흐름, 즉 밀물과 썰물을 자각하기
- 어떤 저항에도 견디거나 이를 적절하게 다루기
- 내적인 논쟁을 용기 있게 겉으로 표현하기
- 자신을 환경에 드러내기
- 받아들이는 자세를 갖추기
- 자신의 본성과 직관을 신뢰하기
- 존재에 항복하는 자신을 받아들이기
- 자신을 표현하고 솔직해지기
- 자신의 행동, 감정 및 생각에 대해 책임을 지기
- 표현을 최대한 활용하기
- 아무것도 하지 않기(비우기)와 무언가를 하기(표현하기) 중에서 선택하기

게슈탈트 코칭에서 하지 말아야 할 것

- 과거나 미래에 초점을 두기
- 없는 것을 다루기
- 상상하기
- 이유를 물어보기
- 가능성이나 추측에 몰두하기

- 사건을 이론적으로 개념화하기
- 바꾸려고 노력하기
- 피코치자의 역할 중 한 가지에 빠져들기
- 어떤 모습이 되어야 하는지, 될 수 있는지, 어떤 모습임에 틀림이 없는
  지에 대해 다루기
- 저항에 반대하고 맞서기
- 설명하고 판단하고 정당화하기
- '해야만 하는 것' 강조하기

5. 게슈탈트 코칭 적용

게슈탈트 코칭은 현재 중심의 접근법이다. 새로운 선택을 하고 중요한
결정을 하며 새로운 해결책을 만들어 가는 것 또한 지금-여기에서 일어나
는 일이다.

게슈탈트 코칭을 적용하는 방안으로 다음을 살펴볼 수 있다. 게슈탈트
의 두드러진 특징 중 하나는 효과적인 행동과 건강한 삶의 방식을 달성하
는 데 알아차림(awareness)이다(saner, 1999). 고객이 자신의 감정과 생각을
더 잘 인식할 수 있도록 **자각 연습**을 할 수 있다. 이를 위해 고객이 자신의
신체 감각에 집중하고 이를 통해 감정과 생각을 더 잘 이해하도록 돕는다.
예를 들어, 일기 쓰기, 신체 스캔, 호흡 관찰, 동작 연습 등을 통해 자신의
상태를 더 잘 이해하도록 할 수 있다.

게슈탈트는 현재 중심적인 접근 방법으로 사람들이 자신과 다른 사람에
대해 더 많이 의식하도록 돕는 데 관심이 있다면 **지금-여기**에 초점을 맞추
어야 한다(Bluckert, 2016). 고객이 현재 순간에 더 집중할 수 있도록 도와줄
수 있다. 고객과 코치가 현재 순간에 집중하여 대화하는 방법이다 이를 통

해 고객이 현재의 경험에 더 몰두하고 자신의 감정을 명확히 인식하게 한다. 이는 정기적인 명상 연습, 현재 순간에 집중하는 대화, 그리고 일상생활에서 현재에 몰두하는 활동 등을 통해 이루어질 수 있다.

고객이 자신의 선택과 **행동에 대한 책임**을 지도록 장려할 수 있다. 이는 목표 설정, 행동 계획 수립, 자신에 대한 피드백을 통해 이루어질 수 있다. 이를 위해 고객과 다른 사람이나 자신의 일부를 역할극을 통해 표현하는 방법을 사용할 수 있다. 이는 자신과 타인의 관점을 이해하고 다양한 감정을 탐구하는 데 도움이 된다.

게슈탈트의 공헌 중 하나는 **과거의 끝나지 않은 일**에 대해 이해와 우리가 어떻게 처리할 수 있는지에 대해 살펴볼 수 있게 한다(Bluckert, 2016). 과거 미완의 감정을 마무리하도록 도울 수 있다. 이는 게슈탈트 방법을 통해 과거의 경험을 재현하거나, 그 경험을 현재 시점에서 다시 탐구하는 과정을 포함할 수 있다. 빈 의자 기법으로 고객에게 빈 의자에 앉은 사람과 대화하는 상상을 통해 자신의 감정과 생각을 탐구하게 할 수 있다. 이는 특히 미완의 감정이나 갈등을 해결하는 데 유용하다.

게슈탈트 코칭에서 지금-여기에 대한 알아차림의 증진은 코칭이 언제 어디서 이루어지더라도 적용 가능성이 상당히 높다. 게슈탈트 코칭이 가장 잘 적용될 수 있는 상황은 리더십 코치, 발달 코칭 및 팀코칭 등이다. 게슈탈트 코칭은 개인이 자신의 경험과 감정을 완전히 인식하고, 이를 통해 자신을 더 깊이 이해하며, 궁극적으로 변화를 이루도록 돕도록 한다.

성찰(insight)을 더하기 위한 질문 ─────────────── ○ ○ ○ ●

1. 게슈탈트 접근법의 핵심 원리인 '지금-여기'의 중요성을 생각해 보자. 코칭에서 지금-여기에 더 집중하기 위해 어떤 것을 시도할 수 있을까?

2. 미래의 코칭 환경에서 게슈탈트 코칭 접근이 어떻게 진화할 수 있을까?

3. 게슈탈트 코칭에서 코치와 피코치자의 상호작용이 매우 중요하다고 한다. 당신의 경험에서 효과적인 상호작용이 이루어졌던 사례를 떠올리고, 그때의 요소들을 살펴보자.

4. 게슈탈트 코칭의 '알아차림'에 대해 생각해 보고, 당신이 스스로 및 고객의 감정과 행동을 더 잘 알아차리기 위해 코칭 과정에서 어떤 노력을 할 수 있을지 구체적으로 살펴보자.

5. 게슈탈트 경험 사이클에서 저항과 차단이 변화에 영향을 준다. 당신이 과거에 어떤 저항이나 차단을 경험했었는지, 그리고 그것을 극복하기 위해 어떤 접근 방식을 사용할 수 있었는지 생각해 보자.

참고문헌

오경기, 이재호, 김미라, 김태훈, 김시현, 김문수, 이건효, 송길연, 구훈정, 정형수, 한민, 조옥경, 최훈(2020). 인간 이해의 심리학. 학지사.

Allan, J., & Whybrow, A. (2018). Gestalt coaching. In *Handbook of coaching psychology* (pp. 180-194). Routledge.

Bluckert, P. (2016). *Gestalt coaching: Right here, right now*. McGraw-Hill Education.

Bluckert, P. (2020). 게슈탈트 코칭: 바로 지금 여기. 엄기용, 이종광, 고나영 역. 한국코칭슈퍼비전아카데미. (원저는 2016년에 출판).

Law, H., Ireland, S., & Hussain, Z. (2010). 코칭심리. 탁진국, 이희경, 김은정, 이상희 역. 학지사. (원저는 2007년에 출판).

Nevis, E. C. (1987). *A Gestalt approach to organizational consulting*. Gestalt Institute of Cleveland/Gardner.

Palmer, S., & Szymanska, K. (2016). 코칭심리학. 정석환 역. 코쿱북스. (원저는 2008년에 출판).

Palmer, S., & Whybrow, A. (Eds.). (2018). *Handbook of coaching psychology: A guide for practitioners*. Routledge.

Passmore, J. (Ed.). (2019). 마스터 코치의 10가지 중심이론. 김선숙, 김윤하, 박지홍, 송화재, 윤지영, 이민경, 이신애, 이윤주, 이은자, 정유리, 정윤숙, 최희승 역. 한국코칭슈퍼비전아카데미. (원저는 2014년에 출판).

Perls, F. S. (1969). *Gestalt therapy verbatim*. Real People Press.

Saner, R. (1999). Organizational consulting: What a gestalt approach can learn from off-off-Broadway theater. *Gestalt Review, 3*(1), 6-21.

Williams, P., & Menendez, D. S. (2024). 라이프 코치 전문가 되기. 김유천, 이송이 역. 학지사. (원저는 2023년에 출판).

Yontef, G. M. (1980). *Gestalt therapy: A dialogic method*. Unpublished manuscript.

제11장
마음챙김 코칭

"자신에게 친절하고 감사하는 것은 매우 중요하다."

초감 트룽파(Chogyam Trungpa)

1. 마음챙김 이해

1) 마음챙김 어원

마음챙김(mindfulness)은 심리적 어려움을 해결하기 위하여 최근 크게 주목받고 있다. 마음챙김은 쉽고 편하게 어디서나 수행이 가능하고 비교적 단기간에 효과를 크게 낼 수 있다. 마음챙김은 명상을 포함하는 것으로 불교[1]에 뿌리를 두고 있다.

---

1 불교는 인도의 Goutama Siddhartha(563~484 B.C.)에 의해 창시되었으며, 생로병사의 고통에서 벗어나 해탈에 이르는 길을 추구하는 종교이자, 철학체계라 할 수 있는 것으로 동양의 대표적인 심리학이자 심리치료 체계라 할 수 있다(권석만, 2020).

마음챙김은 불교 수행의 핵심 개념으로, **사티**(sati), **위빠사나**(vipassana), **사마타**(samatha)와 밀접한 관련이 있다(정준영, 박성현, 2010). 마음챙김은 또한 고대 인도어의 일종인 빨리(Pali)어로 '**사티**(sati)'와 '**삼프라자냐**(samprajanya)'에 그 기원을 두고 있다. 영어로 'sati'는 알아차림(awareness)으로 번역되며, 'samprajanya'는 깨우침(clear comprehension)을 의미한다(허휴정, 한상빈, 박예나, 채정호, 2015).

불교 명상의 핵심적인 가르침인 마음챙김은 자각(awareness), 주의(attention), 기억하기(remembering) 등의 의미를 내포한다(Germer, 2005).

마음챙김의 의미를 이해하려면 마음챙김의 네 가지 기반으로 해석되는 satipatthana의 어원을 분석해 볼 필요가 있다. Satipatthana의 sati는 앞에 언급된 바와 같이 '기억하다'라는 의미를 지닌 동사 어근에서 파생된 명사이다. 그러나 sati는 과거를 기억하는 기능이라기보다는 현재에 대한 주의 집중과 알아차림, 깨어 있음 등의 의미를 내포한다. 반면 patthana는 긴밀하고 확고하며 흔들리지 않는 확립을 의미한다. 즉, satipatthana는 '관찰 대상에 대한 긴밀하고 확고하며 흔들리지 않는 알아차림의 확립'을 의미한다. Sati라는 번역이 명확하게 mindfulness라고 정의가 내려져 있지는 않지만, 영어권에서 mindfulness로 번역되며, 우리말로는 마음챙김이 가장 적당한 번역어로 사용되고 있다. Sati는 영어권에서 nothing, awareness, observance, comprehension, attention, mindfulness로 번역(김정호, 2004)되었는데, 현재는 mindfulness로 사용이 된다. 마음챙김을 Wikipedia에서는 '한 사람의 신체 기능, 느낌, 의식의 내용 또는 의식 그 자체에 대한 평온한 자각으로 특징 지어지는 정신 상태'로 정의하고 있다. 사티, 사마타, 위빠사나 개념이 익숙하지 않을 수 있어서 다시 정리하면 다음과 같다.

사티는 팔리어로 '**마음챙김**'을 의미하며, 이는 현재 순간에 대한 주의 깊은 알아차림을 뜻한다. 사티는 다음과 같은 특징을 가지고 있다. 의도적으로 현재 순간에 주의를 기울이는 것, 비판단적으로 경험을 관찰하는 것, 몸과 마음의 상태를 있는 그대로 받아들이는 과정이다. 사티는 마음챙김의 핵심이기도 하며, 위빠사나 명상의 기본이 된다(권석만, 2020).

위빠사나는 '통찰'을 의미하는 명상 기법으로 **통찰 명상**이다. 이 수행법의 특징은 현상을 있는 그대로 관찰하고 이해하는 것을 목표로 하며, 무상(無常), 고(苦), 무아(無我)의 진리를 직접 체험하고자 하는 것이며, 몸, 느낌, 마음, 법(身受心法)의 네 가지를 주요 관찰 대상으로 삼는다. 위빠사나는 사마타를 기반으로 하여 더 깊은 통찰을 얻고자 하는 수행법이다. 마음챙김의 시초인 위빠사나는 어느 한 대상에 마음을 집중하여 고요한 상태를 얻은 후 끊임없이 변화하며 생성, 소멸하는 대상을 있는 그대로 관찰하는 수행을 말한다. 이는 붓다가 궁극적인 깨달음을 얻은 수행방법으로 초기불교부터 내려오는 것이다.

사마타는 '고요함' 또는 '평온'을 의미하는 명상 기법으로 **집중명상**이다. 이 수행법의 특징은 한 대상에 마음을 집중하여 마음을 고요하게 하는 것, 집중력을 필요로 하며, 마음을 한 곳으로 모으는 것, 주의가 분산되는 것을 막고 마음의 안정을 추구하는 것이다. 사마타는 마음의 집중과 평온을 목표로 하며, 위빠사나 수행의 기초가 될 수 있다.

2) 마음챙김과 세 가지 개념과의 관계

마음챙김은 사티, 위빠사나, 사마타 세 가지 개념을 모두 포함하는 넓은 의미로 사용된다. 현대의 마음챙김은 [그림 11-1]과 같이 주로 위빠사나 전통에 기반을 두고 있지만, 사마타의 요소도 포함하고 있다.

불교와 관련된 명상은 현대에 이르러서는 마음챙김 수행으로 그 맥락이 이어지고 있으며 이는 마음에 집중하여 부정적인 감정과 생각에서 빠져나오는 힘을 기르게 하여, 스트레스 감소에 탁월한 효과가 있음이 여러 연구에서 밝혀지고 있다.

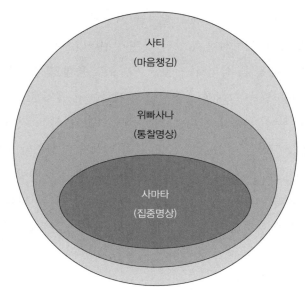

[그림 11-1] 마음챙김과 사티, 위빠사나, 사마타

마음챙김은 불교의 전통적인 수행법을 현대적으로 재해석하여 적용한 것으로, 과학적 근거를 바탕으로 심리치료와 교육 분야에서 널리 활용되고 있다.

최근 들어 마음챙김은 종교적 의미를 벗어나 심리학적 구성 개념으로 다양하게 정의되고 있다. 마음챙김을 통하여 자신의 호흡 리듬을 느끼거나 또는 단순한 소리에 주의를 집중하고 마음 안에 육체적 · 감정적 · 정신적 상태의 균형을 유지하는 방법으로 사고를 정지하고 자연스러운 의식 상태에서 통찰을 얻거나 심신의 조화와 긴장의 완화를 얻을 수 있다(이승구, 2018).

3) 마음챙김 의미

마음챙김 분야의 대표적 선구자인 Kabat-Zinn(1990)은 마음챙김을 '순간

순간 주의의 장에서 일어나는 생각이나 감정 및 감각을 있는 그대로 인정하고 수용하면서, 비판단적이고 현재 중심적으로 또렷하게 알아차리는 것'이라고 했다. 즉, 마음챙김이란 '의도적으로 현재 순간에 비판단적으로 주위를 기울이는 것'이다(Kabat-Zinn, 2005).

마음챙김은 완전히 깨어 있고, 지금-여기에 있고, 모든 경험의 흐름에 연결되어 있으며, 마음과 몸 간의 일체감을 즐기는 것에 관한 것이다(Collard & Walsh, 2008).

Anderson(2009)은 심리학에서 마음챙김은 한 사람의 신체 상태, 감각, 의식 및 환경의 일부 또는 모든 것에 대한 높은 수준의 의식적 자각 현상을 일컫는다고 보고, 자각을 현재 순간의 마음 내부의 경험에 가져옴으로써, 그리고 자기를 비켜나게 함으로써, 마음의 측면으로서 현실의 안과 밖 모두를 보기 시작한다고 보았다.

4) 마음챙김 속성

마음챙김의 속성을 다면적으로 파악한 연구에서 논의된 특성들을 정리하면 다음과 같다. 마음챙김을 통해 재구성(reframing)을 하게 되는데, 우리의 판단을 내려놓고 더 빠르고 이성적으로 결정할 수 있게 되며, 이전의 관점들을 재검토하거나 재구성함으로써 불확실성과 복잡성 모두를 다룰 수 있게 된다(Langer, 2000).

마음챙김은 주의 집중(attentiveness)으로 현재 경험하는 것에 주의를 온전히 유지하고 집중하도록 한다. 마음챙김을 통해 '자각(awareness)'하게 되는데, 이는 경험에 대한 즉각적이고 명료한 알아차림을 의미한다. 모호함과 알지 못함에 대해 편안해지는 것이다.

마음챙김은 '비판단적 수용(non-judgement acceptance)'하는 것으로 자신의 경험에 따라 판단하지 않고 있는 그대로 받아들이는 태도를 나타내는 것이다. 마음챙김은 현재를 수용하지 못하면 변화는 일어나지 않으며, 수용으로부터 모든 것이 시작된다. 수용은 가끔 나쁜 평가를 받을 수도 있고, 약함과 나약함과 연관되어 생각될 수도 있다. 수용이 변화가 필요한 순간에도 아무것도 하지 않음을 의미하는 것은 아니다. 변화는 수용으로부터 시작된다.

마음챙김은 '탈동일시(de-identification)'로, 이는 자기 경험을 대상화하여 바라보게 되고 그 결과 관찰자아와 체험자아의 탈동일시가 나타나게 된다. 마음챙김의 속성을 다면적으로 바라보는 입장은 마음챙김의 복합적인 속성을 이해하는 데 도움이 된다. 마음챙김은 자기 경험에 대한 세밀한 관찰을 통하여 자기 이해를 깊게 만들며 자신에 대한 통찰을 촉진하게 된다(권석만, 2020). 마음챙김은 '탈자동화(de-automatization)'로, 이는 내적 경험에 압도되어 자동적으로 반응하지 않고 관찰자의 위치에서 현상을 바라보는 태도를 의미한다. 마음챙김을 통한 탈자동화로 부적응적 습관을 약화시킨다(권석만, 2020).

2. 마음챙김 적용 프로그램

1) 마음챙김 기반 스트레스 완화(MBSR) 프로그램

마음챙김은 스트레스 감소 프로그램으로 많이 알려지게 되었다. 엄영문(2007)에 의하면 미국에서만 천만 명 이상이 일상에서 주기적으로 명상을 수행하고 있다고 한다. Kabat-Zinn은 1979년에 **MBSR**(Mindfulness Based Stress Reduction, 마음챙김 기반 스트레스 완화) 프로그램을 개발하였다. 이는 마음챙김 프로그램 중에서도 대표적인 프로그램으로 Kabat-Zinn(1994)이 동양적 명상법을 응용하여 만들었다. 1990년에 들어서 MBSR의 신경생리학적, 신경해부학적, 심리학적, 뇌 가소성 등의 다양한 효과가 나타나고 의학적 효과가 검증되면서, 이후 미국에서는 MBSR 명상이 의료보험에 적용되기 시작하였다. MBSR은 오랫동안 미국 대학병원 등에서 스트레스 감소 프로그램으로 수행되고 있다. 불안장애, 공황장애, 우울증, 스트레스 관리, 여러 신체 질환의 보조요법 등에 동양 명상의 치료적 효과가 입증되고 있다. 미국과 유럽의 많은 대학병원들을 중심으로 대체의학 기관이 설립되어, 명상과 요가가 신체질환, 정신질환에 대한 치료 보조요법으로 사용되고 있다(이승구, 2018). MBSR 프로그램의 세부 내용은 신체의 모든 감각에 대한 알아차림을 강조하고 있으며 먹기, 걷기, 숨쉬기와 같은 일상 행동에 대한 마음챙김, 신체의 각 부위의 감각에 집중하는 바디스캔, 몸을 골고루 풀어 주는 요가와 같은 다양한 요소로 구성되어 있다(권석만, 2020).

2) 마음챙김 기반 인지치료(MBCT)

마음챙김 기반 인지치료(Mindfulness Based Cognitive Therapy: MBCT)는 John Teasdael 등이 우울증의 재발방지를 위해서 개발한 치료방법이다. MBCT는 우울증을 유발하는 자동적 사고의 영향력을 약화시키기 위해 인지치료의 이론과 MBSR의 기법을 적용한 것이다(권석만, 2020).

3) 수용전념치료(ACT)

수용전념치료(Acceptance and Commitment Therapy: ACT)은 Steven Hayes 등에 의해 개발된 제3세대 인지행동치료로서 마음챙김을 주요한 치료적 요소로 포함하고 있다. ACT는 내담자로 하여금 고통스러운 부정적 감정에 저항하지 말고 수용하면서 자신이 원하는 가치와 목표를 실현하는 데 전념하도록 하는 것이다(권석만, 2020).

3. 마음챙김 코칭

1) 마음챙김 코칭 의미

마음챙김 코칭(mindful coaching)은 마음챙김과 코칭을 접목한 것이다. 마음챙김에서 행위 모드에서 존재 모드로 전환하는 법을 배우게 된다. '행동 모드'는 일반적으로 이야기, 생각, 과거 또는 미래 지향적, 자동 조종 및 반응 또는 충동으로 특징된다. 반면에 '존재 모드'는 과정, 감정, 지금−여기에 대한 방향, 의도 및 창의적 선택과 같은 개념을 수반한다. 마음챙김 명상은 고요하고 자비로운 것을 선호하는 반면에 마음챙김 코칭은 목표 및 행동 계획을 선호한다고 말할 수 있다. 이러한 조합은 두 가지를 모두 향상시킨다고 한 솔루션 중심 코칭과 결합된 마음챙김 훈련이 고객이 건강 목표를 달성하는 데 도움이 된다는 것을 발견했다(Spence, 2016).

2) 코치의 마음챙김 코칭 방법

코치들이 마음챙김 방법을 활용하여 코칭하는 방법에는 세 가지가 있다. 구체적으로 살펴보면 다음과 같다(Passmore, 2014).

첫째, **고객이 마음챙김 방법을 할 수 있도록 하는 것이다.** 예를 들어, 고객이 조직 내 갈등이나 어려움을 겪고 있는 경우 또는 고객이 발표에 앞서서 긴장하거나, 상사에게 보고하는 것에 어려움을 겪고 있는 경우에 고객에게 도움이 될 만한 마음챙김 방법을 알려 주거나 실행하도록 요청할 수 있다.

둘째, **고객과 코칭 과정에서 마음챙김을 위한 코칭을 진행하는 것이다.** 고객에게 그들의 사고나 인식을 다시 살펴볼 수 있도록 마음챙김 코칭을 실시하는 것이다. 예를 들어, 고객에게 그들의 생각이나 인식을 다시 살펴보고 알아차리도록 하고, 고객 및 주위를 살펴보고 무엇이 있는지 더욱 관심을 갖도록 도와주는 것이다. 고객의 마음챙김을 도와주는 것이다.

셋째, **코치가 마음챙김 상태로 코칭하는 것이다.** 코치는 마음챙김 상태에서 코칭하고자 하는 특정한 자신만의 마음챙김을 한다. 필요하다면 고객에게 마음챙김을 공유하거나, 마음챙김을 같이 경험하게 할 수 있다. 코치는 코칭 세션을 준비하기 위해 마음챙김 기법을 사용함으로써 더욱 창의적이며 현존하게 된다. 예를 들어, 코치는 정기적으로 마음챙김을 통하여 자기인식, 자기관리, 회복력, 행복을 촉진하도록 한다. 코치는 코칭 세션을 준비하기 위해 마음챙김을 하기 때문에 코칭 세션의 시작부터 자원이 풍부하고 창조적이고 바로 현재에 있게 된다.

상기와 같이 마음챙김을 준비 도구로 사용함으로써 코치의 코칭 역량이 향상되며, 코치가 코치 대상자와 마음챙김 방안을 공유하면 코치도 혜택을 받을 수 있다(Passmore & Marianetti, 2022).

4. 마음챙김 코칭 과정 및 적용

1) 마음챙김 코칭 과정

마음챙김을 적용하는 방법을 설명하기 위해 Lizz Hall(2013)은 매우 직관적인 **마음챙김 feel 모델**을 개발하였다. 이 모델은 특히 감정을 다루는 작업에 적합하지만 매우 유연하게 적용할 수 있다. 코칭 세션 내에서 일부로 적용할 수도 있고, 코칭 전체 세션으로 진행할 수 있을 만큼 유연하게 할 수 있다. 세부 내용은 다음과 같다.

(1) 집중하기

집중하기(focus)는 코칭에서 생각, 느낌, 감각과 같은 것에 스포트라이트를 비추듯이 집중하는 것으로 집중하여 다가가는 것이다. 예를 들어, 고객에게 상황에 대하여 집중할 수 있도록 편안한 자세를 취하고 자연스럽게 호흡하고 감정에 집중하도록 할 수 있다.

(2) 탐색하기

탐색하기(explore)는 연민, 호기심, 비판, 가능성에 대한 열린 마음을 통해 부드럽게 탐색하여 받아들이는 과정이다. 예를 들어, 고객에게 "상황에 대하여 무엇을 알고 있나요? 그 밖에 알아차린 것은 무엇인가요? 추가로 무엇이 있나요?" 등의 질문을 통하여 탐색하도록 할 수 있다.

(3) 포용하기

포용하기(emplace)는 기쁘거나 슬프거나 판단하지 않고 무엇이든 상관없이 받아들이는 것이다. Thich Nhat Hanh은 아기를 부드럽게 안고 있는 장면을 마음속에 상상하라고 하면서 포용하기를 설명한다. 예를 들어, 화(분노)가 날 때 판단과 자기비판을 하기보다는 오히려 방향을 돌려 화(분노)를 가볍게 받아들일 수 있다.

(4) 놓아 버리기

놓아 버리기(let go)는 어떤 것에 집착하지 않고 놓아 주는 행위이다. 그냥 바라보며 보내 주는 것이다. 놓아 버리는 것은 새로운 것을 위한 공간을 만드는 것이다. 예를 들어, 고객에게 "현재 놓아 버리고 싶은 무엇인가요?"라고 질문을 할 수 있다.

2) 마음챙김 코칭 적용

코치가 마음챙김 코칭을 적용하기 위해서는 고객의 현존(있는 그대로 바라보기)을 고려하면서, 코칭에 대한 체계적인 접근 방식을 취하도록 한다. 코칭 과정에서 **비판단, 개방성, 호기심, 연민**으로 코칭 및 삶에 접근한다. 마음챙김을 실천하면 **연민**을 개발하는 데 도움이 되며, 이것이 코칭의 핵심 요소이다. 자기 연민이 되는 것은 믿을 수 없을 정도로 어려울 수 있지만 노력할 만한 가치가 충분히 있다. 마음챙김은 우리가 스트레스를 관리하고, 더 창의적이 되고, 인지 기능과 따라서 우리의 '성과'를 향상시키는 데 도움이 되지만 궁극적으로 마음챙김은 우리 삶과 고객의 삶에 기쁨을 되돌려주는 것이다(Hall, 2019).

각 코칭 세션을 마음챙김으로 준비한다. 몇 분 정도 소요될 수도 있다. 예를 들어, 코칭 세션에 앞서 주의 깊게 마음챙김하거나 편안한 곳에 앉아 몇 분 동안 호흡에 주의를 기울인다. 코칭 세션 내에서 고객에게 유용하고 적절한 경우 마음챙김 수련을 공유하도록 한다. 마음챙김이라는 단어가 고객이 어색하거나 생소하게 느낀다면 이러한 수련을 센터링 연습, 호흡 연습 또는 주의력 연습이라고 부를 수 있다. 이 모든 것이 더 풍부하고 창의적이며 정서적으로 지능적이며 탄력적이고 스트레스를 관리하는 데 도움이 될 것이다.

기존의 마음챙김 관련된 연구는 이 모든 것을 뒷받침하고 있다. 모든 코칭 상호작용에서 현재에 일어나는 모든 일에 호기심을 갖고, '어려운 것'과 '쉬운 것'으로 관심을 갖는다. 자신이나 고객을 위해 결과에 지나치게 집착하지 않도록 한다. 특히 고객에게 판단하지 않고 호기심을 갖고 연민적인 방식으로 나타나는 모든 것에 열린 마음을 갖도록 한다. 자신과 고객에게 동정심을 갖도록 한다.

마음챙김 호흡법(mindful breathing) 중 하나는 숨을 세고 이완을 유도하는 들숨과 날숨의 리듬을 만드는 것이다(Williams & Menendez, 2023). 이것은 8까지 세면서 숨을 들이마시고, 4를 세면서 숨을 참았다가, 다시 8까지 세면서 내쉬는 방식으로 할 수 있다. 많은 고객이 숫자 세기를 통해 현재에 주의를 집중하고 보다 의식적이고 개방적인 방식으로 자신이 하고 있는 일에 집중할 수 있다고 말한다.

5. 마음챙김 코칭 효과

1) 코치 측면

마음챙김 코칭은 코치 자신에게 다음과 같은 긍정적인 효과를 준다(Virgili & Virgili, 2013). 우선 마음챙김의 개인적 실천에 참여하면 코치의 웰빙과 효과성을 향상시킬 수 있다(Passmore & Marianetti, 2007). 마음챙김을 개인적으로 실천하는 코치에게 두 번째 잠재적 이점은 효과적인 코칭 관계에 중요한 자질과 기술을 향상시킬 수 있다. 심리치료적 맥락에서 마음챙김 훈련은 주의력, 존재감, 공감, 자기조절, 연민과 같은 치료적 관계를 강화할 수 있는 기술을 개발한다고 하는데, 이러한 자질과 기술은 코칭 관계와도 관련이 있다(O'broin & Palmer, 2007). 마음챙김을 실천하는 코치가 얻을 수 있는 세 번째 잠재적 효과는 마음챙김 기술을 알려 주는 것과는 별개로 고객 성과가 향상되는 형태로 나타날 수 있다. 예를 들어, 무작위 대조 시험에서 Grepmair 등(2007)은 마음챙김을 배운 상담사의 내담자들이 명상을 하지 않은 상담사의 내담자보다 전반적인 증상이 더 많이 감소했으며, 자신의 어려움과 개선 가능성에 대해 더 잘 이해하고 있다고 한다.

2) 고객 측면

마음챙김 실천과 기술을 배운 고객은 심리적 고통, 부정적인 감정, 스트레스 및 소진 증상, 전반적인 이완, 긍정적인 감정, 삶에 대한 만족도, 대인관계 기능 등 심리적 기능과 웰빙의 측면이 개선되었다(Chiesa & Serretti, 2009; Irving et al., 2009). Lizz Hall(2013)은 마음챙김 코칭에 관한 그녀의 저서에서 영국에서 코치들에게 도움되는 마음챙김 코칭을 위한 10가지 조언을 보여 주고 있다. 고객에게도 이러한 조언을 마음에 새기면 도움이 될 수 있으며 또한 코치에게도 적용된다고 한다. 연구에 따르면 8주간의 마음챙김 과정을 시작하면서 8주 동안의 주의력 훈련은 말 그대로 우리의 두뇌를 재구성한다고 한다.

마음챙김과 코칭과의 관계에 관하여 Lizz Hall(2019)은 코칭과 마음챙김 모델의 접목을 통해 고객들이 호기심을 더 갖고, 더 받아들이고, 결과에 덜 집착해서 복잡한 일에 직면하게 되었을 때 대단히 유익하다고 하였다. 마음챙김은 긍정심리와 더불어 행복을 증진시키는 데 중요한 역할을 한다.

마음챙김은 주의력에 대한 통제증가를 통하여 자기효능감과 자기강화로 이어진다(Cavanagh & Spence, 2013). 마음챙김은 주의집중력과 자기조절능력 향상을 가져오는데, 이는 스트레스 관리와 성과 향상에 기여한다. 마음챙김을 통해 코칭 상대를 돕는 방법은 다음과 같다(Hall, 2019).

- 모름에 머물러라.
- 결과에 집착하지 않고, 평가하지 않으며 완전히 멈추게 하라.
- 보다 혁신적이고 창조적인 해결책을 제시하라.
- 재평가하고 재구성하라.
- 유연성과 적응력을 높여라.
- 변화를 자연스러운 것으로 받아들여라.

성찰(insight)을 더하기 위한 질문 ————————————————— ● ● ● ●

1. 마음챙김 코칭에서는 '비판단적 수용'이 중요한 역할을 한다. 하지만 코칭 과정에서 때로는 평가나 피드백이 필요할 수 있다. 이 두 가지 접근 방식을 어떻게 조화롭게 결합할 수 있는가?

2. 마음챙김 코칭을 통해 고객이 불확실한 상황에서 스스로 해결책을 찾도록 돕는 과정에서, 코치는 언제 개입을 최소화하고 언제 적극적으로 개입해야 할지 어떻게 판단할 수 있는가?

3. 마음챙김을 통한 코칭이 고객의 스트레스 관리와 창의성 향상에 어떤 효과를 미칠 수 있는지, 실제 코칭 사례나 경험을 바탕으로 설명한다면 어떻게 하겠는가?

4. 코칭 세션에서 고객이 지속적으로 과거의 사건에 얽매여 현재에 집중하지 못할 때, 마음챙김 기법을 통해 고객이 이러한 고착 상태를 벗어나도록 돕는 구체적인 방안이 있다면 어떤 것이 있는가?

5. 마음챙김의 핵심 개념인 '현재 순간에 주의를 기울이는 것'을 코칭 과정에서 적용하기 위해서는 어떻게 해야 하는가?

참고문헌

권석만(2020). 현대 심리치료와 상담이론. 학지사.

김정호(2004). 마음챙김이란 무엇인가: 마음챙김의 임상적 및 일상적 적용을 위한 제언. 한국심리학회지: 건강, 9(2), 511-538.

손정락(2014) 코칭에서의 마음챙김과 수용-전념 기반 접근법. 한국심리학회지: 건강, 19(2), 453-467.

엄영문(2007). 상호보완적 관계로서의 명상과 최면. 한국정신과학학회지, 11(2), 107-122.

이승구(2018). 마음챙김명상이 현대인의 스트레스 감소효과에 대한 동향 연구. 능인대학원대학교 국내석사학위논문.

정준영, 박성현(2010). 초기불교의 사띠(sati)와 현대심리학의 마음챙김(mindfulness): 마음챙김 구성개념 정립을 위한 제언. 한국심리학회지: 상담 및 심리치료, 22(1), 1-32.

허휴정, 한상빈, 박예나, 채정호(2015). 정신과 임상에서 명상의 활용: 마음챙김 명상을 중심으로. 대한신경정신의학회, 54(4), 406-417.

Anderson, J. B. (2009). Mindfulness in coaching. Resource paper for evidence based coaching students at fielding graduate university.

Cavanagh, M. J., & Spence, G. B. (2013). Mindfulness in coaching: Philosophy, psychology or just a useful skill. *The Wiley-Blackwell handbook of the psychology of coaching and mentoring* (pp. 112-134). Wiley-Blackwell.

Chiesa, A., & Serretti, A. (2009). mindfulness-based stress reduction for stress management in healthy people: A review and meta-analysis. *Journal of Alternative and Complementary Medicine, 15*(5), 593-600.

Collard, P., & Walsh, J. (2008). Sensory awareness mindfulness training in coaching: Accepting life's challenges. *Journal of Rational-Emotive & Cognitive-Behavior Therapy, 26*, 30-37.

Germer, C. K. (2005). Teaching mindfulness in therapy. *Mindfulness and Psychotherapy, 1*(2), 113-129.

Grepmair, L., Mitterlehner, F., Loew, T., Bachler, E., rother, W. & Nickel, M. (2007). promoting mindfulness in psychotherapists in training influences the treatment results of their patients: A randomised, double-blind, controlled study. *Psychotherapy and Psychosomatics, 76*, 332-338.

Hall, L. (2019). **마음챙김 코칭**. 최병현, 이혜진, 김성익, 박진수 역. 한국코칭슈퍼비전아카데미. (원저는 2013년에 출판).

Irving, J. A., Dobkin, P. L., & Park, J. (2009). Cultivating mindfulness in health care professionals: A review of empirical studies of mindfulness-based stress reduction(mbsr). *Complementary Therapies in Clinical Practice, 15*(2), 61-66.

Kabat-Zinn, J. (1990). *Full catastrophe living: Using the wisdom of your body and mind to face stress, pain, and illness*. Delacorte Press.

Kabat-Zinn, J. (1994). *Wherever you go there you are*. Hyperion.

Kabat-Zinn, J. (2003). Mindfulness-based interventions in context: Past, present, and future. *Clinical Psychology: Science and Practice, 10*(2), 144-156.

Kabat-Zinn, J. (2005). *Coming to our senses: Healing ourselves and the world through mindfulness*. Hachette UK.

Langer, E. J. (2000). Mindful learning. *Current Directions in Psychological Science, 9*(6), 220-223.

O'broin, A., & Palmer, S. (2007). reappraising the coach-client relationship: The unassuming change agent in coaching. In S. Palmer & A. Whybrow (Eds.), *Handbook of coaching psychology: A guide for practitioners* (pp. 295-324). Routledge.

Passmore, J. (Ed.). (2019). **마스터 코치의 10가지 중심이론**. 김선숙, 김윤하, 박지홍, 송화재, 윤지영, 이민경, 이신애, 이윤주, 이은자, 정유리, 정윤숙, 최희승 역. 한국코칭슈퍼비전아카데미. (원저는 2014년에 출판).

Passmore, J., & Marianetti, O. (2007). The role of mindfulness in coaching. *The Coaching Psychologist, 3*(3), 130-136.

Passmore, J., & Marianetti, O. (2022). **The role of mindfulness in coaching**. *Coaching practiced*, 327-339.

Spence, G. B. (2016). Mindfulness at work. *The Wiley Blackwell handbook of the psychology of positivity and strengths-based approaches at work*, 110-131.

Virgili, M., & Virgili, M. (2013). Mindfulness-based coaching: Conceptualisation, supporting evidence and emerging applications. *International Coaching Psychology Review, 8*(2), 40-57.

Williams, P., & Menendez, D. S. (2024). **라이프 코치 전문가 되기**. 김유천, 이송이 역. 학지사. (원저는 2023년에 출판).

제4부

코칭
영역

제4부 '코칭 영역'에서는 코칭을 적용할 수 있는 영역을 살펴보고자 한다.

우선 제12장 '라이프/커리어 코칭'은 라이프 코칭 및 커리어 코칭을 나누어 살펴보고자 한다. 라이프 코칭에 커리어 코칭이 포함된다고 할 수도 있고 구분하여 살펴볼 수도 있는데, 이 책에서는 같은 장에 수록하였다.

제13장 '비즈니스 코칭'은 비즈니스에서 적용되는 코칭을 살펴보고자 하였다.

제14장 '코칭 슈퍼비전'은 코칭 영역이라고는 하였지만, 코칭을 위한 코칭 영역이라고 보면 좋겠다.

제12장
라이프/커리어 코칭

"인생은 여행이며, 중요한 것은 목적지가 아닌 여정 자체이다. 자신의 심장을
듣는 자만이 자신의 보물을 찾을 수 있다."

파울로 코엘료(Paulo Coelho)

1. 라이프 코칭 의미

1) 라이프 코칭 필요성 및 개념

라이프 코칭(life coaching)은 웰빙, 목표 달성, 가치/강점/목적과의 일치,
장애물 극복과 성공적인 전환 관리를 포함하는 것으로, 인생의 여러 측면
에서 중요한 긍정적 영향을 미치는 것으로 밝혀진 동기부여 및 행동변화
접근법을 적용하고 있다(Grant, 2003; Green, Oades, & Grant, 2006). 사회가
빠른 속도로 변화되면서 개인 삶을 살펴볼 수 있는 기회 및 시간이 부족
하다. 개인의 삶을 혼자서 살아가기에는 어려움 등이 있다. 모두가 바쁘게

살아가고 있어 개인의 삶에 대하여 이야기를 나눌 수 있는 상대가 없다. 예측 가능하고 안정된 사회에서 급변하는 사회로 이전되면서 개인의 삶에 대한 이야기를 나눌 수 있는 사람이 필요하게 되었다.

라이프 코칭은 개인 변화 속에서 그 필요성이 점차 증대되었다. 라이프 코칭은 제1장 '코칭의 역사'에서 언급한 바와 같이 1980년대 후반 미국 시애틀에서 재무 설계사인 Thomas Leonard가 고객들에게 재무 상담을 해 주다가 점점 조언의 범위가 인생 전반의 영역으로 넓어지면서 코칭을 시작하였다. 당시에 그의 고객은 재무 상담보다는 인생 전반에 관한 조언에 더 만족하였다. 재무 상담의 조언 활동이 라이프 코칭으로 진화 발전하게 된 것이다. 이러한 변화의 바탕에서 라이프 코칭은 1990년대 이후 새롭게 대두된 분야가 되었고, 라이프 코칭이 활성화된 북미에서는 16,000명이 라이프 코치 자격을 가지고 있다(ICF, 2012).

Grant(2003)는 라이프 코칭을 정상적인 고객의 삶 증진과 개인의 직장생활에서의 목표 달성을 촉진시키기 위하여 고객과 협력적으로 진행하는 해결 중심적이고 결과 지향적인 시스템적 과정이라고 설명하였고, Zandvoort, Irwin, Morrow(2009)는 고객 자신의 목표를 달성하도록 돕는 행동변화기법으로 표현하였다. 라이프 코칭은 협업과 솔루션에 중점을 둔 프로세스로, 코치는 개인이 목표를 달성하고 삶을 향상시키는 데 도움을 주고 촉진한다(Grant, 2003; Green, Oades, & Grant, 2006).

국내의 라이프 코칭 관련 연구를 살펴보면, 탁진국(2019)은 라이프 코칭을 고객 자신이 살아온 삶의 영역을 점검해 보고 삶의 비전과 목표를 주도적으로 세우고 달성하여 가치 있는 삶을 살도록 리드하는 과정이라고 한다. 한국코치협회는 라이프 코칭을 삶에 있어서 일어나는 여러 가지 이슈들, 예들 들면 삶의 균형, 만족감 향상, 인간관계 개선, 인생의 의미와 목적의 발견 등에 초점을 맞추는 코칭이라고 한다. 김혜연, 곽인숙, 홍성희와 김성희(2009)의 연구에 따르면, 라이프 코칭은 전반적인 생활 영역에서 발생할 수 있는 다양한 이슈에 대해, 자신의 잠재력을 통해 긍정적으로 문제 해결 방법을 찾는 것으로 정의하였다. 즉, 라이프 코칭은 삶을 어떻게 사는 것이 의미 있게 사는 것인지에 대한 삶의 목표 정하기와 삶의 균형을 이루는 법, 재정관리, 경력(career), 퇴직, 스트레스 감소, 가족의 관계, 직업의 만족감, 자신감 확립 등 모든 생활 문제들을 다룬다고 하였다(김혜연 외, 2008). 또한 대상이나 코칭 이슈가 제한적인 다른 코칭(예: 비즈니스 코칭, 커리어 코칭, 학습코칭 등)에 비해 라이프 코칭은 다양한 이슈를 가진 모든 사람을 대상으로 한다. 특히 라이프 코칭은 청소년에서부터 노년층까지 현실적인 문제를 스스로 해결하기 힘들 때(김구주, 2008), 개인이 직면하고 있는 다양한 이슈를 해결해 줌으로써 개인의 삶의 질 또는 삶의 만족도 수준을 높이는 데 크게 기여할 수 있다.

Cox, Clutterbuck와 Bachkirova(2023)는 라이프 코칭 관련 문헌들이 발전하고 있지만, 아직 일관된 연구가 지속되지는 않고 있다면서, 상대적으로 라이프 코칭에 대한 연구가 많지 않다는 것은 전문 라이프 코치에게 지침이 될 명확한 경험적 자료가 부족하다는 것을 의미한다고 한다. 따라서 전문 라이프 코칭 서비스를 설계하고 제공하기 위해서는 전문 라이프 코치가 상담 심리학, 긍정심리학, 성인학습이론 및 인간발달 등의 심리학적 분야와 관련한 지식을 참조하고 잘 살펴봐야 한다고 한다.

코치는 고객의 라이프에 대하여 디자인의 역할을 하는 것이 매우 중요하며, 코치는 고객이 몸과 마음, 정신이 통합된 방식으로 삶의 인테리어 디자이너가 될 수 있도록 코칭해야 하고, 이러한 코치의 작업을 통해 고객은 자신의 삶에 대한 선택을 할 수 있다는 것을 깨닫게 된다(Williams & Menendez, 2023).

이 책에서 라이프 코칭은 '개인 삶의 다양한 영역을 살펴보고, 개인의 목적과 방향을 세우고, 개인 삶의 다양한 영역에서 이를 균형 있게 실행하여 더 행복한 삶을 지속적으로 만들어 가는 과정'이라고 하고자 한다.

2) 라이프 코칭의 체계적 구조

Joanna Jarosz(2016)는 **증거 기반의 라이프 코칭 문헌**을 통합적으로 검
토하였다. 급격한 성장과 다양한 프로그램 및 교육 플랫폼이 등장하면
서 라이프 코칭의 정확한 범위를 정의할 필요성이 대두되었다(Segers,
Vloeberghs, Henderickx, & Inceoglu, 2011). 라이프 코칭의 특성을 가장 간결
하게 파악하고 라이프 코칭을 직업으로 확립하기 위한 목표를 제시할 수
있는 코칭의 포괄적이고 객관적인 특성을 살펴보았다(Jarosz, 2016). 대상
문헌은 1957년부터 2015년 사이에 출판되었거나 업데이트된 라이프 코칭
관련된 학술 교과서, 학술지 논문, 교육 관련 자료 등 76개의 문헌으로 이
를 통합적으로 검토하여 다음과 같은 여섯 가지 범주로 정리하였다.

(1) 라이프 코칭의 정의
라이프 코칭은 고객이 잠재력을 극대화할 수 있는 장기적이고 효율적인
관계이다.

(2) 라이프 코칭 고객에 대한 가정
• 고객은 정상적(즉, 비임상)이다.
• 고객은 창의적이고, 자원이 풍부하며, 온전하다.
• 고객은 변화하고 성장할 수 있는 능력이 있다.

(3) 라이프 코칭에서 코치에 대한 가정(코칭 기술)
• 판단과 가정이 없는 무조건적 긍정적으로 존중한다.
• 고객에게 초점을 맞춘 적극적인 경청을 한다.
• 고객에게 도전하도록 하고, 권한을 부여하며, 인정하고, 고객이 책임을
  다하도록 한다.

• 고객과 현존하며 함께한다.

(4) 라이프 코칭의 성공적인 코칭 관계의 구성 요소

• 라이프 코칭 관계는 고객에게 옳은 것을 촉진한다.
• 라이프 코칭 관계는 안전하고 개방적인 환경을 조성한다.
• 코치와 고객 모두 동등하게 관계를 설계한다.
• 고객 중심의 고객 개별적으로 접근을 한다.
• 라이프 코칭의 초점은 삶 전체이다.
• 라이프 코칭은 동적이므로 변화는 항상 관계의 일부이다.

(5) 라이프 코칭 과정의 특징

• 라이프 코칭 프로세스는 목표가 있다.
• 라이프 코칭 프로세스는 목적 지향적이다.
• 라이프 코칭 프로세스는 고객 중심적이다.
• 라이프 코칭 프로세스는 현재와 미래 지향적이다.

(6) 코칭의 결과로 인한 결과

• 자신의 존재감 확인
• 자신이 꿈꾸는 삶 성취
• 행동/성격 변화
• 삶의 질과 건강 개선

3) 라이프 코칭에서 코칭 주제

(1) 삶의 의미

삶의 의미는 라이프 코칭에서 가장 중요한 이슈 중 하나이다(탁진국,

2022). 라이프 코칭은 사람들이 원하는 것을 이루기 위해서 존재하며 궁극적으로는 인간의 행복에 기여하는 것이다. 라이프 코칭은 넓은 의미와 좁은 의미의 코칭이 있다. 넓은 의미에서 라이프 코칭은 '인생의 행복한 삶을 유지하거나 그것을 찾기 위한 코치와 피코치와의 아름답고 신나는 여행'이다. 좁은 의미의 라이프 코칭은 '자신의 더 나은 미래의 삶을 위해 자신의 능력을 이끌어 내가는 과정'이다. 전자가 인생의 목표인 행복에 초점이 있다면, 후자는 그것을 찾아가기 위한 것에 대한 과정을 돕는 것을 말한다고 한다(길영환, 2009).

(2) 일과 삶의 균형

라이프 코칭은 다양한 삶의 영역에서 균형 있는 삶을 살도록 하는 것이다. 일과 삶의 균형 개념은 영국에서 1970년대부터 시작되었으며, 1986년에 미국에서 본격적으로 사용되기 시작했다(강우란 외, 2006). 일과 삶의 균형이란 일과 삶의 두 가지 영역이 서로 조화를 이루어야 한다는 의미이다. 이와 관련하여 첫 번째 정의는 일과 삶에 균등하게 관여하고 필요한 자원을 배분하는 것이다(Marks & MacDermid, 1996; Greenhaus et al., 2003; 정영금, 2008). 두 번째 정의는 일-삶의 균형을 통해 자신의 삶을 통제하게 되어 느끼게 되는 만족(Clark, 2000; 김정운 외, 2005)이라는 정의로 구분할 수 있다. 일과 삶의 균형을 위한 인생의 영역 구분은 다양한 영역으로 나누어진다. **인생의 일반적인 영역**으로는 '가정, 가족, 자기관리, 성장, 즐거움, 여가, 사회 교류, 친밀감, 재정, 직업, 비즈니스, 신체건강' 분야 등이 있다. 이러한 각각의 영역은 각각의 현재 만족도와 미래 원하는 만족도를 살펴봄으로써 코칭을 하게 되고, 유기적으로 각 영역의 상호작용을 함께 살펴봄으로 각 영역의 관계를 동시에 코칭할 수 있다. 이러한 삶의 균형을 살펴볼 수 있는 방안으로 **라이프 밸런스 휠**(wheel of life balance)을 사용할 수 있다. 이와 관련하여 [그림 12-1]을 참조할 수 있다(Williams & Menendez,

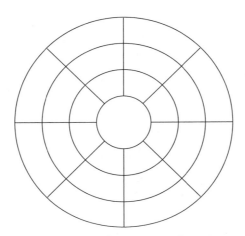

[그림 12-1] 라이프 밸런스 휠

2023). 가운데 동그라미에는 개인의 목적 및 핵심가치를 작성하고, 각 영역에는 자신만의 라이프 영역을 표시할 수 있다. 상기의 인생의 일반적인 영역을 참조하여, 각 영역에 대한 만족도를 살펴봄으로써 라이프 밸런스가 어느 정도 되고 있는지 살펴볼 수 있다.

(3) 다양한 삶의 영역

라이프 코치는 고객의 삶 내에서 발생하는 개인적인 문제와 삶의 목표를 다룬다. 인생의 주기별 직면하게 되는 문제 및 목표는 다양하다. 이러한 문제 및 목표는 취업을 앞둔 대학생의 취업 목표, 직장에서의 인간관계, 성과관리, 자기개발, 결혼 생활에서의 부부 관계, 부모의 자녀관계 및 자녀교육, 중년의 전환기 및 위기, 자신의 자아완성 등 다양하다. 고객은 연령대별로 발생하는 상황과 문제 및 목표에 개인별 맞춤형 해결방식을 필요로 하고 그 해답을 얻고자 라이프 코치를 찾게 된다. 이런 요구에 따라 라이프 코칭이 발전한 미국, 캐나다, 기타 여러 나라는 코칭의 활동 범위가 다양하게 세분화되는 추세이다.

(4) 행복

행복이라는 용어가 다양한 의미를 함축하기 때문에 좀 더 구체적인 의미를 지닌 용어로 바꾼다면, 주관적인 심리상태를 의미하는 주관적 안녕(subjective well-being) 또는 삶에 대한 인지적 평가에 초점을 맞추어 삶의 만족도(life satisfaction), 삶의 질(quality of life)이라는 용어를 사용하기도 한다(권석만, 2022). 행복은 모든 사람들의 주 관심사이며, 삶의 의미와도 연결되어 있는 라이프 코칭의 주요 주제이다.

4) 라이프 코치 정의

라이프 코치(life coach)에 대한 정의 관련하여 한국직업사전(2016)에 따르면 라이프 코치는 '청소년, 대학청년, 주부, 직장인, 은퇴자 등 개인을 대상으로 삶의 모든 영역에서 코칭 고객 스스로가 행복을 증진할 수 있도록 건강, 재무, 여가취미, 가족, 사회 참여, 관계와 소통, 삶의 목표와 의미, 정체성 등의 이슈에 초점을 두고 코칭 기법(관찰, 질문, 경청, 인정과 지지, 피드백, 메시징 등)을 활용하여 코칭하는 직업'이라고 한다. 라이프 코치와 유사한 직업으로는 생활코치, 생애코치, 인생코치, 멘탈코치 등이 있다고 한다.

라이프 코치의 직무는 한국직업사전(2016)에 따르면 "최근에 일어난 일, 변화, 기분 등에 대해 대화를 나누며 코칭 고객과 신뢰관계를 형성한다. 인터뷰 또는 진단을 통해 코칭 고객의 이슈 및 니즈를 파악하고 분석한다. 코칭 고객이 현재 처한 문제나 상황, 코칭 고객 스스로가 생각하는 바람직한 삶의 방향, 코칭 고객의 미래 목표 등에 대해서 질문한다. 질문을 통해 코칭 고객의 강점을 발견하고 코칭 고객 스스로 의식이나 관점을 전환할 수 있도록 돕는다. 건강, 재무, 여가취미, 가족, 사회 참여, 관계와 소통, 삶의 목표와 의미, 정체성 등의 목표를 달성하기 위한 실행 계획을 코칭 고객이 스스로 수립할 수 있도록 질문한다. 코칭 고객 스스로가 각 실행 계획을 구체적으로 실천할 수 있도록 질문한다. 모니터링을 통해 코칭 고객의 계획 실행 여부 혹은 진척도를 점검한다. 피드백(응원, 지지, 개선 상황 모색, 후원 환경 확인 등)을 통해 스스로가 수립한 실행 계획을 코칭 고객이 지속적으로 실행에 옮길 수 있도록 돕는다. 필요시 각종 성격유형검사를 실시하기도 한다. 코칭 고객을 대상으로 코칭 과정을 몇 달간 실시한다."라고 되어 있다(한국직업사전, 2016).

2. 라이프 코칭 적용

1) 국내 라이프 코칭 적용 연구 현황[1]

국내 라이프 코칭 연구 현황을 살펴보면 다음과 같다. 첫째, 국내 라이프 코칭 연구 현황을 라이프 코칭 개념, 라이프 코칭 효과 및 라이프 코칭 프로그램으로 분류하여 연구 현황별로 살펴보면 〈표 12-1〉과 같다. 국내 라이프 코칭 연구 현황을 살펴보면 2000~2009년 사이에는 라이프 코칭 개념 관련 논문 2편, 라이프 코칭 프로그램 관련 논문이 3편으로 총 5편이 있었으나, 2010년 이후 2020년까지는 라이프 코칭 개념 관련 논문 1편, 라이

〈표 12-1〉 국내 라이프 코칭 연구 현황

구분	2000~2009년도	2010~2020년도	합계
라이프 코칭 개념	2	1	3
라이프 코칭 효과	–	1	1
라이프 코칭 프로그램	3	1	4
합계	5	3	8

출처: 임연제, 김유천(2024).

---

1   임연제, 김유천(2024). 라이프코칭 연구동향에 대한 탐색적 연구. **아시아상담코칭연구**, 6-1.

프 코칭 효과 관련 논문 1편, 라이프 코칭 프로그램 관련 논문이 1편으로 총 3편의 논문이 발간되었다.

둘째, 국내 라이프 코칭 연구 특징을 살펴보면 〈표 12-2〉와 같다. 라이프 코칭 개념에 관한 연구는 3편, 라이프 코칭 효과에 관한 연구는 1편, 라이프 코칭 프로그램에 대한 연구는 4편이다. 연구대상별 현황을 살펴보면 여성주부, 노년기, 전문코치 등이며, 연구방법으로 탐색적 연구는 4편, 양적/질적 연구는 1편, 문헌고찰 연구는 3편이 있었으며, 출판형태로는 학술지 논문 5편, 학위논문 3편이었다.

〈표 12-2〉 국내 라이프 코칭 연구 특징

연구자(연도)	라이프 코칭 개념	라이프 코칭 효과	라이프 코칭 프로그램	연구대상	연구방법	출판형태
김구주(2008)	○			라이프 코치	문헌고찰	학위논문
김혜연 외(2008)			○	여성주부	탐색적 연구	학술지
곽인숙(2008)			○	여성주부	탐색적 연구	학술지
길영환(2009)	○			전문코치	탐색적 연구	학술지
김혜연 외(2009)			○	23~56세 여성주부	탐색적 연구	학술지
남현숙(2011)		○		여성주부	양ㆍ질적 연구	학위논문
김준경(2014)	○			노년기	문헌고찰	학술지
권세연(2022)			○	40~50대 코치	문헌고찰	학위논문

출처: 임연제, 김유천(2024).

2) 중장년 대상 라이프 코칭 적용하기[2]

라이프 코칭을 중장년에 어떻게 적용할 것인가를 살펴보기 위해, 먼저

---

2 본 내용은 다음 논문에서 발췌되었다. 임연제, 김유천(2024). 라이프코칭 연구동향에 대한 탐색적 연구. **아시아상담코칭연구**, 6-1.

중장년 라이프 코칭 필수요소를 살펴보고, 다음으로 중장년 라이프 코칭을 적용하기 위해 필요한 것을 긍정심리기반으로 살펴보았다.

첫째, **중장년 대상 라이프 코칭 필수요소**를 살펴보면 다음과 같다.

중장년 개인 삶에 대한 인정이 필요하다. 배정민(2014)의 연구에 따르면 중장년기는 개인 발달의 관점에서 신체적·생물학적 노화가 시작되는 시기이며, 사회적 관점에서는 사회생활 및 직업생활에서의 어려움을 극복하고 사회, 경제적 지위 및 대인관계에 있어 절정기에 달한 시기라고 밝혔다. 이은아(2007)의 연구에서는 중장년층은 국가, 사회, 기업에서 핵심 리더로서 역할을 했고, 가정에서는 경제적 중추 역할을 해 왔지만, 퇴직을 준비하면서 역할상실로 인한 경제적 소득에 대한 불안감을 느끼게 되며, 사회적 관계망이 축소되면서 어려움을 겪는 시기라고 정의하였다. 또한 중장년기는 생애 기간 중 가장 중심이 되는 단계이며 중장년층의 삶의 만족도는 사회의 중추 역할을 담당하고 있다는 측면에서 국민 전체의 행복 수준에 큰 영향을 미친다(염인숙, 2019). 따라서 중장년이 지금까지 잘 살아온 삶에 대한 인정이 필요하다.

중장년 삶에 대한 의미를 살펴보는 것이 필요하다. 오늘날 중장년 세대들은 길어진 노년기를 의미 있고 가치 있게 살아가기 위해서 노후 준비를 계획하고 실천해야 한다. 보다 적극적인 노후 준비는 개인적, 사회적 차원의 양쪽 측면에서 이룰 수 있다. 개인적 차원에서는 건강한 생활로 자아를 실현할 수 있는 활동을 통해 삶의 질을 향상하는 데 기여할 수 있고(배정민 2014), 사회적 차원에서는 중장년층의 사회적 지위가 상승하고 노년기에 대한 사회적 공감대가 증가함으로써 사회 통합에 기여할 수 있다는 차원에서 매우 중요하다고 할 수 있다(이소정, 2009). 또한 지속가능한 사회참여를 위해서는 자기관리는 물론 주변 환경을 스스로 조절해 나가는 능력이 필요하다. 이와 관련하여 특정 대상에 대해 개인이 생각하고 있는 주관성을 객관적으로 측정하는 데 적절한 연구방법인 주관성 연구를 활용하여 중장년이 지금까지 잘 살아온 삶에 대한 의미를 살펴보는 것이 필요하다(이송이, 김혜원, 2019).

행복에 대한 재인식이 필요하다. 중장년은 행복에 대해 제대로 인식하지 못하는 경우가 있다. 그래서 행복에 대한 재인식이 필요하다. 행복에 대한 정의는 순간적인 긍정적 감정을 평가하는 것이 아니라 영속적인 행복의 수준을 평가하는 것이 필요하며, 부정 정서의 제거에 초점을 맞추기보다는 긍정 정서를 더 많이 경험하게 하는 것이 필요하다(남현숙, 2011). 권세연(2022)의 연구에 따르면 자녀를 둔 여성의 자아탄력성이 향상된다면 자녀 양육을 통해 심리적 · 육체적으로 지쳐 있을 때 긍정적으로 바라볼 수 있는 시각이 마련된다고 한다. 인간의 행복은 몸, 마음, 정신이 건강할 때 가능하다. 특히 행복에 도움을 주는 코칭을 분류하면 마음과 의식의 세계에서 기쁨과 행복을 추구하는 '마음코칭', 건강과 아름다움을 추구하는 '건강코칭', 개인과 가정의 삶의 목표를 세우고 달성하는 '리더십코칭', 삶과 일의 성공을 위한 '성공코칭' 또는 가정과 직장에서 소통 문제로 인한 '인간관계코칭', 가족관계 속에서 나타나는 부모와 자녀 간의 '가족코칭', 삶과 일과의 관계에서 나타나는 '비즈니스 라이프 코칭', 진로의 선택을 위해 필요한 '진로코칭' 등이 있다(길영환, 2009). Lyubomirsky, Sheldon과 Schkade(2005)는 인간의 행복을 결정하는 데는 유전적 요인이 행복 전체의 약 50%, 사회경제적 수준, 나이, 학력, 성별 등과 같은 환경적 요인이 약 10%, 개인의 자발적인 노력과 의도적 행동 활동이 나머지 약 40%를 구성한다고 보았다. 이러한 연구 결과는 개인의 노력 여하에 따라 누구나 충분히 행복해질 수 있음을 시사한다.

둘째, **긍정심리기반 중장년 라이프 코칭 적용하기 위해 필요한 것**은 다음과 같다.

우선적으로 **'긍정적 사고 갖기'**이다. 중장년은 나이가 들게 되면서 마음은 그렇지 않은데 몸이 따라 주지 않는 경우를 많이 느낄 수 있다. 따라서 이러한 현실을 인정하고 현재의 삶에 감사하며 사는 긍정적 사고가 필요하고 이를 위해서는 자기 삶을 전반적으로 돌아보고 삶의 의미를 깨달으며 사는 것이 바람직하다(김준경, 2014). 긍정심리학에 기반을 둔 라이프 코칭은 고객의 인지, 정서, 행동 패턴의 변화를 초래하여 고객의 전반적인 활동과 행복에 긍정적인 영향을 줄 뿐만 아니라 코치로부터 지지, 격려를 받는 고객은 목표 달성, 자기숙고 및 통찰 등의 향상으로 우울증, 스트레스, 불안감이 낮아지는 정신 건강상의 개선도 경험하게 된다(김수영, 2021). 김혜연 등(2009)의 연구를 살펴보면 라이프 코칭 프로그램 1회기 주제인 '행복풍선 인식하기'에서 주요 내용인 '긍정적 사고'를 강조하고 있다

　'지금-여기에 감사하기'이다. Lyubomirsky(2008)는 감사를 표현하면 긍정적 결과가 나타난다고 하였다. 먼저, 감사 표현은 삶의 긍정적 경험들에 대해 더욱 의미를 부여할 수 있게 되고, 자신의 가치와 자존감이 강화되고, 스트레스를 유발하는 부정적 체험을 긍정적으로 재해석함으로써 도덕적 행동을 촉진한다. 또한 사회적 유대를 쌓고 새로운 관계를 맺는 데 도움이 되면서 관계를 강화하게 되고, 다른 사람과의 비교를 억제하는 경향이 나타나면서, 부정적 감정과 공존하기 어려우며, 쾌락 적응을 지지하는 데 도움이 된다. 연구 결과 고마운 일을 기술토록 하는 감사일기를 쓴 집단이 다른 집단에 비해 낙관성이 높아졌고 삶에 대한 만족도가 더 높게 나타났다(탁진국, 2022). 김혜연 등(2009)은 라이프 코칭 프로그램 3회기 주제인 '행복풍선 부풀리기'에서 주요 내용인 '감사하는 생활'을 강조하고 있다

　'자기 탐색을 통한 강점 인식과 활용하기'이다. Clifton, Nelson(1992)은 강점을 개인의 재능 및 지식, 기술, 노력을 결합한 개념으로 특정 과제에서 완벽에 가까운 수행을 할 수 있는 능력으로 정의하였다. 또한 Linley와 Harrington(2008)은 강점을 의미 있고 가치 있는 성과를 위해 최적의 기능을 할 수 있도록 생각하고 행동하는 역량으로 정의한 바 있고, 타고 나면서 누구나 가진 강점을 일상생활에서 발휘할 때, 편안함을 느끼고 활력이 넘치게 한다고 주장하였다. Govindji와 Linley(2007)는 개인의 강점 활용 정

도가 높을수록 주관적 안녕감과 심리적 안녕감도 증진되는 것으로 나타났다. 따라서 개인이 자신의 강점을 파악하고 이를 일상생활에서 적극적으로 활용한다면 개인의 긍정 정서, 주관적 안녕감, 목표 달성 정도 등의 다양한 긍정적 성과를 얻을 수 있게 된다. 긍정심리기반 중장년층의 라이프 코칭 과정에서는 중장년층 개인의 강점을 파악하고 이를 활용하는 세션을 포함하는 것이 효과적이다. 강점 검사는 유료의 경우, 강점코칭심리연구소에서 개발한 강점 검사를 시행할 수 있으며 무료의 경우에는 VIA 강점 검사를 시행하면 도움이 된다(탁진국, 2022).

'더 행복한 삶을 위한 목표 수립하기'이다. 삶에서 목표가 있는 것은 무엇보다 삶의 의미를 증진시키는 중요한 역할을 한다. 목표를 달성하기 위해 노력하는 과정에서 목표에 점점 다가가고 있다는 인식을 통해 긍정 정서를 경험하고 삶의 의미가 있음을 느끼게 된다. George와 Park(2016)의 연구에서 삶의 의미는 긍정 정서와 삶의 만족과 정적으로 유의하게 관련되었으며 우울, 불안 및 스트레스와는 부적으로 유의하게 관련되었다. 이러한 결과는 삶의 목표가 있는 것이 개인의 정신건강에 긍정적인 영향을 미친다는 것을 시사한다. 라이프 코칭의 목표가 고객의 행복 증진을 위한 것이라면 코치는 고객이 행복 증진을 위해 삶에서 새로운 목표를 도출하도록 도움을 주는 노력이 필요하다(탁진국, 2022). 김혜연 등(2009)은 라이프 코칭 프로그램 4회기 주제인 '행복풍선 띄우기'에서 주요 내용인 '실천계획수립'을 보여 주고 있다.

마지막으로 **'실행하기'**이다. 라이프 코칭은 새로운 행동계획을 수립하고, 점검하며 이를 성취할 수 있도록 돕는다. 코치는 고객의 구체적인 행동계획에 대해 질문하고, 고객 스스로 행동계획을 만들게 하며, 장애물과 자원들을 찾고 발견하도록 하여 상호 책임을 갖고 지원한다. 이 모든 과정에서 코치는 라이프 코칭을 받는 고객이 스스로 세운 목표의 성취를 빠르고 효과적으로 달성할 수 있도록 지지하고 격려한다(남현숙, 2011). 김혜연 등

(2009)은 라이프 코칭 프로그램 4회기 주제인 '행복풍선 띄우기'에서 주요 내용인 '실천과제 찾기'를 보여 주고 있기도 하다.

3) 대학생 대상 라이프 코칭 적용하기

Lefdahl-Davis 등(2018)은 미국 대학생에 대한 라이프 코칭의 성과에 대해 다년간에 걸쳐 효과를 분석하였다, 라이프 코칭이 자기효능감, 전공선택 만족도, 가치 인식 의사결정 일치, 삶의 목적과 연계, 개인 목표 설정 및 달성에 기여하였음을 보여 주었다. 라이프 코칭 참가자들은 라이프 코칭이 유용하다는 것을 다른 사람들이 알았으면 하였다. 참가자들은 목표 달성에 동기부여 되었으며, 자신을 찾는 데 도움을 받았다고 한다.

라이프 코칭 이후 참여한 개인별 소감은 다음과 같다.

"라이프 코칭은 나의 인생의 목표에 대한 자신감과 확신을 주었다."
"라이프 코칭은 내 자신에 대해 더 많이 배우고, 앞으로 도전하고, 목적을 발견할 수 있는 좋은 기회였다."

상기와 같이 미국 대학에서 라이프 코칭에 대한 관심은 증가하고 있다. 한국 대학에서는 주로 진로 및 취업 준비 목적으로 코칭 프로그램이 운영되고 있다(김유천, 신인수, 2021). 대학생들이 좀 더 인생 전반적인 차원에서 자신을 바라보고 삶을 준비할 수 있도록 라이프/커리어 코칭이 필요하다.

4) 웰니스 코칭

웰니스(wellness)라는 단어는 미국의 외과의사 Dunn(1959)이 처음 사용하였으며, 'wellbeing'과 'fitness'의 조합으로 개발되었다. Dunn은 웰니스

란 주어진 환경에서 개인이 가지고 있는 잠재력을 극대화하기 위한 통합적 방법으로 정의하였다. 여기서 잠재력은 근육이나 신경시스템과 같은 신체의 특정한 부분뿐만 아니라 개인의 성격 및 특성과 같은 개인 전체를 포함한다고 한다. 이러한 웰니스는 행복과 건강의 의미를 포함하는 신체적 · 정신적 · 사회적으로 건강한 상태를 의미하는 것으로 의미가 확대되었다.

웰니스 코칭(wellness coaching)은 사람들이 건강하게 삶을 살 수 있도록 삶의 방식을 안내하고 지원하는 것이라고 할 수 있다. 최근의 웰니스 코칭은 육체적 건강뿐 아니라 정신적 건강까지 포괄하여 건강한 삶을 유지할 수 있도록 도와주고 있다. 개인 소득의 증가, 식습관의 변화 등으로 사람들은 점차 건강하게 사는 것, 즉 웰빙에 관심을 가지게 되었고 더 건강하고 질 높은 삶을 살고자 하는 욕구가 강해지고 있다.

웰니스의 구성 요소는 웰니스의 정의만큼이나 연구자에 따라 다양하다. Hettler(1980)는 신체적 · 정서적 · 사회적 · 지적 · 영적 · 직업적 웰니스로 구성된 육각형 형태의 6차원 웰니스 모델을 제안하였고, Arloski(2014)는 커리어, 재무, 건강/웰빙, 가족관계, 친구, 개인 성장 및 개발, 타인 및 연애, 재미 및 오락, 환경 9개 영역의 웰니스 모형을 제시하였고, Travis와 Ryan(2004)은 자기책임과 사랑, 호흡, 감각, 식사, 움직임, 감정, 사고, 일과 놀이, 소통, 친밀함, 의미 파악, 초월 등 12개의 개념으로 구성된 수레바퀴 형태의 웰니스 수레바퀴(wellness wheel)를 제시하였다.

국내 웰니스 척도 관련하여 최경화, 탁진국(2021)은 웰니스를 "삶의 중요 영역에서 균형과 건강함을 충족하기 위해 노력하거나 추구하는 실천적 태도와 행동역량"으로 정의하면서, 삶의 다양한 영역에서 균형을 유지하는 것이 중요함을 강조하였다. 본 연구는 한국의 일반 성인을 대상으로 삶의 중요 영역에서의 웰니스(wellness) 추구 행동을 측정하기 위한 척도를 개발하고 타당도를 검증하였다. 웰니스 척도개발을 위하여 문헌 검토, 전문가 인터뷰, 심층 인터뷰, 개방형 설문 1, 2차를 거쳐서 도출된 31개 요인, 182문항은 최종 10개 요인, 99문항으로 선정하였다. 한국의 일반 성인 351명을 대상으로 한 예비조사 결과의 탐색적 요인분석을 통해 10개 요인 58문항을 도출하였고, 각 요인에서 중요한 개념을 반영한 문항들을 일부 수정해서 10개 요인 63문항으로 조사를 실시하였다. 667명을 대상으로 진행된 본 조사에서는 본 검사의 구성개념 타당도를 검증하기 위해 전체 표집을 두 집단으로 나누어 한 집단은 탐색적 요인분석을 하고, 또 다른 집단은 확인적 요인분석을 하였다. 탐색적 요인분석 결과 최종적으로 10개 요인(일, 공동체, 가족, 타인, 경제력, 자아존중, 여가, 신체 건강, 영성, 자기 성장) 63문항을 도출하였으며, 구조방정식 모형을 이용한 확인적 요인분석에서는 모형적합도 기준을 충족하고 있는 것을 검증하였다.

웰니스 관련하여 셀프 라이프 코칭은 시간과 장소의 제약이 거의 없고, 비용 또한 거의 들지 않으며, 참여인원에 제한이 없어 많은 사람에게 적용하여 도움이 될 수 있다. 가능한 시간에 조용한 곳에서 자신에 대해 성찰하는 시간을 갖는 것은 자신의 웰니스 수준을 높이는 데 도움이 된다 (Arloski, 2014).

기업에서도 종업원들의 건강 비용을 줄이고 건강 위험을 예방하는 차원에서 웰니스 프로그램을 도입하고 있다. 우리나라에서는 근로자 건강증진 사업의 일환으로 신체 활동 증진, 직무 스트레스 완화, 체중 조절, 금연 및 절주 등의 다양한 사업장 웰니스 프로그램을 실시하고 있다(김영임, 이복임, 2016).

웰니스 코칭을 통하여 라이프스타일 변화와 지속가능한 라이프스타일 변화에 대한 역량이 증가하게 된다. 많은 사람들은 통제되지 않는 스트레스, 과도한 체중, 삶의 불균형, 낮은 에너지, 나쁜 체력, 부적절한 수준의 부정적인 감정과 정신적 상태 등과 같은 그들의 웰빙을 손상시키는 문제에 직면하고 있다. 웰니스 코칭은 사람들이 어려움을 극복하도록 돕고, 자기공감, 동기부여, 자아인식, 마음챙김, 새로운 통찰력과 관점, 자신감, 낙천주의,

회복력과 같은 자원을 만들고, 개인의 지속적인 변화를 만들어 줄 수 있다.

3. 라이프 코칭 효과

라이프 코칭의 긍정적 결과는 개인의 삶에 장기적으로 영향을 미칠 가능성이 있으며, 지속된다면, 더 나은 삶의 질을 추구하는 데 도움을 줄 수 있다(Griffiths, 2005).

라이프 코칭은 라이프 코칭 기법에 의한 문제의 해결을 행동적 측면과 더불어 의식의 성장을 통해 변화를 가져온다는 데 의미가 있고 스스로 변화하여 문제들을 해결할 수 있는 건강성이 향상된다는 데 큰 장점이 있다. Joanna Jarosz(2016)의 연구에 의하면 라이프 코칭은 행동, 성격의 변화로 삶의 질을 향상시켜 꿈이 있는 삶을 만들어 주며, Wesson과 Boniwell(2007)은 라이프 코칭의 명료하고 즉각적인 피드백은 고객이 자기인식을 깊이 할 수 있도록 격려하기 때문에 목표 실행과 관련된 다양한 생각들을 정리할 수 있게 해 준다고 한다.

김혜연 등(2009)은 건강가정지원센터에서 활용할 수 있는 라이프 코칭 교육프로그램 개발에 관한 연구에서 라이프 코칭은 자신에 대한 이해가 증진되고, 자신의 존재 가치와 자아를 발견하게 된 점이 라이프 코칭의 가장 큰 효과(24.1%)라고 하였으며 다음의 효과는 가족, 타인과의 인간관계 및 의사소통에 대한 태도도 변화(13.0%)가 있었음을 확인하였다. 또한 '감사하는 긍정적인 마음을 가지게 되었다'(11.1%), '인생의 목표를 재고하게 되었다'(9.3%), '대화 방법의 변화'(5.6%)에 대한 결과는 행복을 위한 의식변화와 생활 속에서의 변화라는 측면에서 라이프 코칭 교육프로그램이 상당한 효과를 얻었다고 한다.

4. 커리어 코칭 의미

1) 커리어 개념

커리어(career)는 정의하는 학자에 따라 전혀 다른 의미와 형태로 사용되기도 하며, 급변하는 사회 환경의 변화로 인하여 통일된 정의를 내리기 위한 노력이 이루어지고 있다(Yates, 2022). 일반적으로 커리어는 '일생 동안 지속되는 개인의 일과 관련된 경험'(Greenhaus, Callanan, & Godshalk, 2000)이라고 할 수 있다. 좀 더 확대된 의미로 커리어는 개인이 일생 동안 하는 일의 전체(Sears, 1982)를 의미하는 것으로 각 개인의 선택에 의해 이루어지는 것이며, 단순히 직업만을 가리키는 것이 아니라 가족이나 레저 그리고 커뮤니티 등 다른 부분들과 일이 통합되는 것을 의미한다. 이러한 관점은 커리어의 개념을 더 확대해서 바라볼 필요가 있음을 알 수 있다(김해찬 외, 2021). 커리어 개발을 누가 하는가에 대한 주체에 대한 논의가 있다. 과거에는 개인의 커리어 개발을 조직에 의지하는 경향이 높았으나, 최근에는 개인 스스로 커리어 개발에 대하여 책임과 결정을 하고자 하며, 조직에서도 이러한 요구를 개인에게 하는 경향이 증가하고 있다.

2) 커리어 코칭

커리어를 일생 동안 지속되는 개인의 일과 관련된 경험이라고 한다면, **커리어 코칭**(career coaching)은 개인이 일생 동안 지속되는 일과 관련된 모든 것에 대한 코칭이라고 할 수 있다. Bench(2003)는 커리어 코칭을 일과 관련된 이슈에 대해 개인과 조직의 발달과 변화를 촉진함으로써 효과적인 행동을 이끌어 내는 상호작용과정으로 정의하여 조직과 관련하도록 하였다. Stern과 Wing(2004)은 개인의 장ㆍ단기 커리어 목표에 초점을 두고 커리어 방향을 결정하고, 계획 수립을 통해 개인이 변화할 수 있도록 돕는 것으로 커리어 코칭을 정의하였다. Jay(2001)는 커리어 코칭에 대해 개인의 직업적인 것에 초점을 두고 성장을 위한 스킬 개발이 중요한 이슈가 되며 전직지원(outplacement)이나 헤드헌팅(headhunting)과 연계될 수 있다고 한다. Colombo와 Werther(2003)는 커리어 코치란 피코치가 미처 자신에 대해 알지 못하는 능력을 확인하게 하고, 이미 내재하는 스킬들을 연마하도록 돕는 사람으로 정의하였다. 또한 커리어 코칭의 궁극적인 목적은 코치가 피코치의 사고방식을 평생고용의 개념으로부터 평생고용 적격자로 전환시키는 것이라고 주장하였다. Yates(2024)는 커리어 코칭은 윤리 강령 내에서 작동하는 훈련된 전문가와 나누는 일련의 공동 대화로 보았고 그 과정은 고객의 커리어 관련 의사결정, 일, 개인적인 충족감과 관련된 긍정적 결과를 이끌어 내는 데 커리어 코칭의 목적이 있다고 하였다. 커리어 코칭은 일과 관련하여 개인과 조직의 발달과 변화를 촉진하고, 효과적인 행동을 이끄는 일련의 상호과정으로 사람들이 일과 경력에서 만족감을 얻을 수 있도록 이끄는 최신의 방법이다(Bench, 2003).

3) 커리어 접근 이론

커리어 접근 이론은 커리어 코칭을 하는 데 있어서 커리어를 어떻게 바라볼 것인가에 대한 전체적인 통찰을 제공할 수 있다. 커리어 코치는 커리어 접근이론을 통하여 개인의 상황과 관련하여 커리어를 살펴볼 필요가 있다.

(1) 매칭 커리어 이론

고전적 진로상담 이론으로 Parsons(1909)은 특성요인이론(trait-factor theory)에서 보여 주고 있는 개인의 특성과 직업에서 요구하는 요인들을 연결시키는 방식을 **매칭 커리어 이론**이라고도 한다. 대표적으로

Holland(1997)의 유형 이론은 개인이 자기를 이해하고 직업 세계를 이해하여 자신과 잘 맞는 직업을 합리적 추론을 통하여 선택하도록 하고 있다. 이는 진로 경로를 명확하고 단순하게 제시하여 합리적 커리어 계획을 세우는 데 도움을 줄 수 있지만, 매칭 커리어 이론은 커리어에 대한 불확실성이 증가하는 오늘날의 커리어 세계에는 적용하는 데 한계가 있을 수 있다.

(2) 무경계 커리어 이론

무경계 커리어(boundaryless career)란 조직 내에서의 경력 한계를 벗어나 경력의 유지와 개발을 위해 자유롭게 조직을 선택하는 것을 의미한다. 이 개념은 Arthur와 Rousseau(1996)가 쓴 『The Boundaryless Career』라는 저서를 통해 처음 소개되었다.

무경계 커리어 개발이론(boundaryless career)은 조직 안에서 승진을 통하여 커리어 사다리를 오르는 것이었으나, 다양한 방향으로 혹은 완전히 다른 영역으로 움직일 수 있다는 것이다(Arthur & Rousseau, 2001). 개인의 경력이 직무나 직업, 조직 등의 요인에 의해 한정되지 않고, 개인이 무경계적으로 다양한 환경에서 다양한 업무를 수행함으로써 경력기회를 갖고 경력목표를 추구하는 것을 의미한다. 무경계 경력에 관한 선행연구에서는 개인의 구체적인 행동보다는 개인의 태도(attitude)나 성향(orientation)을 강조하여 '무경계 경력태도' 또는 '무경계 경력지향'이라는 용어를 혼용하여 사용하고 있다(김다혜, 박윤희, 2022)

(3) 프로티언 커리어 이론

프로티언 커리어 이론은 Hall(1976)에 의해 처음 제시되었고, 1990년 후반부터 지식정보혁명 등에 의해 변화하는 경력 환경을 더 잘 대변할 수 있는 개념으로 폭넓은 관심과 지지를 받게 되었다. **프로티언**(protean)의 용어는 그리스 신화 '프로테우스(proteus)'에서 유래된 것으로, 여러 형태로 몸을 바꿀 수 있는 변화무쌍한 능력을 메타포(은유)로 활용하면서 사용되었다. 커리어환경이 불확실해지고, 변화의 정도가 예측 불가능함에 따라 조직은 이러한 외부환경에 대응하기 위하여 개인의 경력을 더 이상 책임질 수 없게 되었다. 따라서 개인은 자신의 생존과 경쟁력을 높이기 위해 조직몰입 대신에 직무몰입을 높이게 되었고 개인의 주도적인 지속 학습과 네트워크 관계를 통해 자신의 고용가능성을 높일 수 있는 고용능력을 추구하게 되었다.

프로티언 커리어에서는 개인이 경력관리의 주체가 되어 자신의 가치에 기초하여 스스로 경력개발의 기회와 고용가능성을 확대해 나간다(박윤희, 정홍전, 오미래, 2018). 따라서 프로티언 커리어에서는 고용가능성을 중요시한다. 고용가능성이란 자신의 원하는 직업을 얻기 위해 지녀야 하는 개인의 능력이다(Rothwell & Arnold, 2007).

(4) 계획된 우연 이론

커리어에서 중요하게 여겨졌던 전통적 매칭 이론을 중심으로 한 진로 이론은 개인들이 불확실하고 예측 불가능한 미래 커리어를 준비하는 데 더 이상 기여하기 어려운 상황이 되었다(박은희, 2019). 전통적인 진로 의사결정 이론에 따르면 개인의 진로선택 과정은 개인의 적성, 흥미와 가치 등을 기준으로 하여 커리어와 적합성을 강조하여 왔다(Holland, 1997). 그러나 최근에는 전통적인 진로 의사결정 이론들과는 다르게 개인의 진로선택에 있어서 계획된 우연을 통한 진로가 결정된다는 이론이 등장하였다. 이와 관련된 연구들은 예상하지 못했던 우연적 사건이 개인의 삶에서 계획된 일처럼 진로선택에 영향을 주고 있다는 것을 확인하였다(박은희, 2019).

Mitchell, Levin과 Krumboltz(1999)은 **계획된 우연**을 호기심, 지속성, 유연성, 낙관성, 위험 감수 등 다섯 가지로 구분하였다. **호기심**은 새로운 학습 기회를 탐구하는 것이고, **지속성**은 실패하거나 역경에서도 좌절하지 않고 꾸준히 하는 것이다. **유연성**은 유연한 대처가 필요할 때 태도나 방향, 상황 등을 고려하여 변화시키는 것이며, **낙관성**은 미래를 긍정적으로 생각하며 새로운 기회를 발견할 것으로 기대하는 것이다. **위험 감수**는 결과를 예측할 수 없을지라도 필요하다고 생각되는 일을 과감히 실행에 옮기는 도전정신이다. 이는 최근에 급변하는 사회에서 요구되는 커리어 이론이다(김해찬 외, 2021).

계획된 우연 관련된 선행연구에서는 계획된 우연 기술과 진로결정 자기효능감, 계획된 우연 기술과 진로포부 수준 사이에 유의미한 정적 상관관계를 보고하였다(권수현, 2017; 황현덕 외, 2012; 곽윤지, 2017). 또한 계획된 우연 수준이 높은 집단이 높은 진로준비행동 수준과 더불어 성공적인 진로결정 관련 과업을 수행할 수 있다는 자기 믿음이 높은 것으로 보고하였다(차영은 외, 2015). 이러한 선행연구 결과들은 계획된 우연 기술과 진로탐색행동이 상호적이고 유의미한 관계임을 시사한다. 계획된 우연과 관련해서는 이 장의 '커리어 코칭 적용'에서 추가 논의할 것이다.

4) 커리어 코치 정의

커리어 코치(career coach) 정의 관련하여 한국직업사전(2016)의 정의에 따르면 커리어 코치는 "초 · 중등 학생, 대학생, 직장인, 은퇴자, 청소년, 청장년, 신중년 등을 대상으로 직업의 가치와 의미를 찾아가는 것을 목적으로 진로 설계, 경력 개발, 역량 개발 등의 이슈에 초점을 두고 코칭 기법(관찰, 질문, 경청, 인정과 지지, 피드백, 메시징 등)을 활용하여 코칭하는 직업"이라고 한다. 커리어 코치와 유사한 직업으로는 커리어 컨설턴트, 경력관리전문가, 직업지도전문가, 전직지원전문가 등이 있다고 한다.

커리어 코치의 직무는 한국직업사전(2016)에 따르면 "고객에게 코칭을 제안(기간, 방법, 비용 등)하고, 코칭 동의 및 계약을 체결한다. 초 · 중등 학생을 대상으로 학습 및 진로를 선택할 수 있도록 돕는다. 대학생 및 취업 준비생을 대상으로 취업과 관련된 지원 서류 작성과 면접 요령을 익힐 수 있도록 돕는다. 직장인의 승진이직경력 관리경력 전환 등의 경력 설계와 전직 지원을 위해 필요한 역량을 계발할 수 있도록 돕는다. 은퇴자가 자신의 경력과 역량에 부합하는 직업을 찾아 제2의 인생을 설계할 수 있도록 돕는다. 사명 선언서 등의 작업을 통해 고객이 자신의 생애 목표와 방향을 수립하도록 돕는다. 관찰, 질문, 경청, 인정과 지지, 피드백, 메시징 등의 코칭 기법 및 도구를 활용하여 고객이 자신의 진로를 주체적으로 정할 수 있도록 자각과 통찰을 이끌어 낸다. 직업 흥미, 적성, 성격, 직업 가치관 등의 진단을 통해 고객이 적합한 직업 목록을 찾을 수 있도록 돕는다. 고객이 자신의 재능, 강점, 사회 기여도 및 수입 규모 등을 고려하여 직업 목록 중에서 적합한 희망 직업을 선택할 수 있도록 돕는다.

고객의 경력 관리 및 생애 목표를 토대로 자신의 커리어 로드맵을 고객 스스로 수립할 수 있게 한다. 수립한 커리어 로드맵에 따라 구체적인 실행 계획을 작성하고 실천할 수 있도록 돕는다. 모니터링을 통해 고객의 실행 여부 또는 진척도를 점검한다. 피드백(응원, 지지, 개선 방안 모색, 후원 환경 확인 등)을 통해 계획을 지속적으로 실천할 수 있도록 돕는다. 코칭 성과를 측정하고 고객의 코칭 만족도를 조사한다. 고객이 커리어 로드맵을 따라 지속적으로 자신의 역량을 개발해 나아갈 수 있도록 돕는다. 커리어 코칭의 모든 과정을 윤리 규정에 따라 진행한다. 코칭 프로그램을 개발하고, 필요한 학습을 지원한다."라고 되어 있다(한국직업사전, 2016).

5) 커리어 코치의 역할

커리어 코치의 역할은 커리어 코칭 진행에 필요한 이론과 방법론을 숙지하고 이를 커리어 코칭에 적용하는 것으로 궁극적으로 피코치의 변화를 촉진하는 것이다. 커리어 코칭에서 코치의 역할에 대해 Bench(2003)는 고객들의 열정과 목표를 발견하고 장기 발전기회를 이끌어 내며, 경청하고 관찰하는 등의 코칭 상호작용을 통해 효과적인 코칭을 진행하고 고객의 커리어 발전에 장애물을 제거해야 한다고 한다. 노동시장에서 고객의 가치를 높일 수 있게 능력을 신장시키고 커리어 성장과 미래 수익력에 대한 고객의 잠재 가능성을 증가시켜야 한다는 것이다. 이를 통해 커리어 코치는 궁극적으로 고객의 커리어 자립을 돕고 고객의 직업만족도를 높인다고 보았다.

커리어 전문코치의 역할에 대해 Bell(1996)은 고객들이 사업성공, 재무적 독립, 학문적 수월성을 갖는 것, 개인적 성공, 육체적 건강, 대인관계 또는 커리어 계획수립 등 삶에서 원하는 것들을 더 많이 얻을 수 있도록 돕기 때문에 커리어 코치는 '공명판(sounding board)' '지원 시스템' '치어리더'와 같은 것으로 묘사될 수 있다고 보았다. Chung, Gfroerer와 Coleman(2003)은 커리어 코치들은 가정과 일의 균형, 인터뷰 스킬 개발, 더 나은 경영기법의 개발, 경영진의 성장과 경력개발, 그리고 경영진들이 조직원들의 커리어를 돕는 일을 한다고 한다. Hudson(1999)은 커리어 코칭을 진행하는 전문코치 입장에서 커리어 코치의 임무를 고객의 커리어 연속성과 변화의 촉진, 핵심가치와 믿음을 명료화하기, 사회적 역할인식 및 새로운 발전을 위한 도전의 시도와 지속적으로 학습할 주제의 개발 등을 언급하였다.

Bench(2003)는 커리어 코칭의 역할에 대해 고객들의 열정과 목표를 발견하고 장기 발전기회를 이끌어 내며 또한 경청하고 관찰하는 등의 코칭 상호작용을 통해 효과적인 코칭을 진행하고 고객의 커리어 발전에 장애물을 제거한다고 하였다. 노동시장에서 고객의 가치를 높일 수 있게 능력을 신장시키고 커리어 성장과 미래 수익력에 대한 고객의 잠재가능성을 증가시키며 이를 통해 커리어 코치는 궁극적으로 고객의 커리어 자립을 돕고 고객의 직업 만족도를 높인다고 보았다.

6) 커리어 의사결정의 어려움

고객은 커리어 의사 결정에 있어서 의사 결정이 막막할 때 커리어 코치의 도움을 요청하게 된다. 커리어 코치가 사람들이 커리어를 결정할 때 직면하는 구체적인 어려움의 본질을 잘 이해하면 고객을 더 쉽게 파악하고 공감하는 데 도움이 될 수 있다.

Yates(2022)는 커리어 의사결정에 있어서 행동적·정서적·인지적 어려움으로 분류된 일반적인 진로 결정의 어려움에 대한 모델을 소개하고 있다. 이것은 인지행동 코칭과 연결된다. **정서적 어려움**에는 불안, 낮은 자신감이 있으며, **인지적 어려움**에는 자신에 대한 정보 부족, 관련 노동시장에 대한 이해 부족, 커리어 개발 과정에 대한 이해 부족 등이 있으며, **행동적 어려움**에는 적합한 이력서에 준비 어려움 및 실행하지 못하는 어려움 등이 있다. 커리어 코치는 진로 선택 과정의 특정 요소로 어려움을 겪고 있는 고객과 함께 일할 때 적합한 구체적인 코칭 접근법을 사용해야 한다.

고객은 때때로 계획을 실행에 옮기는 데 어려움을 겪고 커리어 관련 어떠한 행동을 하지 않으려고 할 수도 있는데, 이러한 경우에는 고객이 갖고 있는 두려움과 불안의 이유에 대한 유용한 설명을 제공하고, 이러한 고객과 함께 일하기 위한 코치의 다양한 접근이 필요하다.

5. 커리어 코칭 적용

1) 대학생 대상 커리어 코칭

커리어 코칭 적용 관련하여 대학생 대상으로 한 커리어 코칭을 우선적으로 살펴보고자 한다.

대학생들에게 코칭 교과목을 진행한 결과를 분석하거나 전문코치들이 대학생들에게 코칭을 적용하고 그 효과를 검증한 연구가 증가하고 있다(조성진, 2018). Bench(2003)에 따르면 커리어 코칭은 일과 관련하여 개인과 조직의 발달과 변화를 촉진하고, 효과적인 행동을 이끄는 일련의 상호과정으로 사람들이 일과 경력에서 만족감을 얻을 수 있도록 이끄는 최신의 방법이라 할 수 있으며 커리어 코칭은 일과 관련되어 경력개발까지도 포함되는 개념이다. 학교현장에서는 '커리어'와 더불어 '진로'라는 개념을 사용한다. '진로'의 사전적 의미는 개인의 생애 직업발달과 그 과정 내용을 가리키는 포괄적인 용어이다. '진로'의 영어식 표현이 career인 만큼 혼용되어 사용하기도 한다. 커리어 개념을 포함한 진로 또는 진로 커리어로 사용되기도 한다(김유천, 신인수, 2021). 대학에서는 진로 관련하여 상담, 컨설팅 및 멘토링 등과 같은 형태로 진행된다.

김정량과 김혜연(2019)의 연구에 의하면 사회경제적 변화와 고용 시장의 불안 등으로 대학에서 학생들의 취업관련 교육과 지원에 대한 요구가 증가하고 있으나 대학에서의 진로교육은 그에 부응하지 못하고 있는 실정이라고 한다. 대학생의 학습 및 진로코칭 프로그램에 대한 효과성 분석을 통하여 코칭을 받은 학생의 만족도는 높은 수준이었으며, 이슈 변화, 자신감 향상, 목표의 명료화, 진로탐색 부분에서 긍정적인 영향을 미치는 것으로 나타났으나, 진로상담 프로그램은 진로탐색의 필요성에 대한 인식에 관한 것들로, '자신의 이해' '직업세계의 이해' '진로의사 결정 증진' '진로계획 세우기' 등 주로 피상적이고 이론인 정보전달 방식으로 이루어져 진행된다(김병숙, 전종남, 2004).

반면에 **코칭 프로그램**은 긍정심리학의 관점에서 자신의 잠재된 강점을 찾아 계획을 실행에 옮길 수 있도록 커뮤니케이션을 통해 변화와 성장을 지원해 주는 것이며, 특별히 코칭 고객이 스스로 해답을 찾아내도록 하며 그 목표를 향해 실행에 옮겨 성과를 내도록 하는 것이 기존 상담 프로그램과 다르다고 할 수 있다(임정섭 외, 2013).

한편 코칭이 진로영역과 접목되었을 때 코칭은 **커리어 코칭** 또는 **진로코칭**으로 명명되며 기능은 보다 구체화될 수 있다. 개인의 진로개발에 초점이 맞추어진 코칭의 한 분야인 **커리어 코칭**(career coaching)은 "자신의 적성에 맞는 직업을 찾을 수 있도록 조언하고, 취업을 위해 준비해야 할 것이 무엇인지 함께 대화하며, 현 직업을 가진 사람들에게는 자신의 경력개발을 어떻게 할 것인지 등에 대해 당사자가 스스로 문제를 해결할 수 있도록 지원하는 것"을 말한다(임정섭 외, 2013). 고숙희 등(2020)의 연구에 따르면 커리어 코칭 프로그램을 실시 후 경력정체성, 진로결정수준, 강점 자기효능감 및 진로결정 자기효능감이 유의미하게 향상되는 것으로 나타났다.

2) 성인 대상 커리어 코칭[3]

다음은 대학 졸업 이후 성인을 대상으로 한 커리어 코칭에 대하여 살펴보고자 한다. 커리어는 20~30대의 중요 과업일 뿐 아니라 누구에게나 삶의 매우 중요한 부분을 차지한다. 나아가 개인의 문제를 넘어 사회가 함께 고민하고 해결해야 할 문제로 여겨지고 있다. 이를 위해 2020년 8월부터 청년 정책의 수립과 청년 지원에 관한 기본적인 사항을 규정한 법안인 청년 기본법을 시행하고 있다. 그러나 새롭게 인식해야 하는 것은 이들의 취업 실패, 경력단절, 재취업의 어려움이다. 특히 심리·신체적 건강문제를 경험한 2030대의 커리어를 돕는 사회서비스는 더욱 부족하다. 각 지방자치단체에서 청년 마음건강지원사업과 청년 일자리를 위한 다양한 사업을 진행하고 있지만 심리·신체적 문제를 경험한 청년들을 지원하기 위한 활

---

3 본 내용은 다음 논문에서 발췌하였다. 유영은, 김해찬, 이지성, 김유천(2021). '계획된 우연' 커리어 코칭 프로그램: 심리·신체적 건강문제를 경험한 2030대를 중심으로 한 상담코칭적 접근. **아시아상담코칭학회 ACCR,** 3(1), 1–18.

동은 미비한 실정이다.

(1) 프로그램 목적

급변하는 현대 사회에서 커리어를 시작하고 개발하기 위해서는 기존의 커리어 추진 전략에 더하여 상황 적응적인 커리어 전략이 필요하다. 이러한 커리어 전략을 '계획된 우연'이라고 할 수 있다. 따라서 이 프로그램은 '계획된 우연' 이론을 바탕으로 성인을 위한 커리어 코칭 프로그램을 구성하고자 한다.

(2) 프로그램 내용

① 프로그램 열기

프로그램의 열기 모듈에서는 프로그램의 목적과 과정을 안내하는 동시에 참가자의 흥미를 유발하고, 공감대 및 친밀감을 형성하여 전반적인 프로그램 참여 동기를 부여하는 것에 있다. 또한 자신의 가치관을 담은 자기소개와 나의 인생 우연 그래프 그리기를 통해 이 프로그램의 핵심 내용인 계획된 우연 이론에 대해 압축적으로 경험하여 흥미를 유발할 수 있도록 구성하였다. 세부 내용은 다음과 같다.

- **인디언식 이름으로 자신의 가치관 소개하기:** 선행연구에서는 은유 기법이 언어로의 표현은 감정이입을 용이하게 하며, 확장된 개념과의 개연성을 높일 뿐 아니라 유의미한 결과를 가져온다고 밝혔다(Tay, 2012). 이 프로그램에서 참가자는 자신의 특성과 가치 있게 여기는 삶의 중요한 가치를 생각해 보고, 은유적인 표현을 사용하여 이름을 지어 자신을 소개한다. 이를 통해 참가자는 스스로 질문과 응답을 통해 내면적 성찰을 경험할 수 있으며, 나아가 참가자 자신의 삶, 사고와 행동을 통

해 궁극적으로 다가가고자 하는 중요한 가치에 대해 정립해 나가는 역할을 할 수 있다.

• **나의 인생 우연 그래프로 목표 발표하기:** 나의 인생 우연 그래프 그리기는 현재까지 자신의 삶에서 발생했던 우연한 사건들이 이후 또는 현재 자신에게 영향을 끼친 경험을 탐색하도록 한다. 자신의 직업적 목표를 정하는 것과 우연히 생길 수 있는 다양한 계기를 유의미한 가치로 받아들일 수 있는 계기로 활용할 수 있도록 한다. 유연성을 발견하는 계기를 마련하는 것에 목표를 둔다. 이때 참가자의 상상력과 사고력을 자극, 자신의 능력과 가능성을 확대하는 코칭의 질문 기법을 활용할 수 있다.

② 자신에 대해 알아보기

커리어란 일과 관련되어 일생 동안 계속하여 관련된 일이다. 자신의 커리어를 만들어 가기 위해서 가장 우선적으로 필요한 것이 자신에 대하여 살펴보는 것이다. 자신에 대한 충분한 이해 및 성찰을 하고 커리어를 만들어 가는 것이 필요하다. 즉, 자신이 하고 싶은 것과 잘할 수 있는 일은 무엇인지 찾고 이를 바탕으로 자신에 대한 성찰, 자신의 커리어에 대한 성찰이 필요하다. 자신 및 자신의 커리어에 대해 충분히 성찰하고 이를 커리어와 연결하는 것은 많은 도전이 필요한 과정이다. 참가자가 자신에 대한 이해를 돕기 위해서는 자신의 현재 및 가능성에 대한 관찰이 필요하며, 이 관찰 과정에 충분히 몰입하여 자신을 돌보고 이를 원하는 방향으로 나아가기 위해 자신이 가지고 있는 긍정적 에너지를 확인하는 과정이 필요하다. 선행연구에서는 이러한 몰입과정을 통해 '내면의 나'와 직면함으로써 자신의 문제점 탐색, 인식, 이해를 통해 내면의 부정적 요소를 긍정적으로 변화하는 효과가 있음을 확인하였다(최인영, 2018).

• **자원 관계도와 강점 소개하기:** 이 프로그램에서는 자신의 자원 관계도를 통해 현재 자신에 대한 이해를 돕고자 한다. 자원 관계도를 운용하기 전, 삶에 대한 시각을 전체적인 패러다임으로 전환해 볼 수 있는 유명연사의 강의를 시청하여 참여 동기와 내용 이해를 촉진한다. 이 프로그램에서의 자원 관계도란 참가자 자신을 중심에 두고 강점, 장단기 목표, 하고 싶은 것, 잘할 수 있는 것, 멘토, 등 자신이 가진 자원을 중요도에 따라 크기가 다른 원형으로 표시하고, 이를 심리적 거리감과 현실적인 영향력에 따라 다른 거리로 표시하여 자신의 자원과 운용 가능성, 관계에 대해 종합적 정보를 담은 하나의 지도(map)로 만들어 보는 과정이다. 이를 통해 참가자가 자신의 강점을 재발견함으로써 내면의 무기력감을 극복하고, 미래지향적 시각을 확장하는 데 도움을 주고자 한다.

③ 내 삶에서 MVP 만들기

내 삶에서 MVP(Most Valuable Player, 최우수 플레이어)된다는 것은 자신의 삶에서 의미(Mission) 및 자신만의 비전(Vision)을 만들고 이를 열정적(Passion)으로 커리어를 만드는 것이다. 이 과정은 왜(why)에 관한 과정이다. 이 프로그램에서는 '내 삶에서의 MVP(Mission Vision Passion) 만들기'라는 모듈을 만들었다. 세부 내용은 다음과 같다.

• **미션(Mission) 만들기:** 미션이라 함은 존재 이유라 할 수 있으며, 이를 글로 표현한 것이 사명서(mission statement)로 자신의 인생 목표와 의미를 표현한 글이다. 우리 삶이 어떤 것인지 말해 주는 개인적인 믿음과 같다. 자신의 인생을 통하여 어떤 존재가 되고, 무엇을 하고 싶은지를 표현한 글이다. 자신의 삶에 대한 인생 설계도라고 할 수 있다. 자신의 미션을 만들기 위해서는 왜에 대한 질문으로 시작할 수 있다. '왜'

는 존재에 대한 것이다. 내가 왜 존재하는가? 나는 무엇을 위해 이 일을 하는가? 등의 질문이라고 할 수 있다. 이러한 질문을 통하여 궁극적으로 내가 왜 이러한 커리어를 하고자 하는지에 대한 자기 성찰적 과정을 거치게 된다.

- **비전(Vision) 만들기:** 자신에 대한 성찰을 통하여 사명을 정리하다 보면 좀 더 명확한 나의 비전이 만들어진다. 이를 좀 더 구체화시키면 이것이 바로 비전이 된다. 즉, 사명을 실행할 수 있도록 구체화한 것을 비전이라고 한다. 비전에 대한 사전적 의미는 '내다보이는 장래의 상황 또는 시각, 상상력, 통찰력, 미래상'으로, 앞으로 하고자 하는 일이나 원하는 것에 대해 미리 그려 본다는 의미로 쓰이고 있다. 내가 가고자 하는 방향을 제시해 주는 것이다. Peterson과 Seligman(2004)은 인간의 강점을 지혜와 지식, 용기, 인간애, 정의, 인내, 초월의 여섯 가지로 분류하였다. 이 프로그램의 비전 만들기 과정에서는 Peterson과 Seligman이 정리한 여섯 가지 핵심 단어를 포괄하는 단어 20개 정도를 제시하고 이를 참가자가 분류, 선택, 조합하여 자신의 사명과 비전을 충분히 표현할 수 있도록 한다. 이 과정은 자신의 강점을 바탕으로 정립한 사명과 비전을 자신에게 의미 있는 개념으로 전환하는 '추상적 개념화' 과정으로, 참가자는 이러한 자아 성찰의 추상적 개념화 과정을 통해 자신이 설정한 목표를 이룰 수 있도록 스스로 동기를 부여하고 직접적이고 외부적 행동으로 이어지는 행동적 변화로 나아갈 수 있다 (Kolb, 2014).

- **열정(Passion) 갖기:** 내가 행동하는 데 있어서 기준이 되는 것을 정리해 보자. 그것이 바로 나의 가치가 된다. 가치는 자신의 행동 기준이 되기 때문에 자신에게 부합한다면 열정을 갖게 된다. 자신에게 중요한 기준을 찾는 것은 자신의 커리어에 열정을 불어넣어 줄 수 있는 중요한 것을 찾은 것이다. 자신만의 가치를 찾아 그 기준에 따라 열정적으

로 커리어를 만들어 갈 수 있다. 사람들이 자신의 사명을 실행하기 위해 특정한 커리어를 선택한다면 더 열심히 일하고 의욕적이며 생산적으로 될 것이다(Bench, 2003).

만다라트(Madal-art)는 3×3으로 이루어진 매트릭스 중앙에 핵심 키워드를 입력하여 총 9개의 매트릭스를 채우는 과정으로, 인위적 미션을 수행하는 과정에서 자유로운 사고 확장과 나아가 주제에 대한 창의적 아이디어를 도출하는 데 유용한 발상법이다(류수연, 2019). 내 삶에서의 MVP 되기 프로그램에서는 만다라트를 활용하여 자신의 미션, 비전, 열정에 대해 적극적으로 탐색함으로써 자신의 가치관과 방향성에 대한 시각화, 명료화의 과정을 갖는다.

④ 흥미 및 강점(I&S) 찾기

다음으로 무엇을(What)에 대한 과정으로, 커리어 개발을 위하여 내가 흥미(Interest)를 갖는 것은 무엇인지, 나의 강점(Strength)은 무엇인지 찾아보는 것이다. 나의 커리어를 위하여 어떠한 것을 개발해야 하는지 혹은 나의 내면에 있는 무엇인가를 찾아서 개발할 것인지에 대한 성찰과 개발이 필요하다. 놀이성(playfulness)은 놀이 행동을 일으키는 심리적 개념으로 유연한 방식으로 문제 상황에 접근, 대처하도록 한다(문현영, 한유진, 2016; Erikson, 1977). 이 프로그램에서의 흥미와 전문성 찾기 모듈은 놀이성을 포함하여 자율적으로 활동하며 다양한 아이디어를 유연하게 접근하도록 유도함과 동시에 놀이의 치료적 효과를 일으킬 수 있는 활동인 브레인스토밍, 아이디어 마켓, 공유 및 피드백 단계로 구성하였다.

- **브레인스토밍:** 이 단계는 이전 모듈에서의 결과물을 바탕으로 참가자 자신의 흥미, 전문성과 연결하여 실행해 보고 싶은 내용을 종이에 적는 과정이다. 이 과정은 상상하거나 생각한 것을 경우의 수나 현실 가

능성에 대한 제약 없이 기록함으로써 자유로운 사고 활동을 촉진한다.

- **아이디어 마켓:** 이 단계는 아이디어 분류 및 결합 단계이다. 즉, 전 단 계에서 생성한 다양한 아이디어를 조합하거나 개선하여 다양한 대안 을 탐색하는 과정으로 참가자는 자신의 아이디어를 나은 방향으로 발 전시키며 자신의 현재 상황과 원하는 목표와 조율하는 대안적 성격을 갖게 된다. 이 단계에서 참가자들은 2개의 그룹으로 나뉘어 역할(role) 놀이 성격의 소통과정을 갖는다. 판매자는 자신의 공간을 표시하고, 현재 주 고민, 아이디어를 바탕으로 가게 이름을 지어 소비자와 소통 할 수 있는 기본 틀을 제시한다. 소비자는 정해진 시간 동안 가게를 돌 아다니며 판매자의 아이디어를 찾아보고 이에 관해 이야기 나누며 자 신의 아이디어와 교환, 공유할 수 있다.

- **소그룹 내 공유 및 피드백:** 참가자가 아이디어 마켓에서 교환, 공유한 아이디어를 가지고 자신의 커리어 목표를 이루는 데 필요한 대안들을 구분하여 정리하며 이를 다른 참가자와 나누는 과정이다. 이때 서로 격려하는 치료적 분위기를 조성함으로써 참가자 개인은 자기실현에 대한 긍정적 이미지를 가질 수 있다.

⑤ PRO CF(계획된 우연) 적용하기

PRO CF(계획된 우연)는 Persistence(지속성), Risk Taking(위험 감수), Optimism(긍정), Curiosity(호기심), Flexibility(유연성)을 나타낸다. Mitchell 등(1999)의 계획된 우연을 만들어 가는 기술이다. 이 프로그램에서는 이 러한 기술이 개인이 커리어를 어떻게 만들어 가야 하는가에 관한 어떻게 (how)의 입장으로 구성하였다. 즉, 어떻게에 대한 과정으로, 커리어는 지 속적으로 변화 발전해 나가게 된다. 계획된 우연을 단계별로 적용하면 다 음과 같다(Mitchell et al., 1999).

- **1단계:** 고객의 삶에서 '계획된 우연'을 찾아보고 일상화(normalize)되도록 한다. 고객이 '계획된 우연'을 인식(aware)하도록 한다. 다음과 같은 질문을 한다. 계획되지 않은 것이 당신의 커리어에 영향을 어떻게 주었는가? 각각의 일들이 어떻게 당신에게 영향을 주었는가? 미래에 우연한 일들을 어떻게 생각하겠는가?

- **2단계:** 고객이 호기심(curiosity)을 학습 및 탐색 기회로 전환하도록 지원하고, 계획하지 않은 일이 일어났을 때, 개발할 기회로 여기도록 한다. 다음과 같은 질문을 한다. 당신의 호기심이 어떠한가? 기회가 당신의 호기심에 어떻게 기여했는가? 호기심을 높이기 위해 어떻게 행동했는가? 호기심이 커리어에 미치는 영향을 어떻게 탐구할 수 있는가?

- **3단계:** 고객에게 바람직한 기회를 만들도록 교육한다. 다음과 같은 질문을 한다. 당신에게 일어나기를 바라는 기회(chance event)는 무엇인가? 바람직한 이벤트의 가능성을 높이기 위해 지금 어떻게 행동할 수 있을까? 행동하였다면 삶이 어떻게 변하였을까? 당신이 아무것도 하지 않았다면 삶은 어떻게 변할까?

- **4단계:** 고객에게 행동하고자 할 때 어려움(난관)을 극복하도록 교육한다. 보통의 사람들은 호기심, 지속성, 유연성, 긍정성 및 위험 감수의 다섯 가지 기술이 부족하기 때문에 계획되지 않은 기회(unexpected opportunities)를 구조화하는 데 어려움이 있다. 사람들은 자신이 하고자 하는 일에 어려움(난관)을 그대로 받아들이려는 경향이 강하다. 지배적인 문제만을 보거나, 다른 사람이 반응하는 것에 대한 두려움, 방향을 바꾸고 새로운 기술을 배우려고 하지 않는다. 다음과 같은 질문을 하여 개인이 가지고 있는 어려움을 극복하도록 할 필요가 있다. 당신이 하고 싶은 일을 하는 데 어떻게 차단(block)되었나? 그 차단이 얼마나 영구적인지 어떻게 알 수 있었나? 다른 사람들은 그런 차단을 어떻게 극복했나? 당신은 그 차단을 어떻게 극복하였나?

6. 커리어 코칭 효과

1) 커리어 형성

커리어 코칭은 우선 커리어 형성을 시작하게 되는 청소년 및 대학생들에게 필요하다. 커리어 코칭을 통하여 현재 대학에 재학 중인 학생들이 자신이 생각하는 직업의 의미와 직업 선택의 조건 등에 관해 알아보도록 하는 것은 의미가 있다. 또한 그들이 직업에 대해 어떻게 생각하고 있는지 이해하고, 직업을 선택할 때 고려하는 요인과 그 근거를 파악한다면, 학생들에게 보다 적절한 커리어 코칭을 하는 데 도움을 줄 수 있을 것으로 생각한다.

최근 대학생 진로를 지도하기 위해 코칭을 접목하는 사례가 늘어나고 있는데(조성진, 2018), 코칭은 개인이 설정한 목표를 달성할 수 있도록 돕는 전문 분야로 동기를 유지하고 잠재력을 발휘하게 하므로 진로계획에 필수 활동이라 할 수 있다(Biswas-Diener, 2009; Edwards, 2003). 실제로 대학생 커리어 코칭 프로그램은 이미 여러 개별적 연구를 통해 그 효과성이 입증되고 있다(고숙희, 선혜영, 심미영 외, 2020; 김정량, 김혜연, 2019).

커리어 코칭 관련하여 2010~2013년 동안 진행된 3개 대학 총 4건의 대학생 코칭 프로그램 실제 운영 효과 분석 결과 대학생들은 진로탐색과 취업준비를 위한 실행력 향상, 자기이해와 가능성 발견, 자신감 회복과 심리적 평안, 코칭의 효과성 체험을 통한 확산 기대, 대인관계와 가족의 중요성을 인식하는 것으로 나타났다(조성진, 2013). 또한 대학생의 진로 관련 인식에 대한 효과로 조성진(2015)은 「코칭이 대학생의 진로 관련 인식과 행동에 미치는 영향과 경로에 관한 질적 연구」를 통하여 코칭이 자기성찰을 통한 자기이해, 자신감 향상과 자부심 생김, 마인드의 긍정적 변화, 사고력 향상, 진로 인지력 향상, 미래에 대한 기대 상승과 행복감 인식 및 타인 지원 욕구 생김 등을 인식하는 계기가 되었다고 한다. 대학생의 진로 관련 행동에 대한 효과로 조성진(2015)은 「코칭이 대학생의 진로 관련 인식과 행동에 미치는 영향과 경로에 관한 질적 연구」를 통하여 대학생들은 코칭을 통해 자신의 성격 파악과 장점 발견, 적성·흥미·가치관 파악, 능동적인 진로행동과 실행력 향상, 목표설정과 계획 수립, 적극적인 진로(직업) 탐색 활동 전개, 자기주도적인 삶 영위 및 원만한 대인관계 형성 등을 실현하는 계기가 되었다고 한다.

상기의 커리어 코칭은 커리어를 형성하는 대학생들에게 커리어 관련 유의미한 효과를 보여 주고 있다.

2) 커리어 전환

개인은 지속적으로 커리어 전환을 하게 된다. 한 개인이 일생 동안 경험하게 되는 일은 5~7개 정도 된다고 한다. 따라서 개인이 커리어 전환을 하게 되는 요인은 무엇이며, 커리어 전환은 어떻게 진행되는지 살펴볼 필요가 있다. 일반적으로 오랜 고민 끝에 커리어 전환을 감행하기로 한 사람은 커리어 전환을 하지 않으려는 사람보다 자신의 커리어에 좀 더 만족하며 높은 직무 만족도를 갖게 되고 직업 안정성이 증가하고 노동시간이 단축된 느낌이 증가한다고 한다. 또한 커리어 변화에 전체적으로 만족하고 새로운 역할에 흥미를 갖는다. 반면에 더 나은 보상과 지위, 즉 이득의 변화만을 모색한 사람은 자신의 선택에 덜 만족하는 것으로 보고되었다.

커리어 전환을 하려고 하는 고객의 경우에는 고객의 가치에 집중하는 것이 효과적이다. Brown(1995)은 가치를 탐색할 때 두 단계를 포함할 필요가 있다고 한다. 첫째, 구체화하도록 하기 위해 가치에 이름을 붙일 수 있는 자신의 가치를 명확히 하는 것이며, 둘째, 우선순위 매기기로 어떤 가치를 상위에 놓을 것인지 판별하는 것이다(Yates, 2024).

커리어 코칭은 사람들이 일과 경력에서 만족감을 얻을 수 있도록 이끄는 최신의 방법이다(Bench, 2003). 따라서 커리어 코칭은 개인의 커리어 전환에 중요한 역할을 해야 한다.

3) 커리어 다양한 모색

개인 커리어는 또한 사회참여 등의 다양한 모색을 하게 된다. 고령화 사회에서는 사회적으로 노동력의 감소와 함께 비경제활동인구에 대한 사회복지비 지출 증가를 가져오게 된다. 개인적으로는 장기간의 노령기를 어떻게 보내야 할 것인가의 경제, 여가, 보호 및 돌봄 등의 문제에 직면하고 있다. 평균 수명이 연장되고 퇴직 후의 여가 시간이 더욱 많아지면서 개인은 퇴직 후 시간을 유효 적절하게 사용하기 위한 모색을 하게 된다. 이러한 변화는 퇴직 이후의 다양한 활동이 필요함을 의미하기도 한다. 개인뿐만 아니라 사회의 입장에서도 건강하고 활기찬 퇴직 이후의 삶을 위한 다양한 설계가 필요하다. 중년의 다양한 활동의 일환으로 사회참여는 퇴직 이후 상실한 사회적 지위와 역할을 보충하며 긍정적 자아상 유지에 도움이 된다(강민연, 김춘경, 2010).

퇴직 이후 사회참여는 개인의 신체적 건강 및 경제적 여건에 따라 다르다. 퇴직 이후 사회참여는 재취업의 활동과는 다르게 봉사, 친목 등의 활동을 포함하고 있다. 최근 연구(곽정국, 2010)에 따르면 퇴직 이후의 사회참여는 사회통합적인 측면에서 효과적이라고 한다. 따라서 퇴직 이후 사회참여에 관한 다양한 관점을 살펴보는 것이 필요하다. 사회참여는 협의적 개념으로 정의하면 특정 집단이 공동의 이익을 옹호하며 특정의 경제적·사회적·정치적 목적을 달성하기 위해 공공기관에 직·간접적인 영향을 발휘하는 조직적 활동이다(이금룡, 2016; 김현정, 2018). 광의적 개념으로 정의하면 개인의 취업 활동, 지역사회조직 및 단체활동 등을 포함하는 개념으로 볼 수 있다(윤종주, 1994; 김현정, 2018).

사회참여와 관련된 인간의 생애주기에 따른 이론으로는 이탈이론, 지속이론, 활동이론 등이 있다. 이탈이론은 사회적 활동이 노년기에 접어들게 되면 감소하게 된다는 입장으로 노년기의 사회 활동 감소를 자연적인 현상으로 보는 것이다(Bennett, 2002). 지속이론은 노년기에도 성인기에 형성된 인생 경험과 사회적 활동의 수준을 유지해 가는 것이 삶의 만족도에 중요한 요인이라고 본다(이소정, 2009). 활동이론은 성공적 노화를 설명하는 이론적 기반이 되는 것으로, Hadjistavropoulos(1999)는 중년기와 같은 욕구를 노년기에도 유지할 때 성공적인 노화를 이룰 수 있다고 보는 것이다. 지속이론 및 활동이론 측면에서 중년 직장인들은 퇴직 이후를 위해 자신의 경험과 자산을 사회에 공유할 수 있도록 지속적인 학습과 준비가 필요하다(임연제, 김유천, 2023).

성찰(insight)을 더하기 위한 질문 ●●●●

1. 라이프 코칭이 현대 사회에서 점차 중요해지고 있는 이유는 무엇인가?

2. 라이프 코칭의 성공적인 코칭 관계를 형성하기 위해 중요한 요소들은 무엇인가?

3. 커리어 코칭의 역할에서 코치가 가장 중점을 두어야 하는 역량이나 기술은 무엇이며, 이를 통해 어떻게 고객의 커리어 발전을 도울 수 있는가?

4. 현대의 급변하는 직업 시장에서, 커리어 코칭은 어떻게 고객이 불확실한 미래에 대비하도록 도울 수 있는가?

5. 지속가능한 커리어 개발이 중요해진 현대 사회에서, 커리어 코칭은 어떻게 장기적인 직업 만족도와 성공을 도울 수 있는가?

참고문헌

강민연, 김춘경(2010). 노인의 자원봉사 경험에 대한 질적 연구: K시 노인종합사회
　　복지관 노인자원봉사자를 대상으로. **한국노년학**, 30(4), 1409-1427.

강우란, 배노조, 정지영(2006). 경영의 새 화두: 일과 생활의 균형. **삼성경영연구소**
　　CEO Information, 558, 1-21.

고숙희, 선혜영, 심미영, 탁진국(2020). 커리어코칭프로그램이 대학생의 경력정체
　　성과 진로결정수준에 미치는 효과. **청소년학연구**, 27(2), 73-100.

고용노동부 한국고용정보원(2016). **한국직업사전**.

곽윤지(2017). 중학생의 진로포부와 진로탐색행동 관계에서 계획된 우연기술의 매
　　개효과. 이화여자대학교 교육대학원 석사학위논문.

곽정국(2010). 노인 일자리 사업과 지역사회 자원봉사활동이 노인의 생애주기에
　　미치는 영향에 관한 조사연구. **사회복지지원학회지**, 5(1), 233-249.

권석만(2022). **긍정심리학**. 학지사.

권세연(2022). 미취학 자녀를 둔 여성의 자아탄력성향상을 위한 라이프코칭모델
　　개발: Mother 라이프코칭 모델. 숭실대학교 교육대학원 석사학위논문.

권수현(2017). 대학생의 계획된 우연기술과 진로결정수준이 진로결정자기효능감
　　에 미치는 영향. 단국대학교 대학원 석사학위논문.

길영환(2009). 라이프코칭의 이해와 효과적인 접근. **코칭연구**, 2(1), 45-60.

김광용, 김종완(2023). 셀프 라이프코칭 앱(App) 개발을 위한 앱의 웰니스 증진 효
　　과에 대한 예비 연구. **감성과학**, 26(4), 15-28.

김구주(2008). 효과적인 라이프코칭 연구: 사회적 지지를 중심으로. 숙명여자대학
　　교 사회교육대학원 석사학위논문.

김다혜, 박윤희(2022). 무경계 경력에 관한 통합적 문헌고찰: 2010년-2021년 국
　　내·외 양적연구를 중심으로. **한국산학기술학회논문지**, 23(20), 293-308.

김병숙, 전종남(2004). 진로상담프로그램이 청소년의 진로결정 유형 및 직업정보
　　인지도에 미치는 영향: 일반계 고등학생을 중심으로: 일반계 고등학생을 중심으
　　로. **진로교육연구**, 17(1), 20-38.

김수영(2021). 긍정심리기반 코칭프로그램이 병원 여성종사자의 직업적 자기효능
　　감, 통합적 자기 조절, 고객 지향성에 미치는 영향. 광운대학교 대학원 석사학위

논문.

김수영, 도미향(2017). 긍정심리학의 코칭 적용에 관한 탐색적 연구. **코칭연구**, 10(4), 53-71.

김영임, 이복임(2016). 보건관리자가 인지한 근로자 건강증진 프로그램 수행 실태에 관한 업종별 비교: 요구도, 필요도, 수행도, 장애도 및 운영효과를 중심으로. **한국직업건강간호학회지**, 25(1), 29-40.

김유천, 신인수(2021). 대학생 진로 · 커리어 코칭프로그램의 효과성에 관한 메타분석. **코칭연구**, 14(1), 49-69.

김정량, 김혜연(2019). 대학생의 학습 및 진로코칭프로그램에 대한 효과분석: 3UP 학습 및 진로코칭을 중심으로. **코칭연구**, 12(1), 5-32.

김정운, 박정열, 손영미, 장훈(2005). '일과 삶의 조화(Work-Life Balance)'에 대한 개념적 이해와 효과성. **여가학연구**, 2(3), 29-48.

김정현, 노은영(2018). 노년기 사회참여 욕구에 관한 탐색적 연구. **한국노년학**, 38(4), 871-889.

김준경(2014). 성공적 노후를 위한 노년기 라이프 코칭에 관한 소고. **코칭연구**, 7(2), 5-20.

김해찬, 유영은, 이지성, 김유천(2021). '계획된 우연' 커리어 코칭 프로그램: 심리 · 신체적 건강문제를 경험한 2030대를 중심으로 한 상담코칭적 접근. **아시아상담코칭학회**, 3(1), 1-18.

김현정(2018). 베이비붐 세대의 사회참여에 관한 인식 유형 분석. **사회복지연구**, 49(3), 115-145.

김혜연, 곽인숙, 홍성희, 김성희(2009). 건강가정지원센터에서 활용할 수 있는 라이프코칭 교육프로그램 개발에 관한 연구. **가정과삶의질연구**, 27(4), 19-30.

김혜연, 김성희, 이경희, 곽인숙(2008). 가족자원경영의 관점에서 본 코칭(Coaching)의 적용가능성에 관한 연구. **가정과삶의질연구**, 26(1), 137-147.

남현숙(2011). 라이프코칭 프로그램이 주부들의 행복및 삶의 질에 미치는 효과. 광운대학교 교육대학원 석사학위논문.

류수연(2019). PBL(Problem-based Learning)을 위한 조별토론 학습모델 연구: 만다라트 (Mandal-art)와 RPP(Role-playPresentation)를 활용한 협동학습 모델 개발. **교육문화연구**, 25(2), 359-377.

문현영, 한유진(2016). 양육스트레스를 경험하는 유아기 자녀를 둔 어머니의 양육효능감 증진을 위한 성인놀이치료 프로그램 개발 및 효과. **놀이치료연구**, 20(1),

47-67.

박윤희, 정홍전, 오미래(2018). 프로티언경력에 관한 통합적 문헌고찰: 국내 · 외양적 연구를 중심으로. HRD연구, 20(3), 1-35.

박은희(2019). 대학생의 계획된 우연 기술이 진로적응성과 진로준비행동에 미치는 영향: 진로코칭 교육의 필요성에 대한 모색. **코칭연구**, 12(4), 97-123.

배정민(2014). 긍정심리자본, 생활만족도와 노후준비도의 관계: 중장년층을 중심으로. 명지대학교 사회교육대학원 석사학위논문.

염인숙(2019). 중장년층의 노후준비가 삶의 만족도에 미치는 영향: 자기효능감의 매개효과를 중심으로. **한국콘텐츠학회논문지**, 19(10), 472-486.

윤종주(1994). 노인과 사회참여. **한국노년학**, 14(1), 169-178.

이금룡(2016). 노인 사회참여정책 현황과 과제. **보건복지포럼**, 239, 60-69.

이소정(2009). 우리나라 중장년층의 노후준비에 관한인식과 정책적 함의. **보건복지포럼**, 147(0), 72-80.

이송이, 김혜원(2019). 에니어그램 6 유형의 불안 인식유형에 관한 주관성 연구. **코칭연구**, 12(2), 27-46.

이은아(2007). 중년기 남성의 가족 및 직업관련 변인과 생활만족도의 관계. **한국생활과학회지**, 16(3), 547-562.

임연제, 김유천(2023). 중년 직장인들의 퇴직 이후 사회참여에 관한 인식 연구. **학습자중심교과교육연구**, 23(7), 883-899.

임연제, 김유천(2024) 라이프코칭 연구동향에 대한 탐색적 연구, 아시아상담코칭연구, 6-1.

임정섭, 최영임, 김교헌(2013). 코칭프로그램이 대학생들의 역기능적 진로사고와 진로성숙도 및 진로결정자기효능감에 미치는 영향. **한국심리학회지: 일반**, 32(2), 429-451.

정영금(2008). 가족자원경영학적 관점에서 본 일-가정 균형 정책에 대한 평가와 방향. **한국가족자원경영학회지**, 12(2), 1-14.

조성진(2013). 대학생 코칭 프로그램 운영 효과 분석과 활성화 방향 모색. **코칭능력개발지**, 15(3), 235-246.

조성진(2015). 코칭이 대학생의 진로 관련 인식과 행동에 미치는 영향과 경로에 관한 질적 연구. **코칭능력개발지**, 17(4), 205-215.

조성진(2018). 대학생 진로코칭 프로그램 효과 검증에 기반을 둔 커리어코칭 시스템 개발 연구. **코칭연구**, 11(4), 5-29.

차영은, 김시내, 강재연(2015). 대학생의 계획된 우연기술과 불안, 진로스트레스 및 진로관련 변인들의 관계탐색. **인간이해,** 36(2), 67-85.

최경화, 탁진국(2021). 한국형 웰니스 척도(KWS) 개발 및 타당화. **한국심리학회지: 코칭,** 5(2), 127-170.

최인영(2018). 인지행동 집단미술치료가 조현병 환자의 정서 표현에 미치는 효과. 한양대학교 예술디자인대학원 석사학위논문.

탁진국(2019). **코칭심리학.** 학지사.

탁진국(2022). **라이프코칭.** 학지사.

황현덕, 장선희, 정선화, 이상민(2012). 고등학생의 계획된 우연 기술 수준에 따른 진로포부와 직업탐색행동의 관계탐색. **청소년상담연구,** 20(2), 193-210.

Arloski, M. (2014). *Wellness coaching for lasting lifestyle change.* Whole Person Association.

Arthur, M. B., & Rousseau, D. M. (Eds.). (2001). *The boundaryless career: A new employment principle for a new organizational era.* Oxford University Press on Demand.

Bell, P. (1996). Business coaches: The consultants of the '90s. *Lasvegas Sun,* Mar 18, 1996.

Bench, M. (2003). *Career coaching.* Davis Black Publishing.

Bennett, K. M. (2002). Low level social engagement as a precursor of mortality among people in later life. *Age and Ageing, 31*(3), 165-173.

Biswas-Diener, R. (2009). Personal coaching as a positive intervention. *Journal of Clinical Psychology, 65*(5), 544-553.

Brown, D. (1995). A values-based approach to facilitating career transitions. *The Career Development Quarterly, 44*(1), 4-11.

Chung, B., Gfroerer, M., & Coleman, A. (2003). Career coaching: Practice, training, professional, and ethical issues. *The Career Development Quarterly, 52*(2), 141-152.

Clark, S. C. (2000). Work/family border theory: A new theory of work/family balance. *Human Relations, 53*(6), 747-770.

Clifton, D. O., & Nelson, P. (1992). *Soar with your strengths.* Delacorte Press.

Colombo, J., & Werther, B. Jr. (2003). Strategic career coaching for an uncertain world. *Business Horizons, July-August 2003*, 33-38.

Cox, E., Clutterbuck, D. A., & Bachkirova, T. (2024). 코칭핸드북(3판). 박준성, 강윤희, 김덕용, 문광수, 소용준, 윤상연, 이재희, 이홍주, 조유용, 허성호 역. 학지사. (원저는 2023년에 출판).

Dunn, H. L. (1959). What high-level wellness means. *Canadian Journal of Public Health/Revue Canadienne de Sante'e Publique, 50*(11), 447-457.

Edwards, S. (2003). New directions: Charting the paths for the role of sociocultural theory in early childhood education and curriculum. *Contemporary Issues in Early Childhood, 4*(3), 251-266.

Erickson, F. (1977). Some approaches to inquiry in school-community ethnography. *Anthropology & Education Quarterly, 8*(2), 58-69.

George, L. S., & Park, C. L. (2016). Meaning in life ascomprehension, purpose, and mattering: Toward integration and new research questions. *Review of General Psychology, 20*(3), 205-220.

Govindji, R., & Linley, P. A. (2007). Strengths use, self-concordance and well-being: Implications for strengths coaching and coaching psychologists. *International Coaching Psychology Review, 2*(2),143-153.

Grant, A. M. (2003). The impact of life coaching on goal attainment, metacognition and mental health. *Social Behavior and Personality: An International Journal, 31*(3), 253-263.

Green, L. S., Oades, L. G., & Grant, A. M. (2006). Cognitive-behavioral, solution-focused life coaching: Enhancing goal striving, well-being, and hope. *The Journal of Positive Psychology, 1*(3), 142-149.

Greenhaus, J. H., Callanan, G. A., & Godshalk, V. M. (2000). *Career management* (3rd ed.). Harcourt.

Greenhaus, J. H., Collins, K. M., & Shaw, J. D. (2003). The relation between work-family balance and quality of life. *Journal of Vocational Behavior, 63*(3), 510-531.

Griffiths, K. E. (2005). Personal coaching: A model for effective learning. *Journal of Learning Design, 1*(2), 55-65.

Hadjistavropoulos, T. (1999). J. W. Rowe & R. L. Kahn (1998). *Successful aging*. Pantheon Books. Reviews. *Canadian Journal on Aging, 18*(2), 277-279.

Hall, D. T. (1976). *Careers in organizations*. Foresman.

Hettler, B. (1980). Wellness: Encouraging a lifetimepursuit of excellence. *Health Values, 8*(4), 13-17.

Holland, J. L. (1997). *Making vocational choices: A theory of vocational personalities and work environments* (3rd ed.). Psychological Assessment Resources.

Hudson, M. (1999). Career coaching. *Career Planning and Adult Development Journal, 15*(2), 69-80.

ICF (2012). ICF Global Coaching Study. Retrieved July 3, 2014 from http://icf. files.cms-plus.com/includes/media/docs/2012ICFGlobalCoachingStudy-ExecutiveSummary.pdf

Jarosz, J. (2016). What is life coaching? An integrative review of the evidence-based literature. *International Journal of Evidence Based Coaching and Mentoring, 14*(1), 34-56.

Jay, M. (2001). *Distinguishing coaching practice area*. Harcourt.

Kolb, D. A. (2014). *Experiential learning: Experience as the source of learning and development*. FT press.

Lefdahl-Davis, E. M., Huffman, L., Stancil, J., & Alayan, A. J. (2018). The impact of life coaching on undergraduate students: A multiyear analysis of coaching outcomes. *International Journal of Evidence based Coaching and Mentoring, 16*(2), 69-83.

Linley, P., & Harrington, S. (2008). Integrating positive psychology and coaching psychology. *Handbook of coaching psychology*, 40-56.

Lyubomirsky, S., Sheldon, K. M., & Schkade, D. (2005). Pursuing happiness: The architecture of sustainable change. *Review Of General Psychology, 9*(2), 111-131.

Marks, S. R., & MacDermid, S. M. (1996). Multiple roles and the self: A theory of role balance. *Journal of Marriage and the Family*, 417-432.

Mitchell, K. E., Levin, A. S., & Krumboltz, J. D. (1999). Planned happenstance: Constructing unexpected career opportunities. *Journal of Counseling and Development, 77*, 115-124.

Parsons, F. (1909). *Choosing a vocation*. Houghtom Mifflin.

Peterson, C., & Seligman, M. E. P. (2004). *Character strengths and virtues.* Oxford University Press.

Rothwell, A., & Arnold, J. (2007). Self-perceived employability: Development and validation of a scale. *Personnel Review, 36*(1), 23-41.

Rowe, J. W., & Kahn, R. L. (1998). *Successful aging.* Pantheon Books

Sears, S. (1982). *A definition of career guidance terms: A National Vocational Guidance Association perspective.* Vocational guidance quarterly.

Segers, J., Vloeberghs, D., Henderickx, E., & Inceoglu, I. (2011). Structuring and understanding the coaching industry: The coaching cube. *Academy of Management Learning and Education, 10*(2), 204-221.

Stern, D., & Wing, J. Y. (2004). *Is there solid evidence of positive effects for high school students?* Career Academy Support Network.

Tay, D. (2012). Applying the notion of metaphor types to enhance counseling protocols. *Journal of Counseling & Development, 90*(2), 142-149.

Travis, J. W., & Ryan, R. S. (1981). *Wellness workbook: How to achieve en during health and vitality.* Ten Speed Press.

Travis, J. W., & Ryan, R. S. (2004). *The wellness workbook: How to achieve enduring health and vitality.* Celestial Arts.

Van Zandvoort, M., Irwin, J. D., & Morrow, D. (2009). The impact of co-active life coaching on female university students with obesity. *International Journal of Evidence Based Coaching & Mentoring, 7*(1), 104-118.

Wesson, K., & Boniwell, I. (2007). Flow theory: Its application to coaching psychology. *International Coaching Psychology Review, 2*(1), 33-43.

Williams, P., & Menendez, D. S. (2024). 라이프 코치 전문가 되기. 김유천, 이송이 역. 학지사. (원저는 2023년에 출판).

Yates, J. (2024). 커리어 코칭의 이론과 실제(2판). 전주성, 오승국, 하선영 역. 학지사. (원저는 2022년에 출판).

Yates, J., & Hirsh, W. (2021). *Career difficulties of HE students in the UK.* City, University of London Institutional Repository.

제13장
비즈니스 코칭

"지금 나에게 할 일이 남아 있다는 것은 멋진 미래가 있다는 것이다."

잉그바르 캄프라드(Ingvar Kamprad), 이케아 창업주

1. 비즈니스 코칭 의미

코칭은 비즈니스에 적용되면서 더욱 발전하게 되었다. 비즈니스 코칭은 1970년대 미국에서 executive coaching(경영자 코칭 또는 임원 코칭)[1]이란 용어가 등장하면서 코칭이 조직에서 관리자들의 업무 수행을 위해 도움을 주는 기법으로 인정받게 되면서 새로운 코칭 영역으로 인정받게 되었다.

기업 환경은 지속적으로 변화하고 있다. 이러한 변화가 기업의 불확실성을 높였고 외부의 압력과 구성원의 스트레스 수준을 증가시켰으며, 기업은 이를 해결하고자 하는 시도를 지속적으로 하고 있다. 코칭은 현재에서 미

---

1 Executive coaching을 임원 코칭 또는 경영자 코칭이라 할 수 있는데, 이 책에서는 경영자 코칭으로 통일하여 사용하고자 한다.

래로 나아갈 수 있도록 도와주는 것이다. 조직은 개인의 성과를 높이기 위해 개인의 목표 관리를 통한 성과관리를 한다. 성과관리는 개인이 목표를 잘 달성할 수 있도록 관리자가 지속적으로 관리 통제하는 활동이다. 성과관리에 있어서 관리자가 일방적으로 목표를 제시하고 달성하도록 하여, 개인의 강점 및 성과 이상의 달성을 하도록 하는 것을 어렵게 하고 있다.

Kilburg(1996)에 따르면 비즈니스 코칭은 주로 기업의 임직원을 대상으로 한 코칭을 말하는 executive coaching(경영자 코칭)으로 서구의 학자들 사이에서 연구가 진행되었다(Bacon & Spear, 2003; Kampa-Kokesch & Anderson, 2001; Kilburg, 1996, 2001; Judge & Cowell, 1997). Hamlin, Ellinger와 Beattie(2009)는 문헌연구를 통하여 코칭의 유형에 대한 정의를 다음과 같이 하였다. 우선 **비즈니스 코칭**은 기업, 소유주/관리자 및 직원이 개인 및 비즈니스 관련 목표를 달성하여 장기적인 성공을 보장할 수 있도록 지원하는 협업 프로세스라고 하였으며, **경영자(임원) 코칭**은 주로 코치와 임원 간의 일대일 지원 및 촉진 관계에서 이루어지는 프로세스로, 임원이 조직 성과를 개선하려는 의도로 개인, 직무 또는 조직 관련 목표를 달성할 수 있도록 도와주는 것이라 한다.

기업의 비즈니스 코칭의 목적은 **학습**(learning)하는 것이며, **행동 변화**(behavioral change)로 경영자의 자아 인식, 학습, 행동변화를 돕고 궁극적으로 개인과 조직의 성공과 성과 향상을 위해 전문코치와 경영자 간의 일대일 관계를 지속하는 과정이며, **성장**(growth)이라는 성과를 이루는 것에 있다(Sherman & Freas, 2004).

이 책에는 비즈니스 코칭을 '경영자 코칭' '사내 코칭' '관리자 코칭' 등 경영현장에서 일어나는 코칭을 모두 포함하여 정의하고자 한다. 구체적 예는 다음과 같다.

2. 비즈니스 코칭 적용

1) 경영자 코칭

경영자 코칭(executive coaching)이라는 말이 언제부터 사용되기 시작하였는지는 정확하지 않다(Kampa-Kokesch & Anderson, 2001). 코칭의 역사에서 살펴본 바와 같이 코칭은 1880년대 스포츠 분야에서 처음 시작되어, 비즈니스 영역에서 관심을 받고 발전되어 왔다. Kilburg(1996)에 따르면 코칭은 1970년대 이후 경영분야에 적용되기 시작하여 경영자 코칭, 관리자 코칭(managerial coaching), 동료코칭(peer coaching) 등으로 사용되었다고 한다. 고현숙, 백기복과 이신자(2011)에 따르면 executive는 경영진의 의미에 가장 가깝지만 경영진 코칭이라는 말이 경영진 팀을 코칭한다는 의미로 해석될 수 있어 '경영자' 코칭으로 사용하는 것이 적절하며, 필요에 따라 경영자(임원) 코칭으로 사용한다고 한다.

경영자 코칭의 정의 관련하여 다양한 학자들의 정의를 살펴보면 다음과 같다. 경영자 코칭은 경영자의 자아 인식, 학습, 행동변화를 돕고 궁극적으로 개인과 조직의 성공과 성과 향상을 위해 전문코치와 경영자 간의 일대일 관계를 지속하는 과정이다(Joo, 2005). 경영자 코칭은 고객인 경영자와 컨설턴트 사이의 조력관계이다(Kilburg, 2000). 경영자 코칭은 개인 간 생기는 이슈뿐만 아니라 개인의 마음에 생기는 이슈까지 초점을 둔 개인 학습 과정이다(Witherspoon & White, 1996). 경영자 코칭은 도구와 지식 그리고 기회, 즉 그들 자신을 개발하기 위해 필요하고도 효율적일 수 있는 기회로 사람들을 준비하도록 하는 목적을 위해 관리자 혹은 경영자와 외부 코치 사이의 일대일로 상호작용이 지속적으로 일어나는 과정이다(Bono, Pruvanova Towler, & Peterson, 2009). 이러한 정의를 종합하면, 경영자 코칭은 기업의 최고 리더 및 경영진을 대상으로 전문코치가 경영자의 리더십 개발, 전략 계획을 포함하여 개인의 스트레스, 갈등 및 삶에 관하여 일대일 관계를 지속하는 코칭이라고 할 수 있다.

경영자 코칭이 증가하는 이유에 대해서는 몇 가지 의견이 제시되고 있는데, Fortune(2000)은 리더의 역할 변화와 기업 내 멘토링 제도의 어려움을 그 원인으로 지적하고 있다. 즉, 경영 환경이 빠르게 변화하면서 과거 전통적인 리더 스타일이 아닌 가상팀(virtual team) 같이 서로 다른 지역 및 나라에서 온 사람들과 프로젝트를 해야 하는 상황에서 유연하고 상호 간에 협업할 수 있는 리더가 필요하다는 것이다. 그리고 비즈니스 경험이 많은 멘토로부터 닷컴기업의 경영자가 멘토의 과거 경험에 비춰 닷컴기업을 어떻게 경영해야 하는지 물어볼 수 없을 만큼 경영환경이 변화하고 있으며, 이는 멘토링의 어려움으로 이어지면서 코칭을 그 대안으로 찾게 되었다고 보았다(고현숙, 백기복, 이신자, 2011). 경영자 코칭은 조직의 성공에 중요한 책임을 지고 있는 사람들에게 그들의 잠재력 및 변화에 대한 역량을 좀 더 효과적으로 활용하기 위해 필요하다.

경영자 코칭 과정은 전문코치와 경영자 및 임원 간의 전문적인 파트너십 관계이다. 우선 일정기간 동안 횟수를 정하여 코칭 세션에 대한 횟수를 정하게 된다. 경영자의 주요 어젠다에 따른 코칭 주요 목표를 설정하고, 현재 경영자의 역할에 대한 진단 및 평가를 하고, 이후 진단 및 평가 결과에 따라 코칭 과정을 진행하게 된다. 코칭 과정에서는 경영자 및 임원의 강점 등을 기반으로 하여 리더십을 개발하고, 개인적인 삶에서 조정하여 변화시키는 방법을 탐색하고 실행할 수 있도록 한다. 최종적으로 경영자 및 임원이 코칭 과정을 통하여 변화하고, 조직 및 개인 삶에서 원하는 바를 이룰 수 있도록 한다.

2) 사내 코칭

현대 비즈니스 환경이 점차 역동적이고 모호성이 높아짐에 따라 기업에서는 더 많은 리더에게 코칭을 확대하고 있다. 팀장급 이상의 리더와 관리자들을 대상으로 코칭을 활성화하고 있다. 국내 기업에서의 비즈니스 코칭은 기업이 임원을 대상으로 외부전문코치를 고용하면서 시작되었다. 최근에는 코칭 조직문화가 만들어지면서 조직 내 지속적인 코칭을 위한 사내코칭(internal coaching)에 대한 관심이 높아지고 있다. 기업들은 직원의 동기부여라는 목적하에 필요한 조직 내 유능한 리더들을 선정하여 자체적으로 코칭 교육을 하고 코칭 교육을 받은 리더 중에서 사내 코치로 양성하여 활동하게 하고 있다(김지엘, 2020).

국내 기업 중에는 LG전자가 가장 선도적으로 코칭 교육 실시와 코칭 문화를 확산시킨 회사이다. LG전자는 전사적으로 코칭 문화를 정착하기 위하여 2002년부터 1,000여 명의 임원과 그룹장을 대상으로 코칭 교육과 사내코치를 양성하고 있다. LG전자의 사례를 보면, 경영진부터 바뀌어야 조직 문화가 바뀐다는 판단으로 200여 명의 임원들이 코칭 스킬을 훈련받았다. 그리고 1,200명에 달하는 부장급인 그룹장들도 코칭 교육을 받게 하였으며 사내에 10명 정도의 전문코치를 양성하였다(김은희, 2015).

최근에 국내 다른 기업들에서도 조직 내 유능한 리더들을 선정하여 자체적으로 코칭 교육을 받게 하고 코치로 양성하여 사내코치로 활동하게 하고 있다. 즉, 기업의 리더가 코칭 교육을 받아 코치로 양성되고 사내에서 구성원들을 대상으로 코칭 활동을 진행하는 것을 사내코치라 할 수 있다.

3) 관리자 코칭

관리자 코칭 관련해서는 2000년 이후 조직에서 코칭이 증가하면서 조

직 내 상사, 관리자 또는 리더가 행하는 코칭 역시 증가하였고 이에 대하
여 관리자 코칭에 대한 다양한 표현이 사용되고 있다. 국내에서는 주로 '관
리자 코칭' '관리자의 코칭 행동' 대신에 '코칭 리더십'을 주로 사용하고 있
다. 반면에 외국문헌에서는 'managerial coaching' 'management coaching'
'leader as coach' 'manager as coach' 'coaching manager' 등으로 사용되고
있다. 이 책에서는 '관리자 코칭'을 조직 내 상사에 의해서 행하는 코칭을
칭하는 것으로 영문으로는 'managerial coaching'으로 통일하여 사용하고
자 한다.

관리자 코칭을 개념 규정하는 데 있어서 두 가지 차원이 있다. 첫째, 관
리자 코칭은 코칭 스킬과 역량의 일반적인 집합이 있는 것처럼 언급되어,
관리자 코칭을 본질적으로 다른 형태의 코칭과 같은 방식으로 정의하는 것
이다. 둘째, 관리자 코칭이 다른 코칭과 구분되는 것으로 규정하는 것이다
(김유천, 2019). 이와 관련하여 〈표 13-1〉을 살펴보면 다음과 같다.

〈표 13-1〉 관리자 코칭에 대한 학자별 입장

구분	학자
관리자 코칭과 다른 형태의 코칭이 같은 방식이라는 입장	• Orth, Wilkinson, & Benfari (1987) • Evered & Selman (1989) • Hicks & McCracken (2010)
관리자 코칭과 다른 형태의 코칭이 구분된다는 입장	• Redshaw (2000) • Ellinger, Ellinger, & Keller (2003) • Heslin, Vandewalle, & Latham (2006) • Hamlin, Ellinger, & Beattie (2009) • Hagen & Aguilar (2012) • Dahling, Taylor, Chau, & Dwight (2016)

(1) 관리자 코칭과 다른 형태의 코칭이 같은 방식이라는 입장

Orth, Wilkinson과 Benfari(1987)는 코칭을 '구성원들이 성과와 능력을 향

상시키기 위해 구성원들 스스로 기회를 알 수 있도록 돕는 지속적인 매일 매일의 실제적 과정'이라고 하여 관리자의 코칭을 매일의 일상적인 과정으로 보았다. Evered와 Selman(1989)은 『코칭 및 경영의 예술(Coaching and the Art of Management)』에서 코칭을 개인과 팀이 결과를 창출할 수 있게 하는 환경 및 맥락 안에서 의사소통을 통하여 만들어 가는 경영 활동으로 보았다. 그러면서 코칭을 경영관리의 핵심(heart of management)으로 보았으며, 코칭을 할 수 있는 환경을 만드는 것이 필요하다고 하였다. Hicks와 McCracken(2010)은 코칭을, 사람들이 변화를 장애물이라고 여기기보다는 도전으로 받아들이고 적응할 수 있도록 인식과 행동 패턴을 변경하여 효과와 능력을 향상시키는 데 도움이 되도록 설계된 공동 작업 프로세스로 보았다. 이렇듯 관리자 코칭을 특별히 구분하지 않았다.

(2) 관리자 코칭과 다른 형태의 코칭이 구분된다는 입장

Redshaw(2000)는 관리자 코칭을 적절한 학습 기회를 제공할 업무 중심의 업무나 경험에 노출시킴으로써, 누군가의 역량과 업무 수행 능력을 체계적으로 향상시키고, 그러한 학습 기회를 제공하는 지침과 피드백을 제공한다고 하였다. Ellinger, Ellinger와 Keller(2003)는 관리자는 학습의 퍼실리테이션의 가치를 인정하고 지원하는 관리 실행을 통하여 고성과 작업 환경의 개발을 고무하는 사람이라고 하였다. Heslin, Vandewalle과 Latham(2006)은 관리자 코칭을 관리자가 직원에게 명확한 기대를 전달하고, 성과를 향상시키기 위한 피드백과 제안을 제공하고, 직원이 문제를 해결하고 새로운 도전을 시도할 수 있도록 직원의 노력을 촉진할 수 있는 프로세스라고 하였다. Hamlin, Ellinger와 Beattie(2009)는 코칭 활동에 적극적인 일선 관리자에게, 관리자 코칭이라는 개념을 부과하였다. 관리자 코칭을 개인, 팀 및 조직이 새로운 기술, 역량 및 성과를 획득하고 그들의 개인적 효과성, 개인 개발 또는 개인적인 성장을 향상시킬 수 있도록 도움과 촉진을 하는 과정으로 보았다. Hagen과 Aguilar(2012)는 관리자가 안내, 토론 및 활동을 통해 직원이 문제를 해결하거나 혹은 효율적 또는 효과적으로 업무를 수행하는 데 도움이 되도록 하는 프로세스라고 하였다. 이러한 개념은 성과의 실질적 증진 또는 구체적 스킬의 개발에 초점을 두고 있다. Dahling, Taylor, Chau와 Dwight(2016)는 피드백을 제공하는 과정이며 행동 모델이며, 부하 직원들의 성과를 증진시키기 위하여 부하와 함께 목표를 세우며, 개인적 도전 과제를 함께 논의하는 것이라고 하였다. 이상의 논의는 관리자 코칭의 특수한 측면을 강조하였다.

(3) 관리자 코칭 구성 차원(척도), 측정

관리자 코칭에 대한 구성 차원에 대한 논의는 〈표 13-2〉와 같이 다양하다. 관리자 코칭은 단순한 스킬이나 행동이 아니라 조직 내 부하 직원을 대상으로 코칭을 발휘하기 위해 특정한 행동이나 특성을 보유해야 한다. 관리자 코칭 관련하여 측정 가능한 차원에서 상사의 관리 코칭 척도를 만들려는 시도가 있었다(Ellinger et al., 2003; Heslin et al., 2006; McLean et al., 2005; Park et al., 2008).

최치영(2003)은 국내 처음으로 관리자 코칭에 대하여 실증 연구를 하였다. Stowell(1986)의 관리자 코칭 척도 네 가지는 방향제시(direction), 개발(development), 수행평가(accountability), 관계(relationship)를 예비조사 및 설문조사를 통하여 분석하였다. 이후 Stowell(1986)의 척도는 국내에서 관리자의 '코칭 리더십'에 대한 연구에서 최근까지 많이 사용되고 있다. 그러나 Stowell(1986)의 관리자 코칭 척도는 개발한 지 너무 오래(조은현, 2010) 되었고, 관리자의 코칭 행동에 집중되어 있기 때문에 한계가 있다고 할 수 있다.

〈표 13-2〉 관리자 코칭 구성차원(척도)

학자	방법	척도
Ellinger, Ellinger, & Keller (2003)	문헌 검토 및 이전 자체 연구 참조	• 질문 프레임을 만들기 • 자원 제공하기, 장애물 제거하기 • 피드백 제공하기 • 피드백 요청하기 • 기대치 설정하기 • 관점 전환을 위해 다른 사람의 입장에 서기 • 관점 넓히기 • 유추, 시나리오 및 예시 활용하기
Heslin, Vandewalle, & Latham (2006)	문헌 검토 및 검증	• 가이드: 명확한 성과 기대치 및 건설적인 피드백 전달 • 퍼실리테이션: 직원들이 문제를 분석하고 해결할 수 있도록 지원 • 영감: 직원들의 잠재력 실현을 위한 도전
McLean, Yang, Kuo, Torbert, & Larkin (2005)	문헌 검토, 전문가 패널 및 검증	• 열린 커뮤니케이션하기 • 팀 접근 방식 사용하기 • 사람을 소중히 여기기 • 모호성 수용하기
Park, Yang, & McLean (2008)	McLean 등(2005)의 연구 수정	• 열린 커뮤니케이션하기 • 팀 접근 방식 사용하기 • 사람을 소중히 여기기 • 모호성 수용하기 • 개발 촉진하기
최치영(2003)	예비조사, 설문조사 결과 분석	• 방향제시 • 개발 • 수행평가 • 관계
조은현(2010)	선행 문헌연구, 포커스그룹 인터뷰, 임원 코칭 전문가 인터뷰, 직장인 대상 설문조사 결과 분석	• 존중 • 목표제시와 피드백 • 관점변화 • 부하의 성장과 발전에 대한 믿음
조대연, 박용호 (2011)	선행 문헌연구, 탐색적 요인분석, 확인적 요인분석	• 학습촉진을 통한 역량 향상 지원 • 문제 해결력 향상을 위한 지원

3. 비즈니스 코칭의 지속가능성

비즈니스 코칭 중에서 관리자 코칭의 지속가능성을 위해서는 개념적 측면, 과정적 측면 요인에 대한 검토가 필요하다(김유천, 2019).

1) 개념적 측면

관리자 코칭에 대한 명확한 개념규정에 대한 합의가 되어 있지 않다(Lawrence, 2017). 관리자 코칭의 어려움을 이유로 하여, 관리자 코칭의 제한적인 측면만을 강조한다면, 효과적인 인력개발 및 조직개발을 할 수 없다. Heslin, Vandewalle과 Latham(2006)은 관리자 코칭을 관리자가 직원들에게 피드백을 제공하고 새로운 도전을 할 수 있도록 하는 프로세스라고하였다. 이렇듯 관리자는 코칭을 통하여 직원들이 성과를 낼 수 있도록 도와줄 수 있다. 따라서 관리자 코칭을 다른 코칭, 즉 외부 코치에 의해서 수행되는 코치와 구분하여 독립적인 코칭으로 볼 필요가 있다.

2) 과정적 측면

관리자 코칭은 관리자와 부하 직원 간의 관계 설정을 바탕으로, 업무 환경에서의 목표설정 및 피드백을 제공하는 과정이며, 부하 직원의 역량을 증진시키기 위한 학습을 촉진하는 과정이며, 성과 증진과 관련된 과정이라 할 수 있다. Park, Yang과 McLean(2008)은 ① 열린 커뮤니케이션(open communication), ② 팀 접근 방식(team approach), ③ 사람을 가치 있게 대하기(value people), ④ 모호성 수용(accept ambiguity), ⑤ 직원개발 촉진(facilitating employees' development)을 사용하고자 하였는데, 이러한 측면에서 관리자 코칭 과정을 고려할 수 있다. 관리자 코칭 실제과정은 관리자가 기본 자세만 갖추고 있다면, 즉 열린 커뮤니케이션 자세만 가지고 있다면, 관리자와 부하 직원이 만나는 곳이면 언제 어디서라도 가능하다. 관리자의 관심 있는 말 한마디 또는 태도가 관리자와 부하 직원 간의 관계를 긍정적으로 만들 수 있으며, 직원의 자기 개발 및 일하는 분위기와 일에 대한 만족도에 영향을 줄 수 있다. 그러나 관리자 코칭에 대한 과정적인 측면에 대한 연구는 미진한 편이다. 관리자 코칭에 대한 관심 및 성과에 대한 실증적 연구가 증가하고 있는 만큼, 관리자 코칭에 대한 과정적 측면에 대한 연구도 필요하다. 관리자 코칭의 과정적 측면에 대한 연구는 관리자 코칭의 지속가능성에 기여할 것이다.

4. 비즈니스 코칭 단계

코칭 프로세스 관련하여 Dingman(2004)은 다음과 같이 경영자 코칭 6단계를 제시하고 있다. 세부적으로 살펴보면 다음과 같다.

- **공식적 계약하기**(formal contracting): 전문코칭 개입은 코치와 고객 또는 코치와 고객이 속한 조직 내 후원자 간의 다양한 형태의 계약, 합의 또는 약속으로 시작된다(Giglio et al., 1998; Sztucinski, 2001).
- **고객과 관계 형성하기**(relationship building): 코치와 고객 간 관계 형성은 긍정적인 결과에 기여하는 것으로 반복적으로 확인된 가장 중요한 단일 항목으로 의미 있고 지속적이며 효과적인 업무 관계를 의미한다(Kilburg, 2001). 코치와 고객 간의 관계 형성은 코칭 진행 및 코칭 성과에 중요하게 작용한다. 따라서 비즈니스 코치는 이에 대한 준비가 매우 중요하다.
- **진행사항 확인하기**(assesment): 비즈니스 코칭 과정의 세 번째 구성 요소는 진행사항 평가라고 할 수 있으며, 여기서는 신뢰할 수 있는 방식

으로 고객의 강점과 개발 요구 사항을 종합적으로 살펴보는 것으로 구성되며, 어떤 선택된 평가 방법에 관계없이 핵심 기준은 코치와 고객 간의 신뢰성이다(Giglio et al., 1998).

- **피드백과 반영하기**(getting feedback and reflecting): 비즈니스 코칭에서 피드백 받기 및 반영은 네 번째 구성 요소에 관한 것이다. 이는 코칭 고객에 대한 피드백 및 반영과 더불어 회사 경영진에게 정확하고 지지적으로 전달하는 방법을 신중하게 계획해야 하기 때문에 전체 경영진 코칭 프로세스의 중요한 측면으로 간주된다(Giglio et al., 1998).

- **목표 설정하기**(goal setting): 목표 설정은 코치와 고객 간의 공동 노력이며 문제 정의 프로세스에서 문제 해결 촉진 프로세스로 전환하여 고객을 앞으로 나아가게 한다(Giglio et al., 1998).

- **실행 및 평가하기**(implementation and evaluation): 실행 및 평가는 여섯 번째 구성 요소로 코치의 지원과 함께 실행 계획을 실행하고 평가하는 단계이다.

5. 비즈니스 코칭 효과

Kirkpatrick(1996)에 의하면 코칭의 성과 측정에 다음과 같이 네 가지를 제시하였다. 즉, ① 코칭 경험에 대한 긍정적인 반응: 피코치자가 코칭을 받은 후에 코칭에 대한 긍정적인 평가의 정도, ② 학습: 코칭의 결과로 새로운 지식을 습득하거나 기존의 지식이나 기술의 향상 정도, ③ 행동의 변화: 코칭을 받은 후 피코치자의 행동 변화의 정도, ④ 조직의 성과: 조직 목적의 달성 정도 등으로 나누어 설명하였다.

1) 선행요인 측면

관리자가 코칭을 하는 데 있어서 어떠한 선행요인에 의해서 이루어지는 가에 대한 연구로 Gilley 등(2010)은 관리자 코칭의 특징에 대하여 실증연구를 하였다.

연구 결과를 통하여 직원을 코칭하는 데 있어서 관리자의 능력과 전문지식을 결정하는 몇 가지 구체적인 기본 기술, 즉 동기부여(motivation), 직원의 성장 및 개발 격려(employee growth and development), 적절한 커뮤니케이션(communication), 평가(evaluation)가 있음을 밝혀냈다.

관리자 코칭에 대한 선행연구는 관리자 코칭의 지속가능성을 위해 필요한 요소이다(김유천, 이송이, 2023). Heslin 등(2006)은 묵시적 인간 이론(implicit person theory)과 관련하여, 인간의 속성은 타고난 것이고 변경할 수 없다는 '실체 이론(entity theory)'을 가지고 있는 사람과 그 개인적 속성이 개발될 수 있다는 '증분 이론(incremental theory)'을 가진 사람들과 비교했다. 실체 이론에 속한 사람들은 그러한 노력이 성공할 것으로 믿지 않기 때문에 다른 사람들을 개발하는 데 투자하기가 쉽다. Heslin 등(2006)은 관리자의 묵시적 인간 이론은 실제로 관리자의 코칭에 대한 직원의 평가를 예측한다고 하였다. 따라서 관리자가 직원에 대하여 어떠한 생각을 갖느냐가 중요하다고 한다. Ellinger와 Bostrom(2002)은 56명의 관리자를 인터뷰했으며, 모든 관리자는 모범적인 학습촉진자로 확인되었다. 참여자는 경영(management)을 '말하기, 판단, 통제 및 지시'로 정의하였으며, 코칭을 '임파워링, 도움, 개발하기, 지원하기 및 장애물 제거'로 정의하였다. 참가자들은 상황에 따라 역할 전환이 필요하다고 하였다. 두 연구자는 두 가지 접근 방식의 차이점을 인식하는 것이 보다 협력적이고 권한을 위임하는 코칭 스타일로의 사고방식(mindset) 변화의 초기 단계를 구성한다고 제안하였다. 관리자는 상황에 따른 마인드셋을 변화시키는 것이 필요하다.

2) 스킬 및 행동 측면

Ellinger 등(2003)은 문헌연구 및 Ellinger와 Bostrom(2002)의 연구를 통하여 'Coaching Behaviors Inventory'라고 하는 managerial coaching 척도를 만들면서, 효과적 코칭을 하기 위해서는 기술적(skills) 관점과 행동적(behavior) 관점 두 가지가 있다고 하였다. 코칭의 기술적 관점 관련해서는 다음과 같다. 듣기(listening skills), 분석하기 스킬(analytical skills), 인터뷰 기술(interviewing skills), 효과적 질문 기술(effective questioning techniques), 관찰하기(observation), 성과 관련 피드백 주고받기(giving and receiving performance feedback), 명확한 기대에 대한 커뮤니케이션 및 설정하기(communicating and setting clear expectations) 및 코칭을 할 수 있는 지원적 환경 만들기(creating a supportive environment conducive to coaching) 등이다.

관리자 코칭 행동은 관리자가 보여 주는 구체적 행동을 통하여 알 수 있다. 관리자 코칭의 행동 모델(behavioral model)을 지지하는 학자들은 Beattie(2006), Ellinger와 Bostram(2002), Mumford(1993)이다. 코칭 행동은 열린 커뮤니케이션, 정보제공, 조언, 평가, 임파워링, 기회제공(학습, 개발), 위임, 피드백, 요청하기, 제공하기 등이 있다. Ellinger와 Bostram(2002)은 코칭에서 높은 수준의 코칭 전문성을 가진 관리자는 코칭 기회가 있을 때 가장 적합한 코칭 행동을 보일 것이라고 한다.

3) 종속요인 측면

관리자 코칭에 의한 효과 관련한 종속요인에 대한 연구는 다른 연구와 비교하여 상당히 이루어져 왔다. 개인적 성과에 관한 관리자 코칭 연구는 다음과 같다. 관리자가 코칭을 하면 직무만족(Ellinger, Ellinger, & Keller, 2003), 조직몰입(Park, Yang, & McLean, 2008), 조직시민행동(Ellinger,

Ellinger, Bachrach, Wang, & Bas, 2009) 등의 개인적 성과가 있다. Ellinger, Ellinger와 Keller(2003)는 조사 연구를 이용하여, 직원의 만족도와 성과에 영향을 미치는 일선 관리자의 코칭 행동을 연구하였다. 그들은 코칭 행동을 보이는 관리자의 직원들이 유의하게 직업 만족도가 클 뿐만 아니라, 동료 직원들보다 큰 직업 몰입도와 우수한 성과를 보여 주고 있음을 실증 연구하였다. Park, Yang과 McLean(2008)은 미국 글로벌 기술회사에 근무하고 있는 187명의 직원대상 설문조사를 통하여 개인 학습, 조직 몰입 및 이직 의도와 관련된 관리 코칭의 효과를 연구하였다. 관리자 코칭이 조직 몰입과 유의미한 양의 관계가 있으며, 이직 의도와 유의미한 부정적 관계가 있음을 실증 연구하였다.

조직 성과 증진과 관련된 관리자 코칭의 결과는 다음과 같다. 조직적 성과는 다음과 같은 성과를 증진시켰다. 비용 절감(Ellinger, 2003), 팀 성과와 관련된 고객 만족 목표 성취(Hagen, 2010), 질적 목표 성취(Hagen, 2010), 팀 문제에 대한 새로운 솔루션 개발(Mulec & Roth, 2005) 등이 있다. Hagen과 Aguilar(2012)는 특히 식스시그마 맥락에서 관리자 코칭의 사용을 검토했으며, 관리자 코칭 전문성과 프로젝트 관리 결과 간에 유의미한 상관관계가 있음을 증명하였다. 프로젝트 관리 결과에는 시간 및 예산의 제약 조건하에서 프로젝트 고객 만족도, 품질 목표 및 시간과 예산 내에서 프로젝트를 완료하는 능력이 포함된다.

4) 매개효과 및 조절효과 측면

이인숙(2018)은 중소기업에 다닌 경험이 있거나 현재 다니고 있는 직장인을 대상으로 커뮤니케이션 만족과 자기주도학습이 조직 유효성에 미치는 영향에서 중소기업 관리자 코칭 행동의 매개효과에 대하여 실증연구를 하였다. 연구 결과 커뮤니케이션 만족과 자기주도학습은 조직유효성에 영향을 미치며 관리자 코칭 행동은 커뮤니케이션 만족과 자기주도학습 간의 매개효과가 있음을 실증하였다. 이러한 연구 결과는 커뮤니케이션 만족과 자기주도학습과 조직유효성 사이에서 관리자 코칭 행동의 중요성을 입증한 결과라 할 수 있다.

정수진(2019)은 단일 제조회사 구성원의 학습에 대한 자기주도성과 직무열의의 관계에서 관리자 코칭 행동의 조절효과를 실증 연구하였다. 관리자 코칭 행동은 문제 해결 능력 향상을 위한 지원과 학습촉진을 통한 역량향상 지원 두 가지 구성 요소(조대연, 박용호, 2011)로 하였다. 관리자 코칭 행동의 구성 요소 중 문제 해결 향상을 위한 지원은 학습에 대한 자기주도성의 구성 요소 중 타인과의 학습과 상호작용하여 직무열의를 향상시키는 것으로 나타났으나, 학습촉진을 통한 역량향상 지원은 타인과의 학습과 상호작용하여 직무열의를 감소시키는 것으로 나타났다. 이는 리더 및 관리자는 코칭 과정에서 구성원의 주도적 성향 및 상태 등을 고려하여 적절한 코칭 행동을 발휘할 필요가 있다는 것을 보여 주고 있다.

5) 비즈니스 코칭 효과성 관련 메타분석

국내 코칭 연구 동향에 관한 조성진과 정이수(2018) 연구에 따르면 2017년까지 코칭 관련한 메타분석 연구는 없었다. 관리자 코칭 행동에 대한 효과성에 대한 연구는 상당히 증가하였지만 종합적이고 전체적인 관점에서의 연구는 아직 부족하다. 최근에 와서 코칭 효과성을 보여 주기 위한 코칭 메타분석 연구가 진행되어 왔다(김유천, 2022, 김유천, 이송이, 2023; 장미화, 탁진국, 2019; 윤선영, 채명신, 2018). 국내의 코칭 관련 메타분석 연구와 관련해서는, 윤선영과 채명신(2018)이 코칭 리더십과 조직 유효성에 관련된 선행연구의 상관관계에 관한 메타분석을 하였다. 코칭 리더십과 조직 유효성은 밀접한 상관관계이며, 코칭 리더십이 조직유효성을 증진시키는 데 아주 중요한 변수임을 나타냈다. 코칭 리더십은 조직유효성의 하위 변수 중에는 조직몰입(.556)과의 관계가 가장 크게 나타났다. 장미화와 탁진국(2019)은 국내 코칭과 조직유효성의 관계에 대한 체계적 문헌고찰과 메타분석을 연구하였다. 연구 결과, 코칭 행동이 조직에 미치는 효과가 크게 나타났고, 연구의 조직유형에 따라서 공공기관보다는 사설기관에서 코칭 행동의 효과가 더 높게 나타났다.

김유천, 이송이(2023)는 관리자 코칭 행동 모델을 중심으로 관리자 코칭 행동을 체계적으로 분석하였으며 각 연구 결과를 체계적이고 계량적으로 분석하는 메타분석방법을 활용하였다. 연구 결과로, 첫째, 기존의 연구와 다르게 구체적으로 관리자 코칭 행동에 관한 메타분석을 실시하였다는 측면에서 기존의 연구와 차별되었다. 둘째, 관리자 코칭이 역량개발 및 성과위주의 코칭에서 벗어나 조직원과의 지속적인 관계 과정으로 방향을 제시하고 피드백을 주는 것이 중요하다는 것을 보여 주었다. 셋째, 관리자 코칭의 효과성 관련하여 정서적, 인지적, 기술적 및 성과 관련된 효과에 대한 메타분석을 통하여 향후 관리자 코칭의 효과성에 재검토의 필요성을 제시하였다.

국외의 경우 De Meuse 등(2009)은 임원 코칭의 ROI 측면에서의 메타분석을 통하여 임원 코칭이 코칭을 받는 사람의 기술과 성과 측면에서 효과를 보여 주었다는 결과를 보여 주었다. Theeboom(2013)은 조직에서 이루어진 코칭의 효과성과 관련한 메타분석을 통하여 조직유효성의 다양한 변인을 살펴보았다. Jones(2016)는 직장 코칭의 효율성에 대한 기존 17개의 연구를 종합하여 메타분석을 실시하였다. 코칭형식에 따른 대면 코칭 및 온라인 코칭이나 코칭 기간의 효과크기 간에는 차이가 나타나지 않았지만, 코치유형으로 외부 코치 및 내부 코치의 효과성 관련해서는 내부 코치가 더 높은 효과크기를 보여 주었고, 다면 피드백 사용에서 코칭 효과크기의 중요성을 밝혔다. Shirley 등(2015)은 코치와 고객 관계 효과성 및 고객의 목표 달성 효과성에 관한 메타분석을 실시하였다. Graßmann(2020)은 코칭에서의 일의 동맹과 고객 성과 관련성에 대한 메타분석을 하였다. 외국의 코칭에 관한 메타분석에 있어서도 관리자 코칭 효과에 대한 메타분석은 이루어지지 않았다. 본 연구는 관리자 코칭 효과에 관한 메타분석으로 의미가 있다고 할 수 있다.

6) 비즈니스 코칭 연구

향후에는 좀 더 다양한 효과 관련 연구를 위하여 비교문화적 연구, 종단조사(longitudinal analysis) 연구, 질적 연구(q방법론) 등의 연구가 수반될 필요가 있다.

비즈니스 코칭의 목적은 개인의 문제점을 해결하거나 부족한 점을 채우는 데에 있지 않고 피코치자 잠재력을 발견하여 행동변화를 일으켜 조직의 목적을 달성하는 데에 있다(Hargrove, 2008). 코칭에 대한 조직의 지원은 결국은 조직성과의 지속적인 발전과 개선을 위한 것이다. 코칭은 직원 교육 프로그램의 하나이고 리더십 개발 도구이다. 따라서 기업 경영진의 코칭에 대한 적극적인 지원은 코치에 참여하는 임직원의 코칭의 성공에 있어서 매우 중요한 요소이다(Bacon & Spear, 2003; McGovern et al., 2001). 이제는 '코칭이 효과가 있는가?'와 같은 질문에서 '코칭이 효과적이기 위해서는 어떻게 해야 하는가?'에 대한 질문이 필요하다(Fillery-Travis & Lane, 2006). 따라서 코칭이 더 효과적이기 위한 연구가 지속적으로 이루어져야 한다.

성찰(insight)을 더하기 위한 질문

1. 비즈니스 코칭의 핵심 목적은 무엇일까?

2. 사내 코칭이 조직문화에 어떤 영향을 미칠 수 있을까?

3. 관리자가 피드백을 효과적으로 주고받기 위해서는 무엇이 필요할까?

4. 코칭이 직원의 자기 개발에 어떤 영향을 줄 수 있을까?

5. 성공적인 코칭 관계를 형성하기 위해 관리자와 직원 간의 신뢰는 왜 중요할까?

참고문헌

고현숙, 백기복, 이신자(2011). 경영자 코칭(executive coaching)에 대한 조사 연구. **코칭능력개발지**, 13(2), 31-46.

김유천(2019). 관리자 코칭에 대한 지속가능성 연구. **아시아상담코칭연구**, 1(1), 1-14.

김유천(2022). 관리자 코칭에 관한 주관성 및 관리자 코칭 행동 변인 연구: Q방법론과 메타분석. 동국대학교 대학원 박사학위논문.

김유천, 이송이(2023). 관리자 코칭 행동 관련변인 메타분석. **코칭연구**, 16(1), 49-73.

김은희(2015). 리더의 코칭역량이 구성원의 조직몰입에 미치는 영향. 동신대학교 대학원 박사학위논문.

김지엘(2020). 사내코치의 코칭원리 교육 경험에 대한 내러티브 탐구. 대한신학대학원대학교 박사학위논문.

윤선영, 채명신(2018). 코칭리더십과 조직유효성과의 상관관계에 관한 메타분석. **아태비즈니스 연구**, 9, 117-137.

이인숙(2018). 커뮤니케이션만족과 자기주도학습이 조직 유효성에 미치는 영향: 중소기업 관리자 코칭행동의 매개효과 중심으로. 호서대학교 벤처대학원 박사학위논문.

장미화, 탁진국(2019). 국내 코칭과 조직유효성의 관계: 체계적 문헌고찰 및 메타분석. **HRD연구**, 21(3), 189-219.

정수진(2019). K 기업 구성원의 학습에 대한 자기주도성과 직무열의와의 관계에서 관리자코칭행동의 조절효과. 고려대학교 교육대학원 석사학위논문.

조대연, 박용호(2011). 관리자의 코칭행동과 부하직원이 인식한 직무성과의 관계. **HRD연구**, 13(4), 89.

조성진, 정이수(2018). 국내 코칭(Coaching) 연구 동향 및 향후 연구 방향: 진전(1995년~2017년)과 전망. **인적자원개발연구**, 21(3), 249-313.

조은현(2010). 코칭리더십 척도 개발 및 타당화와 코칭리더십이 조직태도에 미치는 영향. 광운대학교 대학원 박사학위논문.

최치영(2003). 상사의 코칭이 직원 및 고객만족에 미치는 영향에 관한 연구: 우리나라 대학 병원 간호사를 중심으로. 수원대학교 대학원 박사학위논문.

Bacon, T. R., & Spear, K. L. (2003). *Adaptive coaching: The art and practice of a client-centered to Performance Improvement.* Davis-Black.

Beattie, R. S. (2006). Line managers and workplace learning: Learning from the voluntary sector. *Human Resource Development International, 9*(1), 99-119.

Bono, J. E., Purvanova, R. K., Towler, A. J., & Peterson, D. B. (2009). A survey of executive coaching practices. *Personnel Psychology, 62*, 361-404.

Dahling, J. J., Taylor, S. R., Chau, S. L., & Dwight, S. A. (2016). Does coaching matter? A multilevel model linking managerial coaching skill and frequency to sales goal attainment. *Personnel Psychology, 69*(4), 863-894.

De Meuse, K. P., Dai, G., & Lee, R. (2009). Does executive coaching work?: A meta analysis study. *Coaching: An International Journal of Theory, Paractice and research, 2*(2), 117-134.

Ellinger, A. D. (2003). Antecedents and consequences of coaching behavior. *Performance Improvement Quarterly, 16*(1), 5-28.

Ellinger, A. D., & Bostrom, R. P. (2002). An examination of managers' beliefs about their roles as facilitators of learning. *Management Learning, 33*(2), 147-179.

Ellinger, A. D., Ellinger, A. E., & Keller, S. B. (2003). Supervisory coaching behavior, employee satisfaction, and warehouse employee performance: A dyadic perspective in the distribution industry. *Human Resource Development Quarterly, 14*(4), Winter, 435-452.

Ellinger, A. E., Ellinger, A. D., Bachrach, D. G., Wang, Y., & Baş, A. B. E. (2009). The influence of managerial coaching on relationships between organizational investments in social capital and employee work-related performance. In Proceedings of the Academy of Human Resource Development Conference, Washington, DC.

Evered, R. D., & Selman, J. C. (1989). Coaching and the art of management. *Organizational Dynamics, 18*(2), 16-32.

Fillery-Travis, A., & Lane, D. (2006). Does coaching work or are we asking the wrong question? *International Coaching Psychology Review, 1*, 23-35.

Fortune, D. (2000). *The training & work of an initiate*. Weiser Books.

Giglio, L., Diamante, T., & Urban, J. M. (1998). Coaching a leader: Leveraging change at the top. *The Journal of Management Development, 17*(2), 93.

Gilley, A., Gilley, J. W., & Kouider, E. (2010). Characteristics of managerial coaching. *Performance Improvement Quarterly, 23*, 53-70.

Graßmann, C., Schölmerich, F., & Schermuly, C. C. (2020). The relationship between working alliance and client outcomes in coaching: A meta-analysis. *Human Relations, 73*(1), 35-58.

Hagen, M. (2010). The wisdom of the coach: A review of managerial coaching in the Six Sigmacontext. *Total Quality Management, 21*(8), 791-798.

Hagen, M., & Aguilar, M. G. (2012). The impact of managerial coaching on learning outcomes within the team context: An analysis. *Human Resource Development Quarterly, 23*(3), 363-388.

Hamlin, R. G., Ellinger, A. D., & Beattie, R. S. (2009). Toward a profession of coaching? A definitional examination of 'coaching,' 'organization development,' and 'human resource development'. *International Journal of Evidence Based Coaching and Mentoring, 7*(1), 13-38.

Hargrove, R. (2008). *Masterful coaching* (3rd ed.). Pfeiffer & Company.

Heslin, P. A., Vandewalle, D., & Latham, G. P., (2006). Keen to help? Managers' implicit person theories and their subsequent employee coaching. *Personnel Psychology, 59*(4), 871-902

Hicks, R. P., & McCracken, J. P. (2010). Three hats of a leader: Coaching, mentoring and teaching. *Physician Executive, 36*(6), 68-70.

Jones, R. J., Woods, S. A., & Guillaume, Y. R. (2016). The effectiveness of workplace coaching: A meta-analysis of learning and performance outcomes from coaching. *Journal of Occupational and Organizational Psychology, 89*(2), 249-277.

Joo, B, K. (2005). Executive coaching: A conceptual framework from and integrative review of practice and research. *Human Resource Development Review, 4*(4), 462-488.

Judge, W. Q., & Cowell, J. (1997). The brave new world of executive coaching. *Business Horizons, 40*, 71-77.

Kampa-Kokesch, S., & Anderson, M. Z. (2001). Executive coaching: A comprehensive review of the literature. *Consulting Psychology Journal: Practice and Research, 53*, 205-228.

Kilberg, R. R. (2000). *Executive coaching: Developing managerial wisdom in a world of chaos.* American Psychological Association.

Kilburg, R. R. (1996). Toward a conceptual understanding and definition of executive coaching. *Consulting Psychology Journal: Practice and Research, 48*, 134-144.

Kilburg, R. R. (2001). Facilitating intervention adherence in executive coaching: A model and methods. *Consulting Psychology Journal: Practice & Research, 53*(4), 251-267.

Kirkpatrick, D. L. (1996). Great ideas revisited: Revisiting Kirkpatrick's four-level model. *Training & Development, 50*, 54-57.

Lawrence, P. (2017). Managerial coaching: A literature review. *International Journal of Evidence Based Coaching and Mentoring, 15*(2), 43.

McGovern, J., Lindemann, M., Vergara, M., Murphy, S., Barker, L., & Warrenfeltz, R. (2001). Maximizing the impact of executive coaching: Behavioral change, organizational outcomes, and return on investment. *The Manchester Review, 6*, 1-9.

McLean, G. N., Yang, B., Kuo, M. H. C., Tolbert, A. S., & Larkin, C. (2005). Development and initial validation of an instrument measuring managerial coaching skill. *Human Resource Development Quarterly, 16*(2), 157-178.

Mulec, K., & Roth, J. (2005). Action, reflection, and learning-coaching in order to enhance the performance of drug development project management teams. *R&D Management, 35*(5), 483-491.

Mumford, A. (1993). *How managers can develop managers.* Gower Publishing, Ltd.

Orth, C. D., Wilkinson, H. E., & Benfari, R. C. (1987). The manager's role as coach and mentor. *Organizational Dynamics, 15*(4), 66-74.

Park, S., Yang, B., & McLean, G. N. (2008). An examination of relationships between managerial coaching and employee development. Online submission.

Redshaw, B. (2000). Do we really understand coaching? How can we make it work better? *Industrial and Commercial Training, 32*(3), 106-108.

Sherman, S., & Freas, A. (2004). The wild west of executive coaching. *Harvard Business Review, 11*, 82-90.

Sonesh, S. C., Coultas, C. W., Lacerenza, C. N., Marlow, S. L., Benishek, L. E., & Salas, E. (2015). The power of coaching: A meta-analytic investigation. *Coaching: An International Journal of Theory, Research and Practice, 8*(2), 73-95.

Stern, D., & Wagner, D. (Eds.). (1999). *International perspectives on the school to work transition.* Hampton Press, INC.

Stowell, S. (1986). Leadership and coaching. University of Utah doctorial dissertation.

Sztucinski, K. (2001). The nature of executive coaching: An exploration of the executive's experience. *Dissertation Abstracts International, 62*(10), 4826. (UMI No. 3029593)

Stowell, S. (1986). Leadership and coaching. University of Utah doctorial dissertation. Theeboom, T., Beersma, B., & Van Vianen, A. E. M. (2013). Does coaching work? A meta-analysis on the effects of coaching on individual level outcomes in an organizational context. *The Journal of Positive Psychology, 9*, 1-18.

Witherspoon, R., & White, R. P. (1996). Executive Coaching: A continuum of roles. *Consulting Psychology Journal: Practice and Research, 48*, 124-133.

제14장

코칭 슈퍼비전

"탁월한 결과를 얻으려면, 결과에 상관없이 시간에 투자해야 한다."

수전 케인(Susan Cain) 『콰이어트(Quiet)』의 저자

1. 코칭 슈퍼비전 의미

코칭이 더욱 확산되고 발전되면서 코치 및 코칭 고객 모두에게 코칭 전문성에 대한 관심 및 기대가 더욱 증가되고 있다. 코칭 전문성의 지속적인 개발이 코칭 전문직 수행의 핵심적인 요소가 되고 있으며, 코칭 수행자들에게 **코칭 슈퍼비전(**coaching supervision)은 중요한 과정으로 받아들여지고 있다(Passmore, 2019).

비즈니스 도구로서의 코칭은 계속해서 정당성을 확보하고 있지만, 코칭 산업에서의 기반은 여전히 유동적이다(Coutu et al., 2009). 더불어 코치의 전문성에 대한 현장에서의 요구가 증가하고 있다. 코치의 전문성이 미약할 때 코칭 산업에 미치는 효과가 크다(Hardin & Gehlert, 2019). 이와 관련하

여 코치의 전문성을 높이려는 차원에서 코칭 슈퍼비전에 대한 관심이 증가하였다. 코칭 슈퍼비전은 코칭 분야에서 점점 더 많은 관심을 끌고 있지만 상대적으로 빠른 코칭 확장에 비하여 발전이 뒤쳐지고 있다(Smith, 2021).

슈퍼비전의 역사는 1800년대 후반에 사회복지 자선기관단체들이 훈련 과정에 있는 사회복지사들을 감독하기 위해 직원을 고용한 것에서부터 출발한다. 처음에는 사적으로 시작되었으며 나중에는 집단과 세미나를 통한 슈퍼비전을 제공하는 것으로 변화되었다(Nicholas, Loretta, & Bradley, 2013). 1902년 정신분석 영역에서 Freud에 의해 슈퍼비전 단계가 만들어졌다(Goodyear & Guzzardo, 2000). 1925년에는 슈퍼비전이 최초로 훈련과정에서 필수적인 요소로 지정되었고, 1980년대에서는 슈퍼비전이 세부전공으로 간주되어 상담영역에서 분명한 위치를 차지하게 되었다(Nicholas, Loretta, & Bradley, 2013).

한편 코칭 관련해서는 2000년대 들어서 코칭 슈퍼비전에 대한 필요성이 증가하고 있다. 시대변화에 따라 구성원들이 역량을 보다 효율적으로 개발하고 수행력을 제고할 수 있는 새로운 리더십이 요구되고 있다(Gilley, 2000). 현재 다양한 분야에서 라이프 코칭, 커리어 코칭, 학습 코칭 등 전문 코치가 활발하게 활동 중이다. 코칭이 빠르게 확산되면서 코칭의 품질 제고나 이러한 품질 제고에 영향을 미치는 요인에 관한 다양한 연구들이 수행되고 있다. 더불어 코치의 전문성을 높이려는 차원에서 코칭 슈퍼비전에 대한 관심이 증가하고 있으나 코칭 슈퍼비전은 상대적으로 빠른 코칭 연구 확장에 비하여 발전이 뒤쳐지고 있다(Smith, 2021).

코칭 슈퍼비전의 필요성은 다음과 같다. 코칭 서비스가 관리자 및 임원 개발의 중요한 수단으로 여겨지고 있다(Zenger & Stinnett, 2006). 코칭 산업이 지속적으로 증가하고 있다(ICF, 2016). 대학 및 대학원에서 코칭 관련 학문 프로그램을 구성하고 있다(Lane, 2017). 비즈니스 및 라이프 코치에 대한 고용 또는 운용이 증가되고 있으며, 코치에 대한 교육 및 코치 역량에 대한 관심이 증가하게 되었다(ICF, 2016). 코칭 산업에 비규제로 인하여 코치의 전문성을 더욱 강화해야 한다(Grant, 2006).

코칭 슈퍼비전은 슈퍼바이저가 코치로 하여금 자신의 코칭 경험을 되돌아보도록 하여, 코치의 알아차림을 통하여, 코치로서의 역량을 개발하며, 코칭의 효과성을 높여 줄 수 있도록 해 주는 지속적이고 체계적인 과정이라 할 수 있다.

2. 코칭 슈퍼비전 및 멘토 코칭

코치의 전문성을 위한 코칭 유형인 '멘토 코칭'과 '코칭 슈퍼비전'에 대한 기존 선행연구들의 개념 고찰을 통해 이들의 공통점과 차이점 등의 특징을 도출해 보고 이러한 특징을 토대로 개념적 정의를 좀 더 살펴보고자 한다. 선행연구에서 정의하고 있는 멘토 코칭과 코칭 슈퍼비전 개념을 요약하면 다음과 같다.

우선 **멘토 코칭**에 대한 개념은 국제코칭협회(ICF)에서 정의하고 있지만 〈표 14-1〉과 같이 그 개념이 매우 광범위하고 포괄적으로 정의되어 있다.

〈표 14-1〉 멘토 코칭 개념

멘토 코칭	비고
• 멘토 코칭은 코치 신청자(멘티)가 원하는 자격 수준에 요구되는 코칭 역량 수준을 달성하고 시연하도록 돕는 전문적인 지원을 제공하는 것 • 또한 신청자(멘티)가 연습 구축, 라이프 밸런스 또는 지원자의 코칭 스킬 개발과 관련이 없는 다른 주제에 대해 코칭하는 것보다 그들의 코칭 스킬에 대해 코칭을 받는 것을 의미함	
• 지원자가 코칭 고객이 되어 전문적인 지원 코치가 유효한 상위의 코치로부터 1:1 코칭을 받는 것을 의미함 • 코칭 수준 달성 및 시연에 대한 전문적인 지원 코치가 원하는 자격 수준에서 요구하는 역량 신청자이며, 멘토 코칭은 지원자(멘티)를 의미함 • 또한 연습 구축에 대한 코칭보다는 코칭 기술에 대한 코칭을 받고, 삶의 균형 또는 지원자의 발달과 관련이 없는 기타 주제로 코칭 스킬 등을 이야기하는 것을 의미함	ICF (2021)

선행연구에서 멘토 코칭은 코치로 활동하고 있는 코치의 전문성이나 역량, 자질 등 코치로서 갖추어야 할 자질과 역량을 향상시키기 위한 코칭 과정을 의미한다.

코칭 슈퍼비전에 대한 개념 역시 〈표 14-2〉와 같이 연구자의 연구 관점에 따라 매우 다양하게 정의되고 있다. 코칭 슈퍼비전의 공통된 개념을 보면, 코칭 슈퍼비전은 코치의 전문성이나 역량, 자질 향상을 위해 코칭하는 멘토 코칭과 상이한 개념으로 코치 개인의 전문성과 역량향상에 초점을 두는 것이 아니라 멘티를 지도하고 있는 코치의 지도방법이나 체계에 대해

〈표 14-2〉 코칭 슈퍼비전 개념

코칭 슈퍼비전	연구자
• 슈퍼비전(supervision)이란 '위에서 내려다보다'라고 할 수 있는 '슈퍼(super, 위에서, 능가하여)'와 '비전(vision, 관찰하다, 보다)'의 문자상 조합으로 '감독하다'라는 의미임	Webster (1966)
• 슈퍼바이저가 슈퍼바이지의 전문 활동을 검토하여 적절한 전문가적 행동을 얻을 수 있도록 도와주는 진행 중인 교육적 과정임	Hart (1982)
• 코칭 슈퍼비전은 슈퍼바이저가 코치로 하여금 자신의 프랙티스를 질서 있게 되돌아보고, 한편으로는 코치로서의 능력을 개발하고 자신의 효율성을 신장하며, 고객과의 업무에 대한 정서적인 반응을 처리하는 라포와 신뢰의 관계를 의미함	Thomson (2011)
• 코치가 고객과 직접적으로 일하지 않는 슈퍼바이저의 도움을 받아 고객의 체계와 자기 자신을 고객-코치 체계의 일부분으로 더 잘 이해하도록 주의를 기울일 수 있고, 자신의 업무를 변화시킬 수 있도록 하는 과정임	Hawkins & Smith (2007)
• 코칭 슈퍼비전은 자신의 업무에 대해서 성찰할 수 있는 시간과 공간, 적절한 확증이 필요할 때 실질적인 지지를 받는 기회, 지속적인 학습과 전문직 발달의 자리로 개념화함	Bluckert (2006)
• 코칭 슈퍼비전은 반영적인(reflective) 대화를 통해 코치의 역량을 지속적으로 구축하고 고객 및 전체 시스템에 이익을 주는 공동학습방식 • 보다 풍부하고 폭넓은 지원 및 개발 기회를 제공함으로써 코치의 역량 개발에 중점을 두며, 코치가 자신의 성공과 실패를 공유하여 고객과 함께 일하는 방식에 능통하고 안전한 환경을 조성함	ICF (2014)

코칭하는 보다 확장된 개념이다.

멘토 코칭과 코칭 슈퍼비전의 개념적 정의 측면에서의 공통점을 보면, 코치 예정자나 코치인 멘티를 대상으로 그들의 전문성과 역량, 코칭 스킬 등의 향상을 목적으로 이들보다 경험이 많은 다른 코치가 가르치는 과정이라는 것이다. 즉, 코칭 슈퍼비전과 멘토 코칭의 공통점은 상호 관계 속에서 스스로 성장할 수 있도록 멘티를 돕는다는 점인데 멘티의 기대와 요구에 맞는 코칭으로 목표를 계획하고 계약수립으로 전문적인 발달을 위한 지원을 제공한다는 점에서 공통점이 있다(Connor & Pokora, 2017). 이때 멘티는 코치에게 조언하고, 가이드라인을 제공받으며, 멘토로부터 피드백을 받고 의견을 공유할 수 있다.

코칭 슈퍼비전 및 멘토코칭의 차이점은 다음과 같다.

첫째, 코칭 목적과 대상에 차이가 있다. 멘토 코칭은 코치가 갖추어야 할 자질이나 역량의 향상을 목적으로 하는 코칭이다. 코칭 슈퍼비전은 코치가 멘티를 코칭할 때 필요한 관계 형성, 코칭 방법 등 코치-멘티 간의 코칭 기술의 효율화를 목적으로 하는 코칭이다.

둘째, 멘토 코칭은 정형화된 프로그램이나 비정형화된 관계로도 진행될 수 있지만(Starcevich, 2009), 코칭 슈퍼비전은 정형화된 전문적인 과정으로 진행되며, ICF에서는 멘토 코칭이 멘티의 기대와 요구에 맞는 코칭 능력 단계를 제시하지만 멘티가 코칭 기술을 코칭받는 것이 아니라고 한다.

셋째, 멘토 코칭은 개인에게 초점을 맞추고 있어 멘티와 관련된 모든 것을 다룰 수 있지만, 코칭 슈퍼비전은 슈퍼바이지가 맡고 있는 업무를 수행하는 것과 관련된 전문성 강화 및 발달에 초점을 두고 있다(Starcevich, 2009).

넷째, 멘토 코칭은 권위적이지 않으며, 멘토는 평가가 아닌 피드백을 제공하지만, 코칭 슈퍼비전은 수행 목표가 있기 때문에 이를 공정하게 평가한다는 점에서 권위가 생기게 되며, 권위는 기관에서 진행하는 코칭 슈퍼비전일수록 더욱 가중된다(ICF; Mental Health Coordinating Council; Connor & Pokora, 2017; Starcevich, 2009).

다섯째, 코칭 슈퍼비전과 멘토 코칭의 명확한 개념을 정리해 보며 코칭 슈퍼비전은 코치가 슈퍼바이저의 도움으로 고객 시스템과 자기 자신을 고객-코치 시스템의 일부로서 더 잘 이해하여 발전하며 자신의 기술(craft)을 개발하는 것을 소중히 여길 수 있는 과정으로 정의할 수 있다.

여섯째, 코칭 슈퍼비전은 훈련을 받는 사람이 자신의 역량을 더 넓은 의미의 능력으로 전환하여 코칭에 관한 성찰의 기회를 제공할 수 있다(송기원, 2020).

3. 코칭 슈퍼바이저 역할 및 태도

1) 코칭 슈퍼바이저 역할

코칭 슈퍼바이저가 되는 것은 슈퍼바이지가 자기 경험을 통하여 힘든 코칭 상황에서 자기 코칭 스타일과 해결책을 개발하도록 돕는 것이다. 슈퍼바이저 역할은 슈퍼바이지를 지지해 주는 지지자 역할, 슈퍼바이지가 배우고 발전하도록 돕는 교육자 역할, 슈퍼바이지가 고객과 하는 일의 수준을 높이도록 하는 관리 지원자 역할을 한다.

유능한 슈퍼바이저가 되기 위해서는 슈퍼바이저 스스로 능력 및 역량 개발을 위하여 지속적으로 학습하고 성찰을 통하여 슈퍼비전을 숙련하도록 해야 한다.

2) 코칭 슈퍼바이저 태도

코칭 슈퍼바이저는 어떤 상황이든지 열려 있는 성찰적인 태도를 견지하는 것이 필요하다. 한편으로는 단호하고 지시적인 것이 필요하다는 점을 알아야 한다. 슈퍼바이저는 스스로 슈퍼비전에 대하여 어떤 의미인지를 지속적으로 성찰하여야 한다.

4. 슈퍼비전 유형 및 발달적 접근법

1) 개인 슈퍼비전 유형

슈퍼비전 유형은 다음과 같다(Hawkins & Shohet, 2000: 53).

첫째, **튜토리얼 슈퍼비전**(tutoral supervision)은 멘토의 관계를 가진다는 특징이 있다. 슈퍼바이저는 연구 주제나 작업 프로젝트에 완전히 참여해서 슈퍼바이지를 지도하고, 조언하고 감독한다. 슈퍼바이저들은 슈퍼바이지들보다 더 많은 경험이 필요하고, 슈퍼바이지들이 새로운 여정을 헤쳐 나갈 수 있는 길에 대해서 알고 있어야 한다.

둘째, **훈련 슈퍼비전**(trainee supervision) 유형은 주로 훈련을 받는 이들에게서 나타난다. 이 경우에 슈퍼바이저는 슈퍼바이지가 자격을 갖추기 위해 나아가는 평가 과정의 부분이다. 평가는 훈련 슈퍼비전에서 중요한 역할이다. 이 슈퍼비전의 관계는 경험과 자격을 갖춘 슈퍼바이저가 초보 수련자가 전문가가 될 수 있도록 다시 경험으로 이끄는 '견습' 모델의 일종이다.

셋째, **자문적 슈퍼비전**(consultative supervision)은 슈퍼바이저가 자격을 갖추고 있기 때문에 자문적이라고 불린다. 이는 공식적인 평가가 적으며, 수직적이라기보다는 더욱 협력적인 관계, 배움의 여정을 함께하는 동반자적인 관계이다.

넷째, **관리자적 슈퍼비전**(managerial supervision)은 슈퍼바이저가 슈퍼바이지의 직속상사일 때 나타나는 슈퍼비전이다. 성찰적·발달적 슈퍼비전으로 임상적 슈퍼비전이라고 부르는 것이다.

2) 그룹 슈퍼비전 유형

개인 슈퍼비전에서는 슈퍼바이저와 슈퍼바이지의 생각으로 탐색을 하는 반면, 그룹 슈퍼비전에서는 내부에 마음을 열고서 다른 관점을 외부로 표현하는 것과 같다(Hawkins, & Smith, 2016). 그룹 슈퍼비전을 선택하는 이유는 다음과 같다(Hawkins, & Smith, 2016).

첫째, 시간과 비용 등 경제적인 이유이다. 시간이 부족하거나 제한적인 경우, 슈퍼바이저에 대한 제한이 있는 경우 슈퍼비전 그룹을 만들어 진행할 수 있다.

둘째, 일대일 슈퍼비전과 다르게 슈퍼바이지가 느끼는 불안감 및 공통적으로는 느끼는 이슈를 같이 인식하도록 하여 참가자들이 지원적인 분위기를 만들어 내고 서로 배우게 하고자 할 때 진행할 수 있다.

셋째, 슈퍼바이저로부터뿐만 아니라 슈퍼바이지 상호 간의 성찰과 피드백, 공유와 공감을 통하여 배울 수 있게 하고자 할 때 진행할 수 있다.

3) 슈퍼비전의 발달적 접근법

슈퍼비전 발달적 접근법은 슈퍼바이지가 어떠한 단계로 발달하는가를 살펴볼 수 있는데, 이는 슈퍼바이지 발달의 주요 4단계로 다음과 같다(Hawkins & McMahon, 2020).

(1) 1단계: 자기 중심 단계

첫 단계는 슈퍼바이지들이 자기의 역할과 일을 완수하는 자기 능력에 대하여 불안해하고, 불안정하며, 통찰력도 없지만 대단히 의욕적인 단계로 슈퍼바이저에게 의존하는 단계이다. 이 단계에서 슈퍼바이지가 통상적인 활동에서 불안에 대처하도록 하기 위해 슈퍼바이저는 슈퍼바이지에게 지지와 격려를 포함한 명확하게 구조화된 피드백을 제공해야 한다.

(2) 2단계: 고객 중심 단계

두 번째 단계에서 슈퍼바이지들은 처음의 불안을 극복하고 의존하려는 마음과 자율성 사이에 여러 생각을 하게 된다. 이들은 코치가 되는 것이 힘들고 시간이 많이 걸린다는 것을 감정적인 수준에서 알게 된다. 효과적인 코칭 방법이 어떤 상황에서는 효과적이지만 또 다른 상황에서는 효과적이지 못함을 알게 된다. 슈퍼바이저는 1단계보다는 덜 구조화되고 덜 교육하려는 태도를 보일 필요가 있으며, '감정적으로 안아 주는 것'이 필요하다.

(3) 3단계: 과정 중심 단계

세 번째 단계에서 슈퍼바이지들은 고객의 특별한 개인적 요구를 충족하기 위해 고객에 대한 접근법을 조정할 수 있다. 슈퍼바이지들은 고객을 더 넓은 맥락에서 볼 수 있는 '헬리콥터 기술'이라고 하는 것을 사용할 수 있다.

(4) 4단계: 맥락 과정 중심 단계

이 단계는 슈퍼바이지가 스스로 슈퍼바이저가 되기도 하는데, 슈퍼바이지 자신의 학습을 강화하고 심화할 수 있는 마스터 레벨에 도달하게 하는 것이다.

발달 모델은 슈퍼바이저가 정확하게 슈퍼바이지의 각 발달 단계에서 슈퍼바이지의 발달을 돕는 유용한 도구이다. 그러나 슈퍼바이저와 슈퍼바이지의 관계를 잘 살펴보고 적용하는 것이 필요하다.

5. 코칭 슈퍼비전 진행

1) 코칭 슈퍼비전 기능

코칭 슈퍼비전은 슈퍼바이지들이 그들의 코칭 작업을 더 잘하기 위해서 재검토하고 성찰하는 활동을 말한다. 슈퍼바이지들은 투명하고 신뢰할 수 있는 관계 속에서 그들의 작업에 대해 이야기하고, 성찰하고 배우게 되며, 돌아가서 할 수 있는 다른 방법을 살펴보게 된다. 코칭 슈퍼비전은 코칭 작업을 성찰하는 것이 그 일을 더욱 창조적으로 할 수 있도록 배울 수 있는 기초를 제공한다는 가정에 기초한다.

2) 코칭 슈퍼바이저 자기 개발

코칭 슈퍼바이저는 우선적으로 자기 슈퍼비전에 대한 슈퍼비전을 받는 것이 필요하다. 또한 적절한 슈퍼바이저 역할을 하기 위해 슈퍼비전 교육을 받아야 한다. 이를 통하여 슈퍼비전에 대한 다양한 이론 및 모델을 포함한 슈퍼비전 접근법을 이해하고 학습해야 한다. 슈퍼바이저가 되고자 하는 경우, 학습에 대하여 개방적이며 자신의 '취약성'을 드러낼 수 있어야 한다.

6. 코칭 슈퍼비전 모델

슈퍼비전 모델 관련하여 Peter Hawkins(1985)는 심층적인 슈퍼비전 모델을 개발하였으며, 그의 슈퍼비전 모델은 **7개의 눈 모델**(seven eyed model)로 명명되었다. 슈퍼비전 모델 개발 관련하여 Peter Hawkins는 Robin Shohet과 발전시켰으며, 영국 및 국제 협업 관계에서 슈퍼비전 기능과 기술의 핵심 개발자들이 참여하였다.

7개의 눈 모델은 원래 Hawkins와 Shohet에 의해 이중 매트릭스 모델(double-matrix model)이라고 불리었다. 고객-코치 관계 및 코치-슈퍼바이저 관계라는 두 가지 매트릭스가 서로 어떻게 관련되어 있는지를 살펴보았다, 추가로 이러한 관계에 더불어 더 넓은 시스템에 어떻게 포함되어 있는지 보여 주는 것이 7개의 눈 모델([그림 14-1] 참조)이라 할 수 있다(Hawkins & Smith, 2016).

모드 1(고객 초점)은 고객에 관한 것으로 슈퍼비전의 핵심 초점이다. 슈퍼바이저는 코치가 고객을 더 완전히 인식할 수 있도록 도와주어야 한다. 고

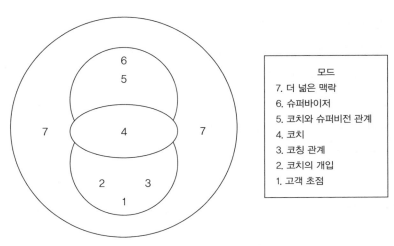

[그림 14-1] 코칭 슈퍼비전 7개의 눈 모델

객을 탐색할 때 슈퍼바이저는 고객을 더 많이 소개하고, 고객에 대하여 더 잘 알도록 하게 하고, 고객에 대한 가정과 전제에 대해 더 많이 드러내는 것을 목표로 한다. 고객과 그들의 문제에 대한 판단과 가정에서 도출된 해결안과 솔루션에 대하여 서두르는 것을 피하는 데 도움이 된다. 여기서 슈퍼바이저의 임무는 코치가 관찰한 것으로 돌아가도록 돕고 관찰의 단편에 부여한 의미나 판단을 더 잘 인식하도록 돕는 것이다. Hawkins는 모드 1에서 작업하는 과정을 '고객을 보다 완벽하게 수용하는 것'으로 설명한다(Hawkins & Smith, 2007). 세션의 시작 순간에 초점을 맞추는 것은 매우 도움이 될 수 있다. 모드 1에서의 가능한 질문을 살펴보면 다음과 같다.

- (슈퍼바이지를 대상으로) 호칭을 어떻게 불러 주길 원하는가?
- 슈퍼바이지의 코칭 상황으로 데려다준다면 어떻게 묘사하겠는가?
- 고객의 모습은 어떠했는가?
- 코칭 세션은 어떻게 시작되었는가?
- 코칭 상황에서 고객의 이슈는 무엇이었는가?
- 고객과의 코칭 목표는 무엇인가?
- 슈퍼비전에서 무엇을 얻고 싶은가?
- 고객에 대해 자세히 알려 준다면 어떻게 묘사하겠는가?
- 고객의 표정은 어떠한가?
- 고객의 에너지 상태는 어떠한가?
- 고객의 구체적 이슈는 무엇인가?
- 코칭 세션에서 무엇을 보았으며 무엇을 들었는가?

모드 2(코치의 개입)는 고객과 함께 코치가 사용하는 코칭 개입에 관한 것이다. 여기서는 코치의 개입 선택 의도 및 유연성을 살펴보며 코치가 특정 시간에 특정 개입을 사용한 이유에 대한 인식을 높이는 것이다. 코치의 의도를 살펴보는 것은 코치를 위한 개입을 제안하는 것이 아니라 코치가 자신의 진행 및 코칭 자신감을 구축하도록 돕고자 하는 것이다. 모두 2에서는 코치로서 모든 것을 해결하고자 하는 인식에 대하여 살펴볼 수 있도록 '망치를 들고 있으면 모든 것을 못처럼 취급한다'는 격언을 유념하도록 한다. 또한 코치에게서 첫 번째 세션에서 목표를 설정하지 못하면 코칭할 수 없을 것이라는 강박에서 벗어나도록 한다. 모드 2에서의 가능한 질문을 살펴보면 다음과 같다.

- 코칭 상황에서 코치는 추가적으로 무엇을 더 할 수 있었는가?
- 그러한 코칭 상황을 처리하기 위한 다른 코칭 전략이 있다면 무엇이 있겠는가?
- 어떤 코칭 전략이 더 효과가 있는가?
- 코칭 개입을 통해 무엇을 달성하려고 했으며, 다른 코칭 개입으로 달성할 수 있었다면 무엇이 있겠는가?
- 그러한 코칭 상황에서 누군가(역사 속 인물, 롤 모델, 멘토, 코치 등)가 코치에게 제안을 한다면 무엇을 제안했을까?
- 슈퍼비전의 이유는 무엇인가?
- 이 주제를 가져온 진정한 이유는 무엇인가?
- 코칭 세션에서 구체적으로 무엇을 하였는가?
- 코칭 세션에서 효과적인 부분은 무엇인가?
- 코칭 세션에서 효과적이지 못한 부분은 무엇인가?
- 당신이 할 수 있는 가장 대담한 해결책은 무엇인가?
- 또 누가 이러한 것을 잘 다룬다고 생각하는가? 그들이라면 무엇을 하겠는가?

모드 3(코칭 관계)은 코치와 고객 간의 관계에 관한 것이다. 이 수준에서 탐색하는 목적은 코치가 고객과의 관계에 관한 패턴과 역할을 알아차릴 수 있도록 돕는 것이다. 슈퍼바이저는 코치가 코칭 관계를 벗어나 새로운 패러다임에서 볼 수 있는 상황을 촉진하도록 해야 한다. 슈퍼바이저는 코치가 이 수준에서 관계를 탐색하는 데 도움을 주기 위해 관계를 살펴볼 수 있는 방법을 제공할 수 있다. 모드 3에서의 가능한 질문을 살펴보면 다음과 같다.

- 고객이 코치를 선택한 이유는 무엇인가?
- 고객과의 관계에 대한 이미지, 상징 또는 은유로 표현한다면 무엇인가?
- 고객과 함께 무인도에 좌초된다면 어떻게 하겠는가?
- 무인도에 두 사람이 있다면 무엇이 일어나고 있을까?
- 고객과의 관계는 어떠한가?
- 고객과 코치의 관계를 이미지나 은유로 표현한다면?
- 고객에게 도전적인 질문을 한다면?
- 고객이 누구와 같은가?

모드 4(코치)의 초점은 코치에게 있으며, 코치는 고객이 코칭에 가져오는 것에 대해 코치 자신이 어떻게 반응하는지 더 깊이 들여다볼 수 있다. 슈퍼바이저는 코치가 고객과의 코칭 과정에서 촉발될 수 있는 감정을 다시 살펴볼 수 있도록 돕는다. 이 과정을 통하여 코치는 직접 설명할 수 없는 것을 이해하게 되고, 어떤 변화가 필요한지 탐색하게 된다. 모드 4에서의 가능한 질문을 살펴보면 다음과 같다.

- 고객을 생각할 때 마음의 반응은 무엇인가?
- 고객에 대하여 논의할 때 신체의 반응은 어떠한가?
- 코칭 고객은 코치에게 누구를 떠올리게 하는가?

- 고객이 자신의 문제를 제기하거나 이야기했을 때 코치의 내부에서 어떤 일이 발생했는가?
- 고객에게 필요한 자원을 어떻게 확보할 수 있는가?
- 코치에게 필요한 자원을 어떻게 확보할 수 있는가?
- 특별히 우려되거나 도전적인 경험은 무엇인가?
- 코칭이 전반적으로 어떻게 발전하고 있는가?
- 코치에게 현재 일과 삶의 균형은 어떠한가?
- 학습은 어디에서 일어나고 있는가?
- 어떻게 하면 학습이 더 일어나고 배우고 개발될 수 있도록 지원할 수 있겠는가?

모드 5(코치와 슈퍼비전 관계)는 이중 매트릭스의 두 번째 부분인 코치와 슈퍼바이저 관계로 더 의도적으로 이동한다. 여기에서 슈퍼바이저는 코치가 초기 모드에서 자신의 능력을 개발하는 데 필요한 기술과 자질을 모델링한다. 모드 5는 코치와 슈퍼바이저 간의 실시간 관계에 중점을 두고 있으며, 특히 고객 시스템의 다른 곳에서 진행 중인 일과 평행할 수 있는 이 관계의 측면을 해결하려고 한다. 코치와 슈퍼바이저 관계는 시스템에서 가장 의도적이며 의식적인 부분이라고 할 수 있으며, 따라서 코칭 프로세스를 방해할 수 있는 역동성을 발굴할 기회가 가장 많은 곳이다. 이 수준에서는 슈퍼바이저가 슈퍼비전 관계에서 고객과의 관계에서 무언가가 실행되고 있는 것처럼 보이는 코치의 가능성을 탐색하고 다시 반영할 수 있도록 한다. 모드 5에서 작업한다는 것은 슈퍼비전하는 동안 슈퍼바이저와 슈퍼비전 받는 코치 모두의 의식적인 성찰을 의미한다. 본질적으로 모드 5(및 모드 6)는 슈퍼비전 세션 동안 항상 백그라운드에서 활성화되고 실행되어야 한다. 코치의 주의를 끌 수 있는 병렬 프로세스를 가져오는 것은 슈퍼바이저 역할의 중요한 측면이다. 이 기술은 부드럽고 친밀한 방식으로 코치의 인식을 높이는 것이다. 모드 5에서의 가능한 질문을 살펴보면 다음과 같다.

- 코칭 성찰에 도움이 되고 있는가?
- 오늘 우리는 어떻게 함께 일하고 있는가?
- 오늘 우리가 어떻게 일했는지 그리고 해 왔는지에 대한 어떤 생각/느낌이 있는가?
- 기존의 틀에서 벗어나야 할 것이 있다면 무엇인가?
- 우리가 함께 일하며 드는 느낌이나 생각은 무엇인가?
- 알아차린 고객과의 관계가 지금-여기 우리 관계에 어떻게 나타나고 있는가?
- 코치는 어떤 코치가 되고 싶은가?
- 코치 자신을 한 문장으로 정의한다면 무엇인가?
- 무엇이 가장 유용했는가?
- 무엇이 방해되었는가?
- 다음에 무엇을 더 개선하겠는가?

모드 6(슈퍼바이저)은 슈퍼바이저 자신의 프로세스에 초점을 맞춘다. 슈퍼바이저는 모드 5에서 코치와의 관계에서 자신의 생각, 감정 및 감각에 주의를 기울인다. 모두 6에서는 어떻게 그 관계가 슈퍼바이저 내면의 경험으로 들어갈 수 있는지, 그리고 그러한 경험을 어떻게 사용할지에 집중한다. 슈퍼바이저는 고객, 코치 또는 더 넓은 고객 시스템과 관련된 무언가를 반영할 수 있는 내부 장애를 인식하는 능력을 개발한다. 모드 6에서의 가능한 질문은 다음과 같다.

- 말하는 것을 들으면서 지금 나는 _____를 느낀다. 이에 대해 당신은 어떻게 생각하는가?

• 나는 지금 슈퍼바이저로서 당신에게 어떤 기여를 하고 있는가?

모드 7(더 넓은 맥락)은 더 넓은 시스템에는 코칭이 발생하는 맥락적 장이 포함된다. 코치와 슈퍼바이저, 그리고 그들의 관계는 고용주, 전문 기관 등을 포함하여 그들에게 연결된 광범위한 이해 관계자와 마찬가지로 더 넓은 시스템에 포함된다. 슈퍼바이저의 역할은 코치가 코칭 과정에서 더 넓은 시스템의 영향을 이해하도록 지원하고 시스템의 다른 부분에서 나온 자료가 코칭 또는 슈퍼비전 관계에서 나타날 수 있는 경우에 주의를 기울이도록 돕는 것이다. 코치가 가장 도움이 되는 방식으로 고객과 함께 작업하고 피드백을 제공하도록 지원한다. 모드 7에서의 가능한 질문은 다음과 같다.

• 어떤 것이 도움이 되었는가?
• 다음 코칭에서 추가하고 싶은 것이 있다면 무엇인가?
• 지금 사회적 · 경제적 상황이 당신의 코칭에 주는 영향은 무엇인가?
• 코칭 과정에서 이해당사자들은 어떻게 연결되어 있는가?
• 이 관계에서 작동하고 있는 압력은 어떤 것이 있는가?
• 더 넓은 맥락에서 볼 때 필요한 전환은 무엇인가?
• 어떤 변화가 일어나야 하는가?

7. 코칭 슈퍼비전 평가

Peter Hawkins의 '7개의 눈 모델'은 코칭 슈퍼비전의 주요 모델 중 하나로, 코치와 고객의 관계, 코칭 과정, 슈퍼비전 관계 등을 다각적으로 탐구하며 코치의 역량을 개발하는 데 중점을 두고 있다. 이 모델은 코치와 슈퍼바이저 간의 관계뿐만 아니라 코칭 프로세스의 다양한 측면을 성찰할 수 있는 구조를 제공하고 있다.

코칭 슈퍼비전은 코치의 전문성을 유지하고 강화하는 데 필수적인 과정으로, 코칭의 질을 높이고 코칭 산업의 신뢰성을 유지하는 데 중요한 역할을 할 것이다. 코칭 슈퍼비전을 통해 코치는 자신의 코칭 경험을 성찰하고, 지속적으로 성장할 수 있는 기회를 얻게 된다.

코칭 슈퍼비전은 코칭 전문가가 되기 위해 중요한 요소가 되었다. 국내에서는 코치 더 코치, 멘토 코칭 두 가지로 통용하고 있는데, 현재로는 코칭 슈퍼비전 개념과 명확하게 구분되고 있지 않은 실정이다(김용구, 2014). 향후 코치의 전문성 강화 및 코칭의 효과성을 높이기 위해 코칭 슈퍼비전에 대한 이론적 연구 및 실증적 연구가 필요하다. 이를 위하여 다음과 같은 연구를 제안하고자 한다.

첫째, 코칭 슈퍼비전의 구성 요소에 대한 연구가 필요하다.

둘째, 코칭 슈퍼비전을 체계화하고 수행할 수 있는 코칭 슈퍼비전 모델에 대한 연구가 필요하다.

셋째, 코칭 슈퍼비전을 수행한 결과에 대한 실증적 연구를 통하여 코칭 슈퍼비전의 효과성에 관한 연구가 필요하다.

성찰(insight)을 더하기 위한 질문 ──────────────────────────

1. 슈퍼바이저로 코칭 슈퍼비전을 실행하고 무엇을 느꼈는가?

2. 슈퍼바이저로부터 코칭 슈퍼비전을 받고 무엇을 느꼈는가?

3. 고객과의 관계에 대해 생각할 때, 어떤 감정이 떠오르는가?

4. 고객의 이슈를 다룰 때, 나는 어떤 가정을 하고 있는가? 이 가정이 나의 개입에 어떻게 영향을 미쳤는가?

5. 최근 코칭 세션에서 가장 어려웠던 순간은 무엇이었으며, 그 상황에서 코치로서 내가 선택한 접근 방식에 대해 어떻게 생각하는가?

참고문헌

김용구(2014). 코칭 슈퍼비전의 슈퍼바이지 만족도 결정요인 연구. 서울벤처대학원 대학교 박사학위논문.

김용구, 최명신(2014). 코칭 슈퍼비전에 있어 슈퍼바이지의 만족도에 영향을 미치는 요인에 관한 실증연구. 한국산학기술학회논문지, 15(10), 6102-6113.

송기원(2020). 코칭의 방법과 실체. 고려사이버대학교.

Bachirova, T., Jackson, P. & Clutterbuck, D. (Eds.). (2011). *Coaching and mentoring, supervision: Theory and practice*. Open University Press.

Bluckert, P. (2006). *Psychological dimensions of executive coaching*. McGraw-Hill Education (UK).

Butwell, J. (2006). Group supervision for coaches: Is it worthwhile? A study of the process in a major professional organization. *International Journal of Evidence Based Coaching and Mentoring, 4*(2), 43-53. Retrieved from http://ijebcm.brookes.ac.uk/ documents/vol04issue2-paper-03.pdf

Carr, R. (2008). Coach referral services: Do they work? *International Journal of Evidence Based Coaching and Mentoring, 6*(2), 114-118. [Para 1, check source]

Connor, M., & Pokora, J. (2017). *Coaching and mentoring at work: Developing effective practice*. McGraw-Hill Education (UK).

Coutu, D., Kauffman, C., & Charan, R. (2009). What can coaches do for you? *Harvard Business Review, 87*(1), 91-97.

Cox, E., Clutterbuck, D. A., & Bachkirova, T. (2024). 코칭 핸드북(3판). 박준성, 강윤희, 김덕용, 문광수, 소용준, 윤상연, 이재희, 이홍주, 조유용, 허성호 역. 학지사. (원저는 2023년에 출판).

Gilley, J. W. (2000). Manager as learning champion. *Performance Improvement Quarterly, 13*, 106-121.

Goodyear, R. K., & Guzzardo, C. R. (2000). Psychotherapy supervision and training. In S. Brown & R. W. Lent (Eds.), *Handbook of counseling psychology*

(3rd ed., pp. 83-108). Wiley.

Grant, A. M. (2006). A personal perspective on professional coaching and the development of coaching psychology. *International Coaching Psychology Review, 1*(1), 12-22.

Grant, A. M. (2012). Australian coaches' views on coaching supervision: A study with implications for Australian coach education, training and practice. *International Journal of Evidence Based Coaching and Mentoring, 12*(2), 17-33.

Hardin, K., & Gehlert, K. M. (2019). Developing the ability to self-manage in coaching supervision. *The Coaching Psychologist, 15*(2), 22-29.

Hart, G. M. (1982). *The process of clinical supervision.* University Park Press.

Hawkins, P. (1985). Humanistic psychotherapy supervision: A conceptual framework. Self & Society, *European Journal of Humanistic, 13*(2), 69-76.

Hawkins, P., & McMahon, A. (2020). 수퍼비전: 조력 전문가를 위한 일곱 눈 모델. 이신앵, 김상복 역. 한국코칭슈퍼비전아카데미. (원저는 2004년에 출판).

Hawkins, P., & Shohet, R. (2000). *Supervision in the helping professions.* Open University Press.

Hawkins, P., & Smith, N. (2007). *Coaching, mentoring and organizational consultancy: Supervision and development* (1st ed.). Open University Press.

Hawkins, P., & Smith, N. (2013). *Coaching, mentoring and organizational consultancy: Supervision, skills & development* (2nd ed.). McGraw-Hill/OUP.

Hawkins, P., & Smith, N. (2018). 코칭, 멘토링, 컨설팅에 대한 슈퍼비전. 고현숙 역. 피와이메이트. (원저는 2016년에 출판).

International Coaching Federation (ICF). (2014). ICF code of ethics and core competencies. Retrieved from https://coachingfederation.org

International Coaching Federation (ICF). (2016). The case for coaching. Retrieved from https://assets.henley.ac.uk/defaultUploads/Case-for-coaching.pdf

Kemp, T. (2008). Self-management and the coaching relationship: Exploring coaching impact beyond models and methods. *International Coaching Psychology Review, 3*(1), 32-42.

Ladany, N., & Bradley, L. J. (2013). 상담 수퍼비전(pp. 18-23, 433-453). 유영권, 안유숙, 이정선, 은인애, 류경숙, 최주희 역. 학지사. (원저는 2010년에 출판).

Lane, D. A. (2017). Trends in development of coaches (education and training): Is it valid, is it rigorous and is it relevant. *The SAGE handbook of coaching*, 647-661.

Law, H. C. (2013). *The psychology of coaching, mentoring and learning* (2nd ed.). John Wiley & Sons.

Lawrence, P., & Whyte, A. (2014). What is coaching supervision and is it important? *Coaching: An International Journal of Theory, Research and Practice, 7*(1), 39-55. doi:10.1080/17521882.2013.8 78370

McAnally, K., Abrams, L., Asmus, M., & Hildebrandt, T. (2019). *Coaching supervision: Global perspectives and practices*. European Mentoring and Coaching Council.

Merriam-Webster (1996). *Merriam-Webster's collegiate dictionary* (10th ed.). Merriam-Webster Inc.

Passmore, J. (2019). 마스터코치의 10가지 중심이론. 김선숙, 김윤하, 박지홍, 송화재, 윤지영, 이민정, 이신애, 이윤주, 이은자, 정유리, 정윤숙, 최희승 역. 한국코칭슈퍼비전아카데미. (원저는 2014년에 출판).

Smith, C. L. (2021). ABCD map: A personal construct approach to coaching supervision. *International Journal of Evidence Based Coaching & Mentoring, 19*(1), 61-73.

Starcevich, M. M. (2009). Characteristics of the most effective mentors. Center of Coaching and Mentoring Egyesület hivatalos kiadványa. http://www.coachingandmentoring.com/CharacteristicsOfMostEffectiveMentor.htm

Thomson, B. (2011). Non-directive supervision of coaching. In J. Passmore (Ed.), Supervision in coaching: Supervision. *Ethics and continuous professional development* (pp. 99-116). Kogan Page.

Zenger, J. H., & Stinnett, K. (2006). Leadership coaching: Developing effective executives. *Chief Learning Officer, 5*(7), 44-47.

코칭학

미래

제15장 코칭학의 지속가능성과 미래

제5부 '코칭학 미래'에서는 코칭학의 미래에 대하여 살펴보고자 한다.
이를 위해 마지막 장으로 제15장 '코칭학의 지속가능성과 미래'로 정하였다. 코칭학의 현재
및 미래를 살펴보는 것은 언제나 중요한 부분이다. 코칭학의 지속가능성이 코칭 실무자 및
코칭학 연구자 모두에게 놓쳐서는 안 되는 코칭 존재의 화두이다. 이와 관련해서 마지막 제
15장에서 살펴보고자 한다.

제15장

코칭학의 지속가능성과 미래

"우리가 물려받은 세상은 빌려온 것이지 소유한 것이 아니다."

레오나르도 다빈치(Leonardo da Vinci)

1. 코칭학의 지속가능성

코칭학 구축에 대한 논의가 점차 성숙한 단계로 나아감에 따라 '**지속가능성**(sustainability)' 개념을 코칭 연구에 도입하려는 시도가 생겨났다. 지속가능성 개념은 넓은 의미에서 다양한 환경문제와 사회경제적 목표를 조화시키려는 개념으로 2015년 UN이 경제발전, 환경, 평화와 안보 등을 주요 의제로 채택하며 새롭게 제시한 '2030 지속가능 발전 의제(2030 Agenda for Sustainable Development)'에 따라 더욱 중요하게 논의되고 있다(노희정, 2021). 이에 김유천(2019)은 지속가능성을 "환경의 변화에 상관없이 지속적으로 존재할 수 있는 상태 또는 능력으로, 일정한 조건하에서 현실적으로 될 수 있는 것"으로 정의하고 관리자 코칭에서의 지속가능성에 대해 논했다. 또한 조성진(2022)은 코칭의 성격을 규정하며 코칭의 지속가능성이란 "협의의 의미에서 코칭 효과의 지속성을 말하며 광의로는 코칭이 개인 차원을 넘어 집단 조직에 강한 성과와 영향을 끼치고 나아가 사회 전반적으로 그것이 점점 커지고 넓어져 의미 있는 영향력을 미치는 것을 말한다." 라고 정의했다. 코칭의 지속가능성 논의는 급변하는 산업 환경의 변화 속에서 코칭 산업 역시 환경 및 윤리적 문제를 고려하고 모든 이해 관계자에게 이익이 되는 지속가능한 상생이 필요하다는 국제적 견해의 흐름이 반영된 결과로 볼 수 있다(Passmore & Evans-Krimme, 2021).

지속가능성이란 환경의 변화에 상관없이 지속적으로 존재할 수 있는 상태 또는 능력으로 일정한 조건하에서 현실적으로 될 수 있는 것이라 할 수 있는데 이와 관련하여 코칭이 지속적으로 성장 발전할 수 있었던 것은 코칭이 개인과 조직의 성과를 최대화시킬 수 있는 잠재력을 일깨워 주기 때문이다.

최근의 코칭학 및 코칭 시장은 지속적으로 성장하고 있다. 코칭 산업에서 창출되는 수익의 대부분은 실제로 코치가 코칭을 하면서 이루어지기보다는 상업적인 코치 훈련 기관에 의해서 만들어지고 있다. 코칭 산업이 코치 양성에만 초점을 맞춘다면 성장에 분명히 한계가 될 것이다. 코칭 산업이 지속가능하기 위해서 다양한 분야와 연계가 필요하다. 한편 고객들은 코칭 시장이 발전할수록 코치들의 더 높은 기준과 역량을 요구하고 있다. 이러한 상황에서 코칭학의 지속적인 성장과 발전은 더욱 필요하다.

2. 코칭학의 지속가능성 조건

1) 지속가능한 코칭학 연구

코칭학이 지속가능하려면, 코칭 관련된 지속적인 연구를 통한 코칭 관련

이론을 갖추고, 코칭 과정에서의 효과성을 높일 수 있는 방안 탐색을 하여야 한다. 지금까지 코칭 연구는 대부분 코칭 효과에 대한 연구가 주를 이루었다면, 이제는 코칭 과정의 진행과정, 즉 블랙박스와 같은 코칭 과정에 대한 연구가 필요하다. 최근의 코칭 연구들은 연구 주제가 '코칭이 효과적이라는 것을 증명하기 위한 것'에서부터 '코칭 과정의 본질과 복잡성을 다루는 깊이 있는 연구'로 바뀌고 있다. 이러한 경향에는 코칭 관계의 형성과 역동적인 측면, 고객에 영향을 미치는 다양한 요소들의 상관관계, 코치와 코칭과의 다양한 맥락, 그리고 조직과 사회에서 코칭의 목표 등 다양하고 폭넓은 주제를 다루고 있다(Palmer & Whybrow, 2006). 근거와 이론에 기반한 코칭 관련 대학원이 증가하고 있다(김유천, 2020). 대부분 심리학과, 교육대학원 또는 경영대학원 소속이다. 계속해서 대학 및 대학원에서 코칭 관련학과가 개설되는 것은 코칭 산업의 질 및 코칭의 효과성에도 기여할 것이다. 또한 코칭을 실행하는 코치의 전문성 개발을 위한 노력이 지속되어야 한다. 이와 더불어 코칭 환경, 코칭 문화, 코칭 사회 등 다양한 측면에서 코칭의 적용 및 효과에 대한 지속적인 연구 및 현장에서의 적용을 보여 주어야 한다.

2) 지속가능한 코칭 및 코치 되기

코치는 더 나은 질문 능력 및 경청 능력을 개발하는 것도 필요하지만 코칭 고객이 더 성장하고 행복할 수 있도록 하는 것에 초점을 두어야 한다.

코칭은 코치이의 이슈와 관련된 상황적 요소뿐만 아니라 코치이의 행동, 태도 및 보이지 않는 잠재성에도 민감해야 한다. 코칭은 코치이가 자신의 정체성을 찾아갈 수 있도록 도와주는 것이어야 하며, 기존의 관계 또는 해 오던 일에 코치이가 맞추어 적응하도록 하는 것은 아니다. 이와 관련하여 코칭 과정에 대한 연구가 필요하다.

코칭이 지속가능하려면 코치가 지속가능한 역량을 갖추어야 한다. 이미 코칭 역량에 대해서는 제6장 '코칭 지능, 코칭 역량 및 코칭 실행'에서 살펴보았으며, 여기서는 지속가능한 코칭 및 코치에 필요한 것을 살펴보고자 한다.

(1) 자기인식

코치는 우선 자기인식을 해야 한다. 자기인식은 자신의 가치, 편향, 성격, 행동 등에 대하여 인식하는 것이다. 코치는 지속적으로 자신의 가치 및 문화적 가정 및 편향성을 성찰하고, 이러한 것이 코치이와의 관계에서 어떻게 반영될 수 있는지 살펴보아야 한다.

(2) 코칭 지능 및 코칭 역량 개발

코치는 이미 언급한 코칭 지능 개발(제6장 참조)을 우선적으로 살펴볼 필요가 있으며, 코치로서 코칭 역량 개발을 우선적 자기 개발 사항으로 여기고 지속적 개발 활동을 해야 한다.

(3) 새로운 주제의 탐색

코치는 급변하는 사회 변화에 맞추어 코칭 관련 새로운 주제의 확장이 필요하다(Carsten et al., 2021). 라이프 코칭, 조직 혁신 및 코칭 관련된 컨설팅 서비스 등이 있을 수 있다. 업무 환경이 복잡해지면서 코칭의 주제는 더욱 다양해졌지만, 코치들이 이러한 새로운 주제에 어떻게 대비해야 하는지 준비가 부족하다. 또한 미래의 코치 교육 기관인 대학이 어떻게 될 것인지에 대한 고민과 준비가 필요하다. 코치 교육은 코치가 다른 분야와 얽혀 있는 업무에 더 잘 대비하고 고객을 위해 발생하는 새로운 코칭 주제를 이해하는 데 도움이 될 것이다. 또한 코치가 라이프 코칭을 수행하려면 심리학에 대한 교육을 잘 받는 것 역시 중요하다(Carsten et al., 2021).

(4) 통합적 접근

Collins(2008)는 상담자가 때로는 코치 역할을 하며, 코치가 가끔은 상담자의 역할을 하고 있다고 한다. 상담에서는 상담자가 내담자의 내면의 문제 해결을 넘어서 자기 성장을 이루고자 목표한다면 '코칭적 상담'을 할 수 있다. 또한 코칭에서도 고객의 과거 이슈를 다루면서 단기적 해결을 원한다면 '상담적 코칭'을 할 수 있다. 이것이 긍정적인 변화, 회복, 성장을 향한 상담과 코칭의 통합적인 접근이다(유재성, 2009; 김규리, 2020).

(5) 자신만의 코칭 프로세스 및 코칭 프로그램

코치는 전문코치로서 자신만의 코칭 프로세스 및 코칭 프로그램을 갖는 것이 필요하다. 자신의 코칭모델을 구축하는 것이다. 우선 자신만의 코칭 실천을 위한 철학을 살펴볼 필요가 있다. 코칭의 주요 목적이 무엇인지 결정하고, 코칭 과정을 코칭 철학 및 코칭 목적에 맞게 정렬할 필요가 있다. 이렇게 자신만의 코칭 모델을 구축하고 지속적으로 보완 및 발전시킨다면 지속가능한 코치가 될 수 있다.

3. 코칭학의 미래

1) 학문적 차원

지금까지 코칭에 대한 역사적·학문적 고찰을 하였다. 코칭학 발전을 위한 코칭학의 학문적 차원을 논의하고자 한다. 코칭은 인본주의, 긍정심리학 등을 기반으로 하고 있다. 코치는 코칭의 철학 및 코칭의 기본에 충실할 수 있도록 해야 한다. 코칭 전문가들은 지속적으로 사람과 사람, 사람과 사물, 개인과 공동체의 관계에서 융합적 역량을 강화해 나갈 수 있어야 한다(최정현, 2018).

코칭의 역사와 코칭 철학을 탐구하는 것은 코칭학의 정체성을 강화하기 위하여 가장 중요하며 필요하다. 몇 개 학문을 제외하고는 근본적 학문으로 출발한 학문은 많지 않다. 코칭학도 예외는 아니다. 따라서 코칭학의 정체성을 강화하기 위해서는 코칭의 근본적인 역사와 철학에 대한 탐구와 더불어 코칭의 인접 학문과 융합 및 연계성을 탐구하는 것이 필요하다. 코칭은 그동안 나름대로의 코칭 접근법 및 경험적 연구 결과를 이루어 왔다. 이제는 코칭학의 정체성 및 연계성에 대해 논의를 하는 것은 코칭 실무자 및 코칭 연구자의 과제이기도 하다. 코칭학과 연결되는 인접학문으로는 뇌과학, 심리학, 상담학, 인지과학, 가족학, 복지학, 경영학, 인류학, 언어학, 신경과학, 교육학 등이 있는데, 코칭학은 이들 다양한 분야의 학문들과 깊이 연관되어 있다(선종욱, 2009; 길영환, 2011)

한국 코칭학의 성장을 위해서는 학계의 다각적인 코칭 연구가 요구된다(도미향, 이정은, 2020). 코칭의 확산은 대학에서의 코칭학 전공 교육 및 전문 인력 양성의 필요성을 높이고 있고, 이로 인해 국내의 여러 대학에서 코칭 교육과정이 교과목으로 개설되거나 대학원 석사, 박사과정의 코칭 전공 개설이 확대되고 있다(도미향, 정은미, 2012; 구자군, 도미향, 2018). 대학에서의 코칭전공 개설의 활성화를 위해서는 다양한 관련 학문 분야와의 교류를 통해 융복합적 접근이 필요하다(도미향, 이정은, 2020). 여러 학문에서 축적된 다양한 이론과 지식 및 경험을 바탕으로 한 학제적 접근(interdisciplinary approach)이 코칭 연구에서 필요하다(조성진, 정이수, 2018). 예를 들어, 인문학에서 시작하여 사회과학분야로까지 폭넓게 적용되고 있는 내러티브 연구가 코칭에도 본격적으로 접목되고 있는 것은 새로운 가치를 창조하기 위한 학문의 융합이라는 관점에서 의미 있는 시도라 할 수 있다(윤형식, 도미향, 2016).

코칭학의 융합학문적 특징을 가장 잘 보여 주는 것은 단연 심리학과 코

칭학의 밀접한 연관관계에 대한 논의들이다. 인본주의 심리학과 긍정심리
학의 발전이 코칭학의 학제 접근의 씨앗이 되었다고도 볼 수 있기 때문이
다(길영환, 2011). 코칭 연구 결과물이 급증하는 상황에서 코칭 연구에 대
한 동향분석(trend analysis)뿐만 아니라, 코칭 효과를 양적으로 분석으로 하
는 메타 연구(meta research)와 같은 연구의 전체적인 흐름과 통합적 결론
을 제시할 수 있는 연구가 필요하다(조성진, 정이수, 2018). 메타분석은 기존
연구물들의 결과가 하나의 방향으로 수렴되지 않고, 서로 상반되어 하나로
통합되지 않을 때 기존 연구물을 연구대상으로 하여 통계적으로 종합하는
연구통합(research synthesis)의 기법이라고 할 수 있다(오성삼, 1995; 이희숙,
2011; 김유천, 신인수, 2021). 메타분석은 통계적 방법을 적용하여 기존 중재
연구들의 결과를 과학적으로 종합하고 효과성을 검증하여 객관적인 결과
를 도출하는 분석 방법이다(Borenstein, Hedges, Higgins, & Rothstein, 2009,
김유천, 신인수, 2021). 저자는 대학생 진로 · 커리어 코칭 프로그램의 효과
성에 관한 메타분석(김유천, 신인수, 2021) 및 관리자 코칭에 관한 메타분석
(김유천, 2022) 연구를 하였다. 향후 지금까지의 코칭 연구를 종합하고 새로
운 논의를 할 수 있는 코칭 연구 관련된 메타 연구가 더욱 필요하다.

종합학문으로 코칭학

코칭학은 종합학문이다. 코칭은 철학, 심리학, 사회과학, 교육학 등 다양
한 학문과 관련되어 있고, 이들 학문을 통하여 발전되어 왔다. 따라서 코칭
은 융합학문이기도 하지만 종합학문이라고 할 수 있다. 코칭은 여러 학문
의 기반 위에서 만들어졌고, 코칭의 실행은 종합적으로 이루어질 때 원하
는 효과를 볼 수 있다. 이제는 코칭학을 [그림 15–1]과 같이 종합학문이라
고 하고자 한다.

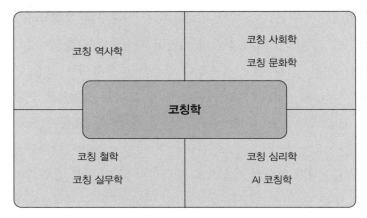

[그림 15-1] 종합학문: 코칭학

코칭을 사회현상(movement)로 본다면 필요에 의해서 자연 발생적으로 생성된 측면도 있다. 그런 의미에서 코칭학은 종합학문이라고 할 수 있다. Williams는 라이프 코칭을 전인적 관점에서 예술과 과학(Williams & Menendez, 2023)의 관점에서 바라볼 것을 권하고 있는데, 코칭학이 바로 예술과 과학을 포괄하는 종합학문인 것이다. 이 책에서 최초로 코칭 사회학, 코칭 문화학, 코칭 실무학, AI 코칭학을 제안하고자 한다. 세부 내용은 다음과 같다.

2) 사회적 차원

사회 문제와 연관된 연구 대상의 다각화가 필요하다. 코칭의 연구 대상에 대해서는 기업 관련 구성원을 대상으로 한 연구의 비중이 높았다는 점, 사회 문제와 관련된 연구 대상을 선정한 연구가 게재되기 시작되었다는 점, 노인을 대상으로 한 연구가 미비했다는 점 등이 보고되었다. 이에 코칭학의 연구 대상이 기업 구성원뿐만 아니라 사회 전반으로 확대될 필요성이 있다. 이는 코칭학이 사회적 이슈가 되는 대상을 연구 대상으로 적극적으로 포섭함으로써 고립된 학문이 아닌 사회와 소통하는 학문이 되기 위한 필수적 과정으로 보인다. 이런 맥락에서 윤형식과 도미향(2016)은 사회구조의 변동 속에서 퇴직 후의 삶의 문제가 앞으로 중요하게 다뤄질 것임을 논하고 코칭학이 이 주제에 관심을 가져야 한다고 피력하였다. 최근 수행된 코칭 관련 연구 중 중년 직장인들의 퇴직 이후 사회참여에 관한 인식 연구(임연제, 김유천, 2023)는 이러한 경향을 반영한 연구 결과라고 볼 수 있다. 이러한 시도들은 사회적 이슈에 민감하게 대응하여 코칭 프로그램을 개발하고 수행할 수 있는 기반이 된다는 점에서 앞으로 코칭의 활성화에 주요한 역할을 할 수 있을 것으로 사료된다.

지금 우리의 환경은 지속적으로 변화하고 있다. 이러한 변화는 미래에 대한 불확실성도 증가시키고 있다. 지속적인 변화와 미래에 대한 불확실성은 지금 우리 모두가 직면하고 있다. 최근의 사회 변화 속도는 예측과 대처가 어려운 상황이다. 변화는 개인과 조직 및 사회 전체에 커다란 도전 과제를 제시하며 새로운 적응을 요구하고 있다(도미향, 정은미, 2012). 2020년 상반기 전 세계에 엄청난 영향을 준 코로나 사태로 인한 사회, 경제적 변화는 모든 사람들이 변화를 어떻게 바라보아야 하는가에 관한 질문을 던지고 있다. 급변하는 변화 및 불확실성에서 코칭 및 코칭학에 대한 정체성을 다시 확인하고 미래의 지속가능한 발전을 모색하는 것은 매우 중요한다.

21세기 도전을 극복하려면 변화된 상황에 맞게 진화해야 한다. 코칭이 바로 변화의 방법이다(Whitmore, 2017). 코칭은 단순히 개인 간의 관계뿐만 아니라, 코칭 관계를 둘러싸고 있는 사회적 맥락에 대한 탐구 역시 필요하다. 개인이 가지고 있는 강점은 사회적 맥락에 따라 강점으로 발휘될 수도 있지만, 발휘될 수 없기도 하다. Shoukry와 Cox(2018)는 코칭 프로세스에 있어서 사회적 맥락(social context) 또한 중요함을 강조하고 있다. 이제는 코칭도 개인 및 조직에서의 코칭 관계뿐만 아니라 사회적 맥락에서의 코칭까지도 고려해야 할 것이다.

관련하여 사회 심리학적 접근법(social psychological perspectives)이 최근 코칭 연구에서 주목받고 있는 이유이기도 하다. 심리학은 효과적 코칭 과정 및 결과를 가져오는 이론일 뿐 아니라 상호관계에 초점을 맞춘 인간관계에서 중요한 역할을 하고 있다(Passmore & Lai, 2019).

코칭 사회학

급속하게 변해 가는 인구, 사회 구조변화와 그에 따라 발생하는 코칭에 대한 다양한 사회적 요구를 더해 더욱 폭넓게 대응하는 것은 앞으로 코칭학이 감당해야 할 책무이자 역할이다(윤형식, 도미향, 2016). 인구가 저출산 고령화라는 현상으로 나타나고 있다. 이러한 인구 변화도 코칭에 영향을 주는 요소가 된다. 또한 각 세대 간의 간극은 더욱 벌어지고 있다. 2000년 이후 출생자와 그 이전 세대는 확연히 구별되고 있다. 이러한 인구, 사회 구조변화에서 코칭이 어떻게 대응해야 하는가는 중요하다.

앞으로 코칭이 더욱 발전하기 위해서는 코칭을 사회현상으로 자리매김하는 것이 필요하다. Brock(2012) 역시 코칭은 종합적인 전문 분야일 뿐 아니라 사회현상이라고 하였다. 코칭을 개인 및 조직에서 도움이 되는 커뮤니케이션 및 리더십을 발휘하는 실천 차원에서 벗어나 거대한 사회현상으로 인식하고 바라볼 필요가 있다. 코칭을 코칭 사회학 학문의 관점에서 다시 들여다볼 필요가 있다. 코칭을 직업 이상으로 자리매김할 필요가 있다. 코치로서 코칭학에 대한 크고 강력한 질문을 던지는 것이 코칭을 배우고 실천하는 우리의 책무이기도 하다.

3) 문화적 차원

현대 사회는 개인 및 관계의 복잡성으로 인하여 개인 및 조직이 더욱 성장 발전하는 데 많은 어려움이 있다. 코칭의 철학 및 역사적 고찰을 통하여 살펴본 바와 같이, 코칭은 단순한 대화 기술(skill)이 아님을 알게 되었다. 코칭은 개인의 성장 및 발전을 도와주는 지속적인 과정이다. 코칭은 개인 및 관계의 복잡성 해결을 위한 기본 문화가 될 것이다. 문화는 보편적으로 한 사회의 주요한 행동 양식이나 상징 체계를 말한다.

코칭 문화(coaching culture)는 코칭이 기반이 되는 것이다. 이제는 코칭 문화가 개인, 사회 및 조직에서 기본이 될 것이다. 코칭은 변화를 가능하게 하며, 코칭 문화는 고성과를 낼 수 있는 조건을 형성하게 한다. 기업이 어떻게 직원들을 유지하고, 관리하고, 동기부여할 것인가에 대한 접근 방법으로 기업 및 리더가 코칭 문화를 통하여 조직의 근본적인 변화 및 리더의 행동 변화가 요구된다. 기업의 비난의 문화를 청산해야 한다(Whitmore, 2017).

코칭은 향후 미래의 지배적인 가치관이 될 것이며, 글로벌 문화로 여겨지게 될 것이다. 심리학에 이어 코칭학이 등장하면서 코칭이 오늘을 살아가는 현대인들의 삶에서 공기와 같은 역할을 할 것이다. 코칭은 밈(meme)의 요소로 발전하면서 개인 및 관계의 복잡성을 해결하는 데 기본이 될 것이다.

밈은 유전자처럼 개체의 기억에 저장되거나 다른 개체의 기억으로 복제될 수 있는 비유전적 문화요소 또는 문화의 전달단위로 영국의 생물학자 Dawkins의 저서 『이기적 유전자(The Selfish Gene)』에서 소개된 용어이다. 문화의 전달에도 유전자처럼 복제역할을 하는 중간 매개물이 필요한데 이 역할을 하는 정보의 단위·양식·유형·요소가 밈으로 모든 문화현상들이 밈의 범위 안에 들어가며 한 사람의 선행 혹은 악행이 여러 명에게 전달되어 영향을 미치는 것도 밈의 한 예라 할 수 있으며, 밈은 생물학적 유전자가 개체에 영향을 주듯 문화심리에 영향을 주는 요소를 말한다.

코칭 문화학

코칭은 포스트모던 시대에 '호스트' 또는 선구자를 통해 전달된 일련의 문화 정보인 '밈'으로 불렸다. 코칭을 창안하고 전파한 사람들은 다양한데, 어떤 사람은 원조자 역할을 하고 어떤 사람은 전달자 역할을 했다. 창시자란 원래 다른 원칙을 위해 개발했더라도 주요 이론을 만든 사람을 말한다. 반면에 전달자는 기본적으로 이론과 모델을 종합하고 코칭을 점진적으로 발전시켜 현재의 코칭으로 만든 최초의 코치들이다. 그들은 모델과 개념을 맞춤화하여 코칭이 별도의 분야로 등장하도록 이끌었다(Brock, 2012). 코칭은 사회 경제 및 비즈니스 환경을 바꾼 밈이기도 하다.

코칭 문화와 관련하여 향후 이에 대한 연구 및 발전을 위하여 코칭 문화학이 필요하다. 문화학은 문화의 실질적 및 상징적 측면을 연구하는 학제 간 학문 분야이다. 이를 바탕으로 '코칭 문화학'을 정의한다면 코칭 문화의 실질적·상징적 측면을 연구하는 학제 간 학문 분야라 할 수 있다.

4) 직업적 차원

코칭 직업에 대한 정체성 논의는 지금까지 지속되어 왔으며, 앞으로도 당분간 지속될 듯하다. Brock(2008)은 그의 저서 『코칭 역사』에서 코칭의 출현을 촉진시킨 것은 Patrick Williams가 말한 '현대사회에서의 경청 부족과 사람들 간의 의미 있는 관계의 단절'이었다고 한다. 코칭은 20세기 전환기부터 일어난 자기계발에 대한 가장 훌륭한 파생물이었다. 코칭은 짧지만 놀라운 역사를 통해 충분히 관심 갖고 투자할 만한 것이라고 하였다. 전문코칭이 여러 학문 분야에 걸쳐 있다. 이러한 것은 전문코치의 출신을 살펴보면 알 수 있다. 전문코치를 대상으로한 연구(Grant & Zackon, 2004)에 의하면, 코치들은 과거에 컨설턴트(40.8%), 임원(30.8%), 경영자(30.2%), 교사(15.7%), 일선 관리자(13.8%) 등 다양한 분야에서 일하였음을 알 수 있다.

일반적으로 직업으로 인정되는 핵심적인 특징으로는 '회원이 정규 학력을 보유하고, 시행 가능한 윤리적 강령을 준수하며, 국가에서 승인한 법규를 준수하며, 공통의 지식과 기술을 보유하고, 일정한 자격을 갖춘 회원에게만 자격을 부여하도록 하는 것'이다(Spence, 2007).

한편 Grant와 Cavanagh(2004)는 코칭으로서의 직업과 전문코칭의 구분이 필요함을 강조하였다. 코칭을 자격증에 한정한다면, 코칭에 대한 창조성을 없애고, 확장성을 제한하게 된다는 주장도 있다(Brock, 2012). Brock(2012)은 많은 코치들을 인터뷰한 결과 국제코칭연맹(ICF)이 역량과 윤리를 부각시키는 성과를 보여 주기는 했지만, 이는 오직 그림의 일부일 뿐이라고 하였다. 이는 ICF의 성과를 인정하면서도 코칭 및 코칭학에 대한 연구가 더욱 필요함을 강조하는 것이다.

코칭은 산업(industry)이지 직업(profession)이 아니기 때문에 코치가 되는 것에 대한 진입 장벽이나 규제, 정부 차원의 인증이나 인증 과정에 관한 명확한 권한을 가진 주체가 없다고 한다(Bennett, 2006). 어쩌면 누구나 본인을 '마스터 코치'라고 칭할 수도 있으며, 이러한 '코치 인증'을 주는 코칭 프로그램은 전 세계적으로 다양하게 많다.

코칭 실무학

코칭 직업과 관련하여 코칭 실무자는 전문지식을 어느 정도 갖추고 있어야 하는가? 코칭에서의 전문지식이란 고객에게는 없지만 코치가 가지고 있는 특화되고 전문화된 지식을 말한다. 코칭에서 전문지식의 역할이 어느 정도 되어야 하는지에 대한 견해는 다양하다. Whitmore의 경우에는 '비지시적이며, 고객에게 알려 주지 말고 물어보라'고 하는 비지시적 접근법을 사용한 반면에 Marshall Goldsmith는 정반대의 접근법을 사용하기도 하였다. 중요한 것은 어떠한 접근법이 좋은 것인가에 대한 것보다는 어떤 것이 코칭의 목표 달성에 도움이 되는가이다. 결국 고객이 중심이 되어야 한다. 이를 위해서는 코칭 실무자를 위한 **코칭 실무학**이 향후 필요하다.

코칭의 성공적인 전문성 개발을 위해서는 헌신, 인내 등이 필요하며, 반면에 권력, 통제, 기존 영역을 포기하려는 의지가 필요하다. 코칭에 대한 전문성을 위해 노력하는 것이 필요하지만 전통적인 의미에서 전문직으로 확립하는 데 방해가 되는 여러 장애물이나 조건을 인식하는 것이 필요하다. 즉, 코칭을 전통적인 의미의 직업으로 정립하는 것은 현실적이지 않을 수도 있다. 코칭을 전통적인 직업으로 간주하여 바라본다면 코칭의 미래에 해로울 수도 있다(Lane, Stelter, & Stout-Rostron, 2018).

코칭의 전문화와 관련하여 2007년에 글로벌 코칭 컨벤션(Global Convention on Coaching)이 호주의 Michael Cavanagh, 미국의 Dianne Stober, 영국의 David Lane에 의해 설립되었다. 이들은 10개의 워킹 그룹을 구성하여 코칭의 미래 측면에 대한 백서를 개발하였고, 2008년 7월에 아일랜드 더블린에서 발표하고 토론이 이루어졌다. 이때 발표된 내용이 **더블린 코칭 선언**(Global Coaching Community, 2008)이다. 이를 살펴보는 이유는 코칭 사명을 다시 되돌아보고자 하는 것이다. 더블린 코칭 선언 내용을 간략히 살펴보면 다음과 같다.

더블린 코칭 선언(Dublin Declaration on Coaching)

2008. 7. 11.

우리는 다양한 배경을 가진 코치들이 더블린에 모여 신흥 직업의 현황에 대해 대화를 나누었다.

다양성을 존중하면서 글로벌 결속력과 명확성을 창출하는 것의 가치를 인식하는 우리는 중요한 변화의 시기에 전 세계에서 코칭의 힘의 본질을 포착해야 한다는 긴박감으로 뭉쳤다. 우리가 하는 일의 가치에 대한 깊은 믿음에 기반을 둔 21개국에서 온 70명의 개인들은 우리에게 활력을 주는 직업에 대한 헌신, 이 중요한 발전의 순간을 지켜보려는 관심, 미래에 대한 비전을 발견하고 꿈꾸고 설계하고 전달하려는 열망으로만 정의된다.

12개월간의 국제적인 대화를 통해 250명 이상의 사람들이 10개의 실무 그룹에 참여하여 코칭 분야의 발전을 위한 핵심 영역을 다루었다. 그 결과 최초의 회의인 글로벌 코칭 컨벤션이 개최되었다. 또한 우리는 이 과정이 모델이 될 수 있는 종류의 협업에 대한 열망과 이 새롭고 역동적인 단계에서 우리의 직업을 정의하는 데 일익을 담당하고 싶다는 열망에 직면했다.

우리는 이 새로운 직업이 어느 정도의 일관성과 중요성을 갖게 된 데에는 지속적인 상호 작용과 협력이 있었음을 감사하게 생각한다.

우리는 전문가, 기업, 학계 및 기타 조직을 포함한 더 광범위한 실무자 커뮤니티가 이러한 대화를 계속 추구할 수 있도록 노력할 것을 약속한다.

동시에 우리는 신흥 직업이 직면한 도전과 그 영향력을 분열시킬 수 있는 상충되는 목표, 그리고 자율성을 위협하여 기여할 수 있는 기여를 제한하는 내외부의 통제 움직임에 대해 인식하고 있다.

우리는 코칭 커뮤니티가 함께 모여 스스로를 정의하고 규제해야 하는 지속적인 의무가 그 어느 때보다 절실하다는 것을 확인한다. 따라서 우리 글로벌 코칭 컨벤션 대표단의 글로벌 코칭 커뮤니티를 대표하는 개인과 조직이 다음과 같이 선언한다.

- 공유된 핵심 윤리 강령, 실무 표준 및 교육 지침을 만들어 코칭 직업에 대한 공통의 이해를 확립한다.
- 개인, 조직 및 사회에 새롭고 독특한 가치를 창출하는 다양한 학문의 독특한 종합체로서 코칭의 다학제적 뿌리와 특성을 인정하고 확인한다.
- 코칭을 사용하여 정해진 답이 없는 도전에 직면한 세상에 대응하여 새로운 솔루션이 나타날 수 있는 공간을 조성하기 위해 코칭을 사용한다.
- 10개의 실무 그룹이 지속적인 대화를 통해 파악한 중요한 문제를 해결하기 위해 사적인 이해관계를 넘어 협의한다(Global Coaching Community, 2008).

상기의 선언은 향후 지속적인 협력을 통한 대화를 통해서만 현 상태를 바꾸고 코칭을 보다 엄격한 분야로 발전시킬 수 있다는 것을 보여 주는 선언이었다(Rostron, 2009). 한편 Lane, Stelter와 Stout-Rostron(2018)은 직업으로서 코칭의 미래와 관련하여 코칭이 전문적인 실천 영역이라기보다 지속적인 전문성 개발을 위한 대화 도구로 보아야 한다고 한다. 이러한 의견도 향후 지속적으로 살펴보아야 할 부분이기도 하다.

5) AI 기술 변화적 차원

다른 분야와 마찬가지로 코칭 역시 혁신성 추구가 필요하다. 코칭은 커뮤니케이션 및 기술에 있어서 다양한 형태(web platforms, phone, Skype, e-mail)에 상당히 의존하고 있다. 더불어 장소 및 형태에 있어서도 전통적 방식과 다른 방법을 적용하고 있다. 따라서 코칭 기술 및 방법은 혁신 창출적이라 할 수 있다(Abravanel & Gavin, 2017). 2020년 코로나19로 인하여 불가피하게 비대면 활동이 증가하면서 코칭 역시 온라인 또는 화상 비디오 시스템을 통하여 온라인 대면 코칭으로 상당히 진행되고 있다.

코치들은 디지털 환경에서 더 많은 일을 할 수 있도록 준비하고, 앞으로 다가올 코칭의 미래를 따라잡을 수 있는 방법을 배워야 한다(Carsten et al., 2021).

AI 코칭학

최근 AI 기술의 발전으로 인한 AI를 활용한 코칭이 증가하고 있다. **AI 코칭**은 특히 디지털 시스템 사용과 관련하여 이러한 모든 관련 개념과 일부 개념적 중복을 공유한다. AI 코칭은 디지털 시스템의 사용, 사람의 지도 없이 자율적으로 진행한다는 점, 이전 경험을 바탕으로 한 자기주도적 학습이라는 점에서 관련 코칭 개념과 다르다. 이러한 경험은 고객의 언어, 감

정, 눈 맞춤, 코칭 중 고객의 진행 상황 등 다양한 방식으로 나타날 수 있
다. Graßmann과 Schermuly(2021)에 따르면 AI 코칭은 고객이 전문적인 목
표를 설정하고 이를 효율적으로 달성하기 위한 솔루션을 구축할 수 있도록
지원하는 기계의 도움을 받는 체계적인 프로세스라고 정의할 수 있다. AI
코칭은 사람의 지도 없이 데이터를 기반으로 학습하는 AI의 장점을 활용
하여 코칭 프로세스의 방대한 데이터 세트를 기반으로 학습하여 최적의 도
구와 연습 또는 질문 등을 통해 고객의 목표 달성을 보다 효율적으로 도울
수 있다. 따라서 AI는 하나의 코칭 프로세스에서 다음 코칭 프로세스로 학
습할 뿐만 아니라 같은 고객과 함께 작업하면서 스스로 적응할 수도 있다.

AI 코칭과 유사한 개념으로 온라인 코칭 및 혼합형(blended) 코칭, 셀
프 코칭이 있다. 이와 관련하여 살펴보면, 우선 **온라인 코칭**은 코치와 고
객이 직접 대면하지 않고 전적으로 디지털 커뮤니케이션 채널에만 의존한
다(Poepsel, 2011). **혼합형 코칭**에서는 코치가 전화나 화상 채팅을 사용하
는 등 코칭 과정에 디지털 채널을 부분적으로 도입한다(Geissler et al., 2014;
Jones et al., 2016). 온라인 및 혼합 코칭에서 디지털 시스템은 커뮤니케이
션을 가능하게 하는 기능만을 수행하지만, AI 코칭은 주로 사람의 안내 없
이 작동한다. **셀프 코칭**에서는 고객이 비디오 테이프나 자가 진단 도구를
사용하는 등 스스로 자신의 전문성 개발을 위해 스스로 하는 것이다(Sue-
Chan & Latham, 2004). 최근에 AI를 통한 활용 기능이 발전하면서 비교적
간단한 문제를 AI를 통하여 개인이 스스로 셀프 코칭을 할 수 있게 될 것
이다(Clutterbuck, 2020). 향후 분명히 AI가 주도하는 개입 방식에 코칭에 영
향을 미치고 많은 기회를 창출하게 될 것이다(Lane, Stelter, & Stout-Rostron,
2018). 향후 AI 코칭에 대한 연구가 더욱 필요하다. 이를 '**AI 코칭학**'이라고
할 수 있을 듯하다.

성찰(insight)을 더하기 위한 질문 ━━━━━━━━━━━━━━━━━━━ ● ● ● ●

1. 코칭의 지속가능한 발전을 위해 필요한 핵심 요소는 무엇이며, 이를 위해 현재 코칭 업계와 학계가 집중해야 할 우선 과제는 무엇인가?

2. 코칭 연구 주제가 더욱 다양해지기 위해 어떤 새로운 영역이나 주제가 다루어져야 하는가?

3. 코칭 과정에서 고객의 내면적 체험과 통찰을 연구하기 위해 어떤 연구 방법론이 가장 효과적인가?

4. 급변하는 사회적 맥락에서 코칭이 개인과 조직의 문제를 해결하는 데 중요한 역할을 할 수 있는데, 코칭이 사회적 변화와 어떻게 효과적으로 연계될 수 있는가?

5. AI 기술이 코칭에 미치는 영향이 점점 커지고 있는 상황에서, AI와 코칭의 융합을 통해 기대할 수 있는 혁신적인 변화와 그에 따른 도전 과제는 무엇인가?

참고문헌

구자군, 도미향(2018). 한국의 코칭프로그램현황 및 연구경향분석. **코칭연구**, 11(3), 5-26.

길영환(2011). 코칭의 학문적 정립을 위한 기초 연구. **코칭연구**, 4(2), 57-68.

김규리(2020). 상담과 코칭의 통합적 접근 경험에 관한 현상학적 연구. **코칭연구**, 13(3), 55-77.

김유천(2019). 관리자 코칭에 대한 지속가능성 연구. **아시아상담코칭연구**, 1(1), 1-14.

김유천(2020). 코칭학 성과 및 도전에 관한 탐색적 연구: 국내 코칭학을 중심으로. **코칭연구**, 13(6), 49-68.

김유천(2022). 관리자 코칭에 관한 주관성 및 관리자 코칭 행동 변인 연구: Q방법론과 메타분석. 동국대학교 대학원 박사학위논문.

김유천, 신인수(2021). 대학생 진로·커리어 코칭프로그램의 효과성에 관한 메타분석. **코칭연구**, 14(1), 49-69.

노희정(2021). 지속가능성 역량의 함양을 위한 도덕교육의 방향. **도덕윤리과교육**, 70, 323-343.

도미향, 이정은(2020). 국내·외 대학의 코칭 교육과정 분석. **코칭연구**, 13(2), 31-51.

도미향, 정은미(2012). 대학에서의 코칭학 교육과정 구축을 위한 탐색적 연구. **코칭연구**, 5(2), 5-22.

선종욱(2009). 코칭의 학문 가능성을 위한 기초적 접근. **코칭연구**, 2(1), 5-21.

성세실리아, 조대연(2016). HRD 분야에서 코칭 관련 연구동향 탐색: 2000년-2015년 국내 학술지 중심으로. **한국 HRD 연구**, 11(3), 1-24.

오성삼(1992). 메타분석방법의 활용동향과 컴퓨터 프로그램을 이용한 메타분석방법. **교육평가 연구**, 5(2), 123-166.

오성삼(1995). 메타분석에 대한 고찰. **교육논총**, 25, 33-62.

유영훈, 김유천(2024). 지속 가능한 코칭학 구축을 위한 탐색적 연구. **코칭연구**, 16(4), 55-74.

유재성(2009). 상담과 코칭의 분리-통합 접근. **한국기독교상담학회지**, 11, 95-120.

윤형식, 도미향(2016). 한국의 코칭학 발전방향에 관한 탐색적 연구. **코칭연구**,

372 | 제5부 코칭학 미래

9(1), 5-33.

이희숙(2011). 교육경제학 연구에서 메타분석법 적용가능성 탐색-효율성 연구를 중심으로. **교육재정경제연구**, 20(2), 161-180.

이희숙(2011). 교육행정연구에서 메타분석법 적용가능성 탐색. **한국교육학회 2011 춘계학술대회 발표자료집**, 162-176.

임연제, 김유천(2023). 중년 직장인들의 퇴직 이후 사회참여에 관한 인식 연구: Q 방법론을 중심으로. *Journal of Learner-Centered Curriculum and Instruction, 23*(7), 883-899.

조성진(2022). 코칭학, 무엇을 연구할 것인가? 융합코칭저널, 1(1), 5-29.

조성진, 정이수(2018). 국내 코칭(Coaching) 연구 동향 및 향후 연구 방향. **인적자원개발연구**, 21(3), 249-313.

최정현(2018). 4차산업시대에 상담코칭전문가의 인식에 관한 현상학적 연구. **지식경영연구**, 19(3), 225-241.

허지숙, 주충일, 이성엽(2017). 학문으로서 코칭의 정체성 확립에 관한 연구: 소크라테스의 교육철학을 중심으로. **교육컨설팅코칭연구**, 12(1), 49-70.

Abravanel, M., & Gavin, J. (2017). Exploring the evolution of coaching through the lens of innovation. *International Journal of Evidence Based Coaching and Mentoring, 15*(1), 24.

Bennett, J. L. (2006). An agenda for coaching-related research: A challenge for researchers. *Consulting Psychology Journal: Practice and Research, 58*(4), 240.

Borenstein, M., Hedges, L. V., Higgins, P. T., & Rothstein, H. R. (2009). *Introduction to Meta-Analysis*. John Wiley & Sons Ltd.

Brock, V. (2012). The sourcebook of coaching history (2nd ed.). Self published.

Brock, V. G. (2008). Grounded theory of the roots and emergence of coaching. International University of Professional Studies.

Clutterbuck, D. (2024). **팀 코치 되기**. 동국대학교 동국상담코칭연구소 역. 코칭북스. (원저는 2020년 출판).

Collins, G. (2008). **크리스천 카운슬링**. 한국기독교상담심리치료학회 역. 두란노. (원저는 2001년 출판).

Dawkins, R. (1976). *The selfish gene*. Oxford University Press.

Drake, L. M. (2015). Two kinds of presence: A comparative analysis of face-to-face and technology based mediated communication methods and the executive coaching experience. Fielding Graduate University unpublished doctoral dissertation.

Geissler, H., Hasenbein, M., Kontouri, S., & Wegener, R. (2014). E-Coaching: Conceptual and empirical findings of a virtual coaching programme. *International Journal of Evidence Based Coaching and Mentoring, 12*, 165-186.

Global Coaching Community (GCC) (2008). Dublin declaration on coaching. Paper presented at the Global Convention on Coaching, Dublin, August.

Grant, A. M., & Cavanagh, M. J. (2004). Toward a profession of coaching: Sixty-five years of progress and challenges for the future. *International Journal of Evidence-based Coaching and Mentoring, 2*(1), 1-16.

Grant, A. M., & Palmer, S. (2002). *Coaching psychology*. Coaching Psychology Meeting held at the Annual Conference of the Division of Counselling Psychology, British Psychological Society, Torquay, 18th May.

Grant, A. M., & Zackon, R. (2004). Executive, workplace and life coaching: Findings from a large-scale survey of International Coach Federation members. *International Journal of Evidence based Coaching and Mentoring, 2*(2), 1-15.

Graßmann, C., & Schermuly, C. C. (2021). Coaching with artificial intelligence: Concepts and capabilities. *Human Resource Development Review, 20*(1), 106-126.

Jones, R. J., Woods, S. A., & Guillaume, Y. R. (2016). The effectiveness of workplace coaching: A meta-analysis of learning and performance outcomes from coaching. *Journal of Occupational and Organizational Psychology, 89*, 249-277.

Lane, D., Stelter, R., & Stout-Rostron, S. (2018). The future of coaching as a profession. *The complete handbook of coaching*, 417-433.

Palmer, S., & Whybrow, A. (2006). The coaching psychology movement and its development within the British Psychological Society. *International Coaching Psychology Review, 1*(1), 5-11.

Passmore, J., & Evans-Krimme, R. (2021). The future of coaching: A conceptual framework for the coaching sector from personal craft to scientific process and the implications for practice and research. *Frontiers in Psychology, 12*, 715228.

Passmore, J., & Lai, Y. L. (2019). Coaching psychology: Exploring definitions and research contribution to practice. *International Coaching Psychology Review, 14*(2), 69-83.

Poepsel, M. A. (2011). The impact of an online evidence-based coaching program on goal striving, subjective well-being, and level of hope. Doctoral dissertation.

Rostron, S. S. (2009). The global initiatives in the coaching field. *Coaching: An International Journal of Theory, Research and Practice, 2*(1), 76-85.

Schermuly, C. C., Graßmann, C., Ackermann, S., & Wegener, R. (2021). The future of workplace coaching: An explorative Delphi study. *Coaching: An International Journal of Theory, Research and Practice, 15*(2), 244-263.

Shoukry, H., & Cox, E. (2018). Coaching as a social process. *Management Learning, 49*(4), 413-428.

Spence, G. B. (2007). Further development of evidence-based coaching: Lessons from the rise and fall of the human potential movement. *Australian Psychologist, 42*(4), 255-265.

Sue-Chan, C., & Latham, G. P. (2004). The relative effectiveness of external, peer, and self-coaches. *Applied Psychology, 53*, 260-278.

Whitmore, J. (2021). **성과향상을 위한 코칭리더십**. 김영순 역. 김영사. (원저는 2017년에 출판).

Williams, P., & Menendez, D. S. (2024). **라이프 코치 전문가 되기**. 김유천, 이송이 역. 학지사. (원저는 2023년에 출판).

찾아보기

인명

ㄱ

저자 소개

김유천(Yucheon Kim)

　동국대학교 일반대학원 상담코칭학과에서 '관리자 코칭' 관련한 박사학위논문으로 코칭전공 심리학 박사학위를 받고, 동국대학교 대학원에서 석사 및 박사 과정을 맡아 코칭 연구 및 강의를 하고 있다.

　저자는 '코칭은 현재 행복을 잘 살펴보게 하고, 앞으로 더욱 행복하게 해 주는 것'이라고 한다. 더 많은 사람이 현재의 행복을 알아차리고 감사하여, 더 행복하게 살아갈 수 있기를 바라는 마음으로 코칭을 연구하고 교육하고 있다.

　현재 코칭 관련 강의는 동국대학교 일반대학원 상담코칭학과 박사과정에서 '지속 가능한 코칭 이론 세미나' '코칭 역량 세미나' '커리어 코칭 세미나' '라이프 코칭 세미나' '코칭 프로그램 개발과 평가' 등을 강의하고 있고, 동국대학교 미래융합대학원 융합상담코칭학과 석사과정에서 '코칭의 이해' '코칭 심리학' '커리어 코칭' '라이프 코칭' '라이프 코칭 실제' 등을 강의하고 있다.

　연구논문으로는 코칭학, 코칭 철학, 라이프 코칭, 커리어 코칭, 비즈니스 코칭과 관련된 논문이 있으며, 일의 의미, 삶의 의미, 감사, 워라밸, 취업에 대한 주관성 연구 논문 등이 있다. 국외논문 SSCI 9편, SCOPUS 1편의 논문이 있으며, 국내논문은 KCI 15편, 등재후보지 2편, 일반학술지 2편으로 총 29편이 있다. 역서로는 『라이프 코치 전문가 되기』(공역, 학지사, 2024), 『팀 코치 되기』(공역, 한국코칭수퍼비전아카데미, 2024) 등이 있다.

　이러한 모든 것은 코칭학의 정립에 기여하고자 하는 저자의 코칭학에 대한 비전과 사명과도 관련되어 있다. 저자는 코칭학이 종합학문으로 자리매김하여 향후 코칭 역사학, 코칭 철학, 코칭 문화학, 코칭 사회학, 코칭 실무학 등으로 세부 학문을 갖춘 학문으로 성장·발전하기를 기원하고 있다.

코칭학 이론과 실제
Coaching: Theory and Practice

2025년 2월 10일 1판 1쇄 인쇄
2025년 2월 20일 1판 1쇄 발행

지은이 • 김유천
펴낸이 • 김진환
펴낸곳 • ㈜ 학지사

04031 서울특별시 마포구 양화로 15길 20 마인드월드빌딩
대표전화 • 02)330-5114   팩스 • 02)324-2345
등록번호 • 제313-2006-000265호

홈페이지 • http://www.hakjisa.co.kr
인스타그램 • https://www.instagram.com/hakjisabook

ISBN 978-89-997-3332-1 93180

정가 21,000원

출판미디어기업 학지사

간호보건의학출판 학지사메디컬 www.hakjisamd.co.kr
심리검사연구소 인싸이트 www.inpsyt.co.kr
학술논문서비스 뉴논문 www.newnonmun.com
교육연수원 카운피아 www.counpia.com
대학교재전자책플랫폼 캠퍼스북 www.campusbook.co.kr